普通高等教育"十一五"国家级规划教材

21世纪高职高专会计专业规划教材

Accounting

（第三版）

管理会计

吴英姿　主　编

姚菊丹　熊宗华　副主编

湖南大学出版社

内容简介

本教材是根据教育部对高职高专教育的要求，本着“理论够用，强化应用，突出能力”的原则，在系统阐述了管理会计的基本理论、内容、方法和技能的基础上，联系管理会计的新发展与管理会计实务，力求实现执行性管理会计、决策性管理会计与管理会计新发展的有机融合。本书分四编共十一章，主要内容包括：第一编管理会计基本理论（总论、成本性态与变动成本法、本量利分析）、第二编规划与决策会计（预测分析、短期经营决策分析、长期投资决策分析）、第三编控制与责任会计（全面预算、成本控制、责任会计）、第四编管理会计领域的新发展（作业成本法、战略管理会计）。本书的主要特点是内容精练，理论深度把握适当，由浅入深、循序渐进、简明易懂。将教材内容与职业资格、技能证书考试内容进行衔接、渗透，突出案例式教学，反映当今管理会计的最新研究成果。每章前安排了学习指导、引导案例，每章后配有思考题、案例分析，并配有单独的习题集及参考答案，便于学生加强知识点的理解和巩固。

图书在版编目（CIP）数据

管理会计（第三版）/吴英姿主编．—长沙：湖南大学出版社．2008.1（2011.2 再版）
（21 世纪高职高专会计专业规划教材）
ISBN 978－7－81113－288－5
Ⅰ．管...　Ⅱ．吴...　Ⅲ．管理会计—高等学校：技术学校—教材
Ⅳ．F234.3
中国版本图书馆 CIP 数据核字（2008）第 005091 号

管理会计（第三版）
Guanli Kuaiji（Disan Ban）

主　　编：吴英姿
责任编辑：陈建华
出版发行：湖南大学出版社
社　　址：湖南·长沙·岳麓山　　**邮　　编**：410082
电　　话：0731－88822559（发行部），88821327（编辑室），88821006（出版部）
传　　真：0731－88649312（发行部），88822264（总编室）
电子邮箱：presschenjh@hnu.cn
网　　址：http：//press.hnu.cn
印　　装：湖南天闻新华印务邵阳有限公司

开本：787×1092　16 开　　**印张**：15　　**字数**：347 千
版次：2011 年 2 月第 3 版　　**印次**：2011 年 2 月第 1 次印刷　　**印数**：1～5 000 册
书号：ISBN 978－7－81113－288－5/F·156
定价：28.00 元

前　言

本教材是根据高职高专学生的基础情况和教育部对高职高专教育的要求，本着“理论够用，强化应用，突出能力”的原则，体现实用性与适度性，突出专业技能训练和岗位针对性，着重培养学生运用管理会计的方法在现代企业制度环境中解决问题的应用能力为目的编写的。

编者广泛吸取了高职高专管理会计教学和教材建设的经验，在系统阐述管理会计的基本理论、内容、方法和技能的基础上，联系管理会计的新发展与管理会计实务，将理论与实践相结合、继承与发展相统一，力求实现执行性管理会计、决策性管理会计与管理会计新发展的有机融合。在编写过程中，考虑到社会主义市场经济发展的需要，增加了作业成本法、战略管理会计等内容。书中还运用了大量的图表和例题来具体阐述较为复杂的理论问题。本书分四篇共十一章，主要内容包括：第一篇管理会计基本理论（总论、成本性态与变动成本法、本量利分析）、第二篇规划与决策会计（预测分析、短期经营决策分析、长期投资决策分析）、第三篇控制与责任会计（全面预算、成本控制、责任会计）、第四篇管理会计领域的新发展（作业成本法、战略管理会计）。

本书的主要特点是内容精练，理论深度把握适当，由浅入深、循序渐进、简明易懂。将教材内容与职业资格、技能证书考试内容进行衔接、渗透，突出案例式教学，反映当今管理会计的最新研究成果。每章前安排了学习指导、引导案例，每章后配有思考题、案例分析，便于学生加强知识点的理解和巩固。另本书配有单独的习题集，里面包括每章各种题型的练习题、单元测验题和综合模拟试卷，并配有所有题目相应的参考答案，进一步全方位地方便教学。

本书由湖南交通职业技术学院的吴英姿老师任主编，湖南财经高等专科学校的姚菊丹老师、张家界航空职业技术学院的熊宗华老师任副主编。吴英姿负责拟订教材编写大纲及全书的统稿、修改和定稿工作，并执笔编写第一章、第六章、第十章、第十一章及附录，与湖南工业职业技术学院的李清文合编第五章；姚菊丹编写第八章、第九章；熊宗华编写第二章；娄底职业技术学院的梁斌编写第三章；中南林业科技大学的周翌编写第四章；湖南科技职业技术学院的杨学廉编写第七章。

在编写过程中，我们参阅了大量同行专家的有关著作、教材及案例，在此表示感谢。管理会计的理论与方法及其实践的总结，当前还处在发展与不断探索中，虽然我们为编写《管理会计》一书付出了艰辛的努力，但由于时间和水平所限，难免出现疏漏和差错，恳请读者批评指正。

编　者

2010 年 12 月

目　次

第一编　管理会计基本理论

第 1 章　总　论

第一节　管理会计的产生与发展……（ 4 ）
第二节　管理会计的概念、职能、内容……（ 6 ）
第三节　管理会计与财务会计的区别与联系……（ 9 ）
阅读材料　管理会计师的职业道德准则……（ 11 ）
案例分析……（ 11 ）
复习思考题……（ 12 ）

第 2 章　成本性态与变动成本法

第一节　成本的概念及其分类……（ 14 ）
第二节　混合成本及其分解……（ 18 ）
第三节　变动成本法概述……（ 24 ）
第四节　变动成本法的应用与评价……（ 31 ）
案例分析……（ 36 ）
复习思考题……（ 38 ）

第 3 章　本量利分析

第一节　本量利分析概述……（ 40 ）
第二节　盈亏平衡分析的相关指标……（ 41 ）
第三节　保本点与保利点分析……（ 43 ）
第四节　有关因素变动对保本点影响的分析……（ 49 ）
案例分析……（ 51 ）
复习思考题……（ 51 ）

第二编　规划与决策会计

第 4 章　预测分析

第一节　预测分析概述……（ 56 ）
第二节　销售预测分析……（ 58 ）
第三节　成本预测分析……（ 62 ）

第四节　利润预测分析……………………………………………………………………（64）
第五节　资金需要量分析……………………………………………………………………（67）
案例分析……………………………………………………………………………………（69）
复习思考题…………………………………………………………………………………（70）
第 5 章　短期经营决策分析
第一节　决策分析概述………………………………………………………………………（71）
第二节　短期经营决策分析中的成本概念…………………………………………………（73）
第三节　短期经营决策的基本方法…………………………………………………………（77）
第四节　生产决策分析………………………………………………………………………（80）
第五节　定价决策分析………………………………………………………………………（93）
案例分析……………………………………………………………………………………（100）
复习思考题…………………………………………………………………………………（102）
第 6 章　长期投资决策分析
第一节　长期投资决策概述…………………………………………………………………（103）
第二节　影响长期投资决策的重要因素……………………………………………………（105）
第三节　长期投资决策分析方法……………………………………………………………（115）
案例分析……………………………………………………………………………………（124）
复习思考题…………………………………………………………………………………（125）

第三编　控制与责任会计

第 7 章　全面预算
第一节　全面预算概述………………………………………………………………………（130）
第二节　全面预算的内容和编制方法………………………………………………………（131）
第三节　弹性预算、零基预算和滚动预算…………………………………………………（142）
案例分析……………………………………………………………………………………（146）
复习思考题…………………………………………………………………………………（147）
第 8 章　成本控制
第一节　成本控制概述………………………………………………………………………（148）
第二节　标准成本法…………………………………………………………………………（150）
第三节　成本差异分析………………………………………………………………………（155）
第四节　成本差异的账务处理………………………………………………………………（161）
案例分析……………………………………………………………………………………（164）
复习思考题…………………………………………………………………………………（166）
第 9 章　责任会计
第一节　责任会计概述………………………………………………………………………（168）
第二节　责任中心及考核……………………………………………………………………（170）

第三节　内部转移价格…………………………………………………………………… (176)
案例分析………………………………………………………………………………… (180)
复习思考题……………………………………………………………………………… (181)

第四编　管理会计领域的新发展

第 10 章　作业成本法

第一节　作业成本法基本理论…………………………………………………………… (186)
第二节　作业成本管理…………………………………………………………………… (199)
案例分析………………………………………………………………………………… (205)
复习思考题……………………………………………………………………………… (207)

第 11 章　战略管理会计

第一节　战略管理会计概述……………………………………………………………… (209)
第二节　战略管理会计的主要内容和方法……………………………………………… (210)
第三节　战略管理会计在实际中的应用………………………………………………… (212)
案例分析………………………………………………………………………………… (218)
复习思考题……………………………………………………………………………… (220)

附录：基本复利系数表

附表一　一元复利终值系数表…………………………………………………………… (221)
附表二　一元复利现值系数表…………………………………………………………… (223)
附表三　一元年金终值系数表…………………………………………………………… (225)
附表四　一元年金现值系数表…………………………………………………………… (227)

主要参考书目……………………………………………………………………………… (229)

第一编

管理会计基本理论

第1章

总　论

【学习目标】

通过本章学习，了解管理会计的产生和发展的过程，掌握管理会计的基本概念、内容、职能，熟练掌握管理会计与财务会计的区别与联系，为后续的学习打下良好的基础。

【技能要求】

结合企业实例分析管理会计在企业管理中的作用。

【引导案例】

财务报告都由财务会计提供吗?

国际体育管理组织（1SMG）是一个组织与举行体育活动的团体。它的管理者正在审查下列报告和会计报表：

(1) 关于开展经营有线电视体育频道的五年计划。

(2) 中期利润表将被送到投资者的手中，并在证券委员会（SEG）备案。

(3) 对不同的经理所经营的高尔夫球赛的利润率的比较（经理将会在比赛利润中分成）。

(4) 14 个国际体育管理组织的世界分支机构的办公费用的月度报告。

(5) 国际体育管理组织在各类体育活动中(如高尔夫球赛、汽车比赛和网球比赛)收入的报表。

上述五个报告是否都由财务会计提供呢？管理会计与财务会计在哪些方面不一样呢？管理会计的职能到底有哪些？

第一节 管理会计的产生与发展

一、管理会计的产生

管理与会计都是人类生产实践的产物。可以说什么时候有了共同劳动，什么时候就有了管理和会计。尽管管理和会计是几乎同时产生并相对独立的两种不同的实践活动，并形成了两个不同的学科体系，但二者之间又存在非常密切的联系。一方面，会计为管理服务，并促进管理发展；另一方面，管理与会计相互渗透，会计直接执行着管理的某些职能，并成为管理的重要组成部分。在管理会计产生和发展的轨迹中，我们无处不感受到"管理"和"会计"的融合。正如琼·斯赛教授所说："从广义上讲，所有会计均是管理会计。"古今中外的会计史资料亦表明，会计与管理密不可分，如我国西周王朝为了管理财赋收支，设置了司会；中世纪末，意大利商人为反映和控制商业活动而发明的复式记账；20 世纪初，以泰罗为代表的工程师倡导科学管理而产生的"标准成本"、"差异分析"、"预算控制"；杜邦公司的"投资报酬率"、"预算与报告系统"；通用电气公司的"分权管理中的集中控制系统"等。

管理会计发展成为一门相对独立的会计学科，是随着社会科技进步和社会经济的发展逐步形成和发展起来的。在 19 世纪英国产业革命完成以后，社会生产力获得了飞速发展，企业纷纷采用股份有限公司的组织形式来吸收资本，扩大生产规模，以保证最大限度地获取利润。公司的出现，所有权与经营权的分离，使企业经营管理日趋复杂化，表现在企业内部管理上，着重解决的是成本问题。也就是如何准确地计算成本、预测成本和控制成本等，以满足各方面对成本资料的需求。这时出现了企业会计人员将成本计算与复式记账科目设置紧密结合起来的做法，使成本记录与会计账簿一体化，从而产生了成本会计。开始，成本会计的主要目的是为对外财务报告而计算成本。随着成本资料在企业内部的应用，成本会计的服务重点也由对外财务报告逐步转向企业内部管理。为了满足内部管理的需要，成本计算突破了原来传统成本概念的束缚而得到发展，不仅有了事后计算，还有了为决策服务的事前计算。会计的管理职能得到扩展。可以说是管理会计的萌芽阶段。

19 世纪末 20 世纪初，自由资本主义经济向垄断过渡，企业的规模不断扩大，经营内容更为复杂，企业间的竞争愈演愈烈，落后的传统管理已不能适应生产力的发展。被誉为科学管理之父的美国管理学家泰罗在 1911 年发表了《科学管理原理》一书，开创了企业科学管理的新纪元，带来了企业管理史上的一次重大革命。泰罗把秒表带进车间，研究车间工人的操作，从动作规范和时间的定量配合上，使工人的操作科学化、合理化，借以制定标准，评价考核，并在此基础上制定标准工时，同时实行了严格的计算和监督制度，首创了差额累进计件工资制。这些通称为"泰罗制"。这一制度的推行，大大降低了人工生产成本，提高了劳动效率。与泰勒同时代的埃默森，改革了劳动工资制度，首创了标准人工成本法。另一位管理学专家甘特还把标准人工成本法引申推广到材料和制造费用成本管理中去，最后由哈特菲尔德等将标准成本计算与期间损益计算结合起来，并运用账簿进行核算，形成标准成本制度。1919 年，随着美国全国成本会计师协会的成立，标准成本制度得以迅速推广。同时，为了配合“泰罗制”的实施，在成本会计核算中还出现了“差异分析制度”和“预算控制制度”。1921 年，威廉斯从各项成本与业务量之间的关系出发，把生产成本分为变动成本和固定成本，首次进行了成本性态分析，为企业开展预测、决策、计划与控制提供了方便。这些内容在以后都构成了管理会计体系中的重要部分，为管理会计的形成奠定了重要基础。

1922 年美国的奎因斯坦撰写了《管理会计：财务管理入门》一书，首次提出了“管理会计”这个名词。1924 年美国学者麦金西出版了《管理会计》一书并发行。同年，布利斯也发表了一本名叫《通过会计进行经营管理》的专著。正是由于上述学者的共同努力，从 1920 年以后，管理会计才开始从传统会计中分离出来，成为一门崭新的学科。虽然如此，会计核算中的这种事前计算和事后分析的技术方法在当时还没有形成一套独立的完整的理论方法体系。所以这一阶段可称为管理会计发展历程的初级阶段。

二、管理会计的发展

管理会计从财务会计中分离出来是会计和企业管理理论与实践不断发展的必然产物。1921 年，威廉斯从各项成本与业务量之间的关系出发，把生产成本分为变动成本和固定成本，首次进行了成本性态分析，这对管理会计的发展起了巨大的推动作用，为企业开展预测、决策、计划与控制提供了方便。

第二次世界大战以后，资本主义经济进入战后发展阶段，生产规模越来越大，机械化程度越来越高，资本不断集中，市场竞争加剧，失业率提高，经济危机频繁发生。企业的兴衰，在很大程度上取决于企业应变能力的大小。如果仍然恪守泰罗科学管理阶段的那一套办法，只着眼于控制生产过程的各个环节，把工人当作机器的奴隶，忽视调动人的能动性、积极性，对企业的外部环境和经营决策考虑得少，不注意对整个企业的未来进行规划，就很难维持企业的生存与发展。这种形势迫使企业管理当局逐渐把工作重心转向企业内部经营管理，广泛推行职能管理和行为管理，许多成本、利润预测分析方法，如“成本—业务量—利润分析”、“责任会计”就是在推行职能管理过程中形成和发展起来的。为了科学地预测和决策企业的经济活动，各种数学的、技术的数理统计方法逐渐与会计科学结合起来，使会计的管理职能不断扩大和延伸，逐渐形成了侧重于企业内部管理的会计方法体系。

20 世纪 40 年代，斯特德赖成功地把行为科学应用到企业管理中去，为管理会计开辟了更加广阔的探索领域，也为专门配合职能管理、分权管理和行为科学管理的“责任会计”等专门方法的产生提供了条件。

20 世纪 50 年代，用传统的会计模型来预测和决策，已经不能满足经营管理的需要，因此，西方出现了数量管理学派。人们力图根据会计部门提供的各种信息，应用运筹学、线性规划、概率论和数理统计等方法，建立各种数学模型，然后利用计算机来帮助管理人员进行最优化的预测和决策。随着管理会计中数学模型的大量建立，管理会计的内容得到进一步的丰富和发展，管理会计的功能也得到了进一步的加强。1952 年，世界会计年会正式通过了“管理会计”这个专有名词，传统的会计部分就被称为财务会计。至此，管理会计与财务会计并列为现代企业会计的两大分支。

20 世纪 60 年代，西方出现了系统管理理论。系统管理理论与方法对管理会计的发展产生了重大影响。管理会计人员在从事各项经营管理工作，提供各种会计信息时，不应从局部最优化出发，而应顾全大局，从经营管理的各个组成要素的总体出发，来对企业的经济活动进行最优化的规划与控制。

1972 年，管理会计师协会在美国成立，举行了管理会计师的资格考试。从此，在西方国家，除了注册公共会计师外，又有了注册管理会计师。并出版了专门的管理会计刊物，教科书开始走上讲台，管理会计与财务会计的区别开始明朗化、规范化。

1980 年，在巴黎召开了世界各国管理会计人员联会，专门研究管理会计的应用和推广问题。就是在那时，管理会计得到广泛发展并传入我国。首先将“管理会计”引入我国的是厦门大学余绪缨教授，继而“管理会计”在我国广泛传播，如今已正式成为财务会计专业的主干课程。

从 20 世纪 90 年代起，管理会计的研究热点主要集中在如下几个方面：一是代理人理论及其在内部控制和考评系统中的应用的研究；二是运用行为科学理论所进行的关于组织行为、管理决策与管理会计信息之间的关系、个人行为等方面的研究；三是关于作业成本会计的研究；四是关于战略成本分析、产品寿命周期成本法的研究等。应该说，这些新的管理会计理论的研究与探索，标志着现代管理会计科学已经进入了一个完全崭新的阶段。

第二节 管理会计的概念、职能 、内容

一、管理会计的概念

尽管管理会计的理论与实践最先产生于西方社会，但迄今为止，在西方尚未形成统一的管理会计定义。在国内，对管理会计定义也存在不同的表述。但从其客观实质上看，主要是指现代会计体系中区别于财务会计，能更集中更明显体现会计预测经济前景、参与经济决策、规划经营方针、控制经济过程、考核责任业绩等职能的那部分内容。

我们把管理会计定义为：管理会计是以现代管理科学和会计学为理论基础，以加强企业内部管理，实现最佳经济效益为最终目的，通过运用科学的方法对财务会计信息加工和再利用，实现对企业经营活动过程规划、决策、控制和考核评价，为企业内部管理

人员提供有用信息的一个现代企业会计分支。

二、管理会计的职能

管理会计不同于财务会计，它可以综合地履行更加广泛的职能。它既可以分析过去，同时又可以控制现在，还可以筹划未来。

（一）分析职能

分析职能是管理会计的一项重要职能。它是指管理会计参与经济活动的事后分析。开展事后分析，不仅可以从经济管理的角度总结企业的经验教训，更重要的是还可以挖掘增产节约的潜力，指明企业未来的经营方向，提出新的经营目标，为企业进行新的预测与决策提供可靠的信息。

（二）预测职能

为了有效地帮助经营管理部门在经营管理决策中做出正确的判断和选择，需要对各种生产经营方案的各项经济指标进行科学预测。管理会计在预测过程中，主要使用历史数据，并通过把这些历史数据进行科学的加工与整理，来预测未来经济活动的发展变化，以减少企业经营管理决策中的盲目性。

（三）决策职能

决策是管理会计的一项重要职能。决策的正确与否关系到一个企业的成败。管理会计是为企业经营管理决策和提高经济效益服务的。管理会计在参与决策的同时，还要为经营管理决策提供可靠的信息。在提供信息的过程中，除了要根据财务会计资料作进一步的整理与分类外，还要根据经营管理决策的特定要求进行专门的收集、整理与分类。管理会计就是通过采用各种科学决策方法来选择最优方案的。

（四）计划职能

现代化企业一般都实行计划管理。企业如果没有经营管理计划，势必会出现盲目生产、盲目经营的情况，从而导致资金、成本失控，达不到预期的目的。管理会计在对有关指标进行预测和决策后，主要的工作就是正确编制各项计划，即实行全面预算。全面预算是经营管理决策的具体化。为了实现各项指标，管理会计工作要做到长计划短安排，并把计划指标层层分解，落实到各部门，形成责任预算体系，这样才便于进行有效的控制与考核。

（五）控制职能

控制职能就是按照全面预算的完成情况纠正预算执行过程中的偏差，最终确保预算目标的实现。管理会计中最有效的综合控制方法有全面预算控制、保本分析控制、标准成本控制、责任会计控制、现金流量控制和企业的自我预算审核控制。

（六）考核职能

实施责任会计，定期进行考核是管理会计的又一基本职能。因为各项责任预算的完成，必须要靠企业的员工，故加强企业经营管理，提高经济效益，必须发挥企业员工的自觉性和主动性。管理会计要配合其他职能部门对企业员工的业绩进行考核，并根据业绩的大小和有无给予相应的奖惩。

三、管理会计的基本内容

现代管理会计从 20 世纪初到 50 年代正式产生以来，内容上变化比较大，具有不确定性和不断发展变化的特征。这是因为，第一，作为一门科学，总是随着科学技术和科学管理方法的不断变化而发展变化的。第二，外界或企业内部管理人员对企业内部有关信息状况的了解内容也是不断变化的。第三，管理会计作为一种方法，也有其自身需要完善的一面。

现代管理会计是为企业管理服务的，而管理的职能离不开“规划”、“决策”、“控制”、“评价”，在企业管理中，通常把管理程序划分为“计划”与“控制”两大部分，这两大部分又可分为五个步骤，它们依次不断地重复进行，形成企业管理循环。与企业管理相适应，管理会计也可分为“规划与决策会计”和“控制与责任会计”两大基本内容，并在每一个具体步骤上都与企业管理相配合，从而形成管理会计循环。如图 1-1 所示。

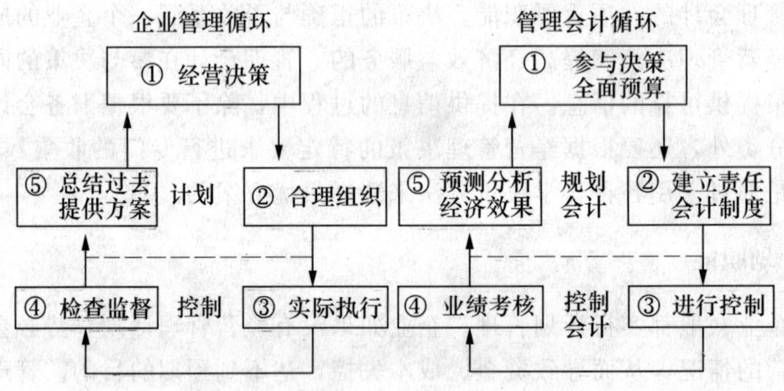

图 1-1　企业管理循环和管理会计循环

“规划与决策会计”是为企业管理中预测前景、参与决策和规划未来服务的。它首先利用财务会计资料及有关信息，运用特定的预测方法对利润、成本、销售及资金等进行科学的预测分析，并运用专门的决策方法对与企业经营和投资的有关问题进行决策分析。因而，“规划与决策会计”主要包括经营预测、短期经营决策、长期投资决策。

“控制与责任会计”是为企业管理中分析过去、控制和评价现在的经济活动服务的。它首先将预测确定的目标任务以数量形式加以汇总、协调，编制企业的全面预算，并分解明确各责任中心的责任。再利用标准成本制度对日常发生的经济活动进行追踪、收集和计算，根据责任会计的要求把实际发生数与预算数进行对比和分析，并编制日常绩效评价报告，以评价和考核各个责任中心的业绩与成果。同时，将经营过程中发现的重要问题反馈给有关部门，以便及时调整经济活动，改进经营管理工作。因此，“控制与责任会计”主要包括全面预算、成本控制和责任会计。

可见，管理会计是以“规划与决策会计”和“控制与责任会计”为主体内容，而成本性态与变动成本法、本量利分析作为管理会计的基础理论方法，贯穿于“规划与决策会计”与“控制与责任会计”分析之中，构成了管理会计的基本理论体系。

第三节　管理会计与财务会计的区别与联系

一、管理会计与财务会计的区别

管理会计作为与财务会计并列的一个会计分支，它与财务会计既有密切的联系，又有明显的区别。两者相互配合，相互补充，在企业管理中共同发挥它们应有的作用。

（一）管理会计与财务会计的区别

1. 研究的对象不同

财务会计侧重对企业再生产过程中资金运动的反映，提供的经济活动信息在时间上具有滞后性；管理会计侧重对企业再生产过程中资金运动的控制，提供的经济活动信息具有及时性，它在企业经营管理中发挥着不可替代的作用，并越来越引起人们的关注。

2. 服务目的不同

财务会计是对外报告会计，其目的是向企业外部的投资者和债权人报告企业的财务状况与经营成果；管理会计是内部会计，其目的是为企业内部各级管理人员提供所需的会计信息资料，加强企业的内部管理，参与决策。

3. 主体不同

财务会计着重于整体，以整个经济核算制企业或财务收支单位等作为会计主体；管理会计则着重于部分，以企业及其内部各个责任中心作为会计主体。

4. 计算依据不同

财务会计的计算，必须依据公认的会计准则和法定的会计制度；管理会计的计算，则是依据经济决策理论和管理的需要。

5. 计量单位不同

财务会计以货币为主要计量单位；管理会计除了货币单位外，还包括实物量、比例数、指数等。

6. 信息特征不同

财务会计提供的经济信息是全面的、系统的、连续的和综合的；管理会计提供的经济信息则是特定的、部分的和有选择性的。

7. 数据特征不同

财务会计的报表数据是实际的资金运用的结果；管理会计的报告则往往是仅供选择的多种可能的预测、若干决策方案或弹性计划。

8. 精确程度不同

财务会计的各项指标都要力求精确；管理会计只需计算近似的数值。

9. 核算程序不同

财务会计的核算程序固定，带有强制性，它所使用的账、证、表都有规定的格式；管理会计的核算程序不固定，可自由选择，它所使用的账、证、表均可根据需要自行设计。

10. 方法体系不同

财务会计具有填制凭证、货币计价、会计科目、复式记账、成本计算、登记账簿、财产清查、编制报表等一整套处理经济信息的方法体系；管理会计则大量采用数学方法，如连锁替代法、回归分析法、线性规划法、函数极值、矩阵代数、决策分析和网络计划技术等。

11. 编表时间不同

财务会计的报表一般都是定期编制的；而管理会计的报表是视管理需要不定期编制的。

12. 成本结构和计算方法不同

财务会计把生产费用根据计入产品成本的程序不同，划分为直接成本和间接成本，采用全部成本法计算产品成本；管理会计把生产费用根据成本与产量的关系，划分为固定成本和变动成本，并采用变动成本法计算产品成本。

（二）管理会计与财务会计的联系

1. 基本信息同源

管理会计与财务会计的原始资料许多是相同的，可以说是同源的。虽然管理会计不必像财务会计那样记录全部发生的经济业务，但可根据需要，直接利用财务会计的记录，进行分析研究，并对其数据进行加工、调整和延伸，因此，一般地，可以把财务会计看作是管理会计的基础。

2. 核算方法互补

管理会计与财务会计在方法上相互补充。管理会计的方法主要是预测、决策、预算、控制和考核；财务会计的方法主要是核算、分析和检查。管理会计利用财务会计核算、分析方面的优势去收集资料、处理资料；财务会计利用管理会计的先进方法简化会计核算，强化会计分析和会计检查，提供会计信息。

3. 信息资料交叉应用

管理会计工作和财务会计工作双方都需要向企业内部管理部门报告情况，一个侧重于管理方面，一个侧重于财务方面，一般都是采取报表的形式。管理会计的内部报表有时也列入对外报告的内容；财务会计又时常将实际成本、实际利润和标准成本、目标利润进行比较，列入同一个表内说明财务状况。

4. 最终核算目标一致

管理会计主要为企业的内部管理者服务；而财务会计主要是为企业外部的投资者和债权人服务。虽然两者的服务侧重点不同，但最终的目标是一致的。它们所提供的信息资料，相互补充，共同为企业提高经济效益这一根本目标服务。

【阅读材料】

管理会计师的职业道德准则

管理会计师对其公众、专业团体、服务机构及其本身，有维护和遵守最崇高道德准则的义务，美国管理会计师协会颁布了《管理会计师道德行为准则》。遵守此项准则是实现管理会计目标必不可少的要素，管理会计师不应违背这些准则。此项准则如下：

1. 技能

(1) 提高其知识及技能，以保持适当的执业技术水平。

(2) 依据有关法律、规章及技术标准，履行其职业责任。

(3) 在恰当地分析相关及可靠性资料之后，提供完整而清晰的报告及建议。

2. 保密

(1) 除法律规定外，非经由核准，不得将其工作中所获取的机密信息泄露于外。

(2) 告知下属要恰当地对待在工作中所获取有关资料的机密性，并监督其行为，以确保机密的维护。

(3) 禁止将工作中所获取的机密资料，经由个人或第三人用于非法或不道德的牟利行径。

3. 廉正

(1) 避免介入实际或明显的利害冲突，并对可能出现冲突的各方进行劝告。

(2) 禁止从事可能会影响其按道德准则履行职责的任何活动。

(3) 拒绝接受任何可能影响其行为的礼物、优惠或接待。

(4) 不得主动或被动地破坏实现组织合法的与道德的目标。

(5) 禁止从事或支持破坏职业声誉的任何活动。

4. 客观

(1) 公正、客观地交流信息。

(2) 充分披露会影响潜在使用者对所公布的报告、评论及建议理解的相关信息。

【案例分析1】

什么是管理会计?

小王是一个刚从财务会计工作转入管理会计工作的会计人员，财务经理请他谈谈对管理会计的认识，他谈了对管理会计的个人观点如下：

1. 管理会计与财务会计的工作方法基本一样，都是记账、算账、报账。

2. 管理会计和财务会计是截然分开的，工作上无任何联系。

3. 管理会计报告要在会计期末以报表的形式上报。

4. 管理会计吸收了经济学、管理学和数学等方面的研究成果，在方法上灵活多样。

5. 管理会计与其说成是会计，不如说成是企业管理的定量化方法。

6. 评价一个投资方案的优劣要用到管理会计方法。

7. 管理会计服务于企业外部，受会计法规的约束。

8. 管理会计的职能主要是满足企业各项管理职能的需要。

9. 管理会计的信息质量特征与财务会计的信息质量特征完全不同。

10. 在提供管理会计信息时可以完全不用考虑成本效益原则。

11. 一个管理会计师可以将手中掌握的信息资料随意提供给他人。

12. 与财务会计相比，管理会计不能算是一个独立的职业，它的职业化发展受到限制。

请问：你在学习管理会计之后，对上述观点又是怎样认识的呢？

【案例分析 2】

某公司的管理会计师知道软件部门已经将研究开发费用资本化。他知道如果不资本化，会导致软件部门内部报告出现亏损，并导致进一步裁员。管理会计师有很多朋友在软件部门工作，他想避免与软件部经理发生个人冲突。这位会计师应不应该将研究开发费用予以资本化？

【案例分析 3】

一个包装供应商邀请一家公司的管理会计师去旅游胜地免费度周末。该供应商正在参与这个公司新业务的招标活动，但在发出邀请时他没有提到这一情况。管理会计师并不是这个供应商的私人朋友，他是否应该接受邀请？他所在公司能否同意其接受邀请？

复习思考题

1. 什么是管理会计？
2. 管理会计是怎样产生和发展的？
3. 现代管理会计的职能包括哪几个方面？
4. 管理会计循环是如何与企业管理循环相配合的？
5. 管理会计与财务会计有哪些区别与联系？
6. 管理会计的基本内容有哪些？

第2章

成本性态与变动成本法

【学习目标】

通过本章的学习，了解成本分类，成本性态分析的相关范围，变动成本法的含义、前提，重点掌握混合成本的分解方法、全部成本法与变动成本法的区别、按全部成本法和变动成本法计算的营业利润之间的相互转换以及这两种成本计算法的结合运用。

【技能要求】

能熟练进行成本性态分析、归类及混合成本分解，会按变动成本法编制利润表并进行分析。

【引导案例】

利润的升降到底是怎么回事？

宏泰公司是一家生产家用电器的企业，产品库存积压严重。该公司经理王某将要在2007年3月离任，他很想在离任前干出点名堂，把利润搞上去。2007年初，王经理亲自抓市场销售，同时将各项成本尽力控制在原有水平上。经过一个月的努力，销量提高了，库存下降了。王经理满心欢喜，以为利润肯定提高了，但出人意料的是，财务科长提供的1月份的利润数字竟然低于2006年12月份，令王经理大惑不解。

财务部李顾问给王经理出了一个主意：要想提高利润其实是很容易的事情，你不用管销售是否提高，只需提高产量，最好提高1倍或2倍。王经理如法炮制，2月份的产量大大提高了，虽然2月份的销量没有变化，库存也大大增加，但2月底的财务报表反映，利润却大幅度提高了。王经理纳闷：是不是财务部门把利润算错了？李顾问笑着说出了其中的秘密。

你想知道这其中的原因吗？

第一节　成本的概念及其分类

成本是为生产一定产品而发生的各种生产耗费的货币表现。它包括产品生产中耗费的活劳动和物化劳动的价值。

产品成本指标是反映企业生产经营管理工作质量的综合性指标。企业在生产经营过程中劳动生产率水平、产品的数量、产品的质量、原材料的节约使用情况、设备合理利用程度、费用开支是否节约以及经营管理工作水平的高低都会直接或间接地从产品成本指标上得到反映。这一指标对于加强企业经营管理，降低成本，提高经济效益有重要意义。

在实际工作中，为了适应经营管理上的不同需要，成本可从不同的角度按不同的标准进行分类。

一、成本按经济用途分类

企业的成本按照其经济用途可以分为制造成本与非制造成本两类。

（一）制造成本

制造成本（生产成本）是指为生产产品或提供劳务而发生的按归属期计算的各种生产费用的支出。它包括直接材料、直接人工和制造费用。

直接材料是指直接用于产品生产、构成产品实体的原料及主要材料、外购半成品、修理用备件、包装物、有助于产品形成的辅助材料以及其他直接材料。

直接人工是指在生产过程中对材料进行直接加工使它变成产品所耗用的人工成本。

制造费用是指企业的分厂或车间为组织和管理生产所发生的各项间接费用，如管理人员工资及应付福利费、折旧费、修理费、办公费、水电费、机物料消耗、劳动保护费等。

（二）非制造成本

非制造成本（期间成本）是指销售与行政管理方面发生的费用。一般可以分为销售成本、管理成本两类。

销售成本是指企业在产品销售过程中发生的各项费用。具体包括广告费、展销费、运输费、保险费，以及为销售本企业产品而专设的销售机构的固定资产折旧和职工工资、福利费、业务费等经常费用。

管理成本是指企业行政管理部门为组织和管理生产经营活动而发生的各项费用支出。具体包括：管理人员的工资和福利费、折旧费、办公费、邮电费和保险费等。

这种分类方法便于反映和考核企业生产车间的成本水平和管理责任，有利于企业进行成本预测和决策。

二、成本按性态分类

成本性态是指成本总额与特定业务量之间的依存关系，又称成本习性或成本特性。

这里"成本"可以是某一项成本，也可以是多项成本；这里的"业务量"可以是生产量，也可以是销售量或销售额以及其他业务量。按照成本与业务量之间的依存关系，可将成本分为固定成本、变动成本两类。

（一）固定成本

1. 固定成本的概念

固定成本，是指在一定期间和一定业务量范围内，其总额保持不变的成本。其特点是：在相关范围内，成本总额不受业务量增减变动的影响，但从单位产品分摊的固定成本看，它却随业务量的增加而相应地减少。

【例 2-1】假定某商店每月需支付房屋租金 1 200 元，以每件 5 元购进衬衣，第一个月购进 1 000 件，第二个月购进 2 000 件，第三个月购进 3 000 件。我们来观察一下业务量在 定范围内固定成本（租金）与业务量之间有什么样的数量关系。见表 2-1。

表 2-1　固定成本分析表

月份	业务总量（件）	购货总成本（元）	租金（元）	每件衬衣租金成本（元）
1	1 000	5 000	1 200	1.20
2	2 000	10 000	1 200	0.60
3	3 000	15 000	1 200	0.40

从上表中我们可以得到两点结论：

一是随每月衬衣购进业务量的增加，租金总成本 1200 元保持不变；固定成本中的"固定"含义是针对成本"总额"而言的；

二是当业务总量不断增加，固定成本总额保持不变时，而每件衬衣的租金成本从 1.2 元下降为 0.4 元。因此，就每个业务量的单位固定成本而言，随业务量增加而减少；反之，随业务量的减少而增加。

在财务会计中，房屋租金、保险费、广告费、管理人员工资、按直线法计算的固定资产折旧费等都属于固定成本。

固定成本还可以根据管理行为是否能改变支出数额，进一步分为约束性固定成本和酌量性固定成本：

（1）约束性固定成本：指管理者的决策行动不能改变其支出数额的固定成本。如按直线法计提的固定资产折旧费、管理人员薪金、租金、财产保险费等。这部分费用是企业经营业务负担的最低成本，即使在企业停工、原材料严重短缺、业务锐减等情况下，其费用都不能减少，对企业具有很大的约束性。因此，要想降低这部分约束性固定成本，不能从减少绝对额着眼，而只有从合理利用企业的生产能力，提高产品产量或扩大产品销售量入手，相对减少每个业务量所含单位固定成本。

（2）酌量性固定成本：指管理者的决策行动可以改变其支出数额的固定成本。如广告费、研究和开发费、推销费、职工培训费等。这部分费用的支出对企业扩大产品销路、提高产品质量、增强竞争能力是有好处的，但是，其支出数额的多少并不是绝对不可改变，酌量性固定成本的支出水平一般是每年确定的，如果企业遇到未曾预见的困难时，决策者可以在短期内削减这些支出。因此，要想降低这部分选择性固定成本，除扩大业务量外，还应该精打细算，厉行节约，杜绝浪费，从减少它们的绝对额入手。

2. 固定成本性态模型

假定固定成本为 a，根据固定成本总额与单位固定成本的特性，可以用以下两个模型来表示。见图 2-1 和图 2-2。

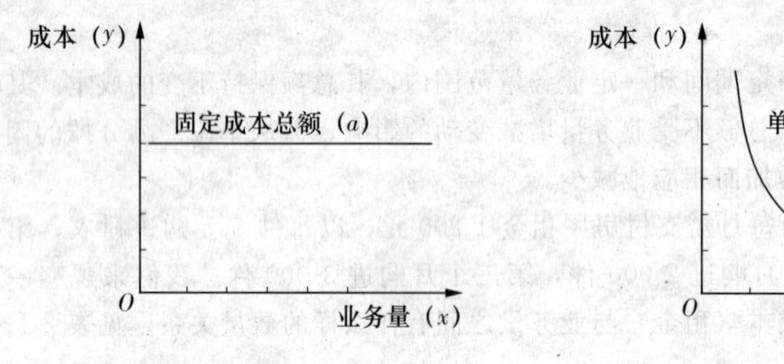

图 2-1　固定成本总额模型　　图 2-2　单位固定成本模型

（1）固定成本总额模型（见图 2-1），表明固定成本总额不受业务量变动的影响，在图中表现为一条与横轴平行的直线。

（2）单位固定成本模型（见图 2-2），表明单位固定成本随业务量的增减变化在图中表现为一条随业务量的增加而递减的曲线。

（二）变动成本

1. 变动成本的概念

变动成本是指在特定的业务量范围内，成本总额随业务总量变动成正比例增减变动的成本。

【例 2-2】根据【例 2-1】的资料，我们来观察一下业务量在一定范围内，变动成本与业务量之间有什么样的数量关系。见表 2-2。

表 2-2　变动成本分析表

月份	业务总量（件）	购货总成本（元）	购货单位成本（元）
1	1 000	5 000	5
2	2 000	10 000	5
3	3 000	15 000	5

从表 2-2 我们得到两点结论：

一是每月购进衬衣业务量总数增加，其相应的购货总成本成正比例增加；变动成本的“变动”含义是针对成本“总额”而言的。

二是当业务量总量与成本总额成正比例变化时，而每一件衬衣的单位进价 5 元却是固定不变的。因此，就每个业务量中的单位变动成本而言，则是固定不变的。

管理会计中，直接材料、直接人工、变动制造费用、营业税等都属于变动成本。由于变动成本的以上特性，要想降低变动成本多盈利，着眼点不在于扩大业务量，而是从降低单位变动成本入手，如降低产品的材料消耗量和商品进价等。因为，变动成本总额的降低并不一定会引起单位产品利润或利润率的增加。

2. 变动成本性态模型

假定衬衣量为 x，每件衬衣购进价为 b，则变动成本总额为 bx。根据变动成本总额与单位变动成本的特性，可以用以下两个模型来表示。

（1）变动成本总额模型（见图 2-3），表明变动成本总额随业务量变动成正比例增减变动。

（2）单位变动成本模型（见图 2-4），表明单位变动成本不受业务量变动的影响，在图中表现为一条与横轴平行的直线。

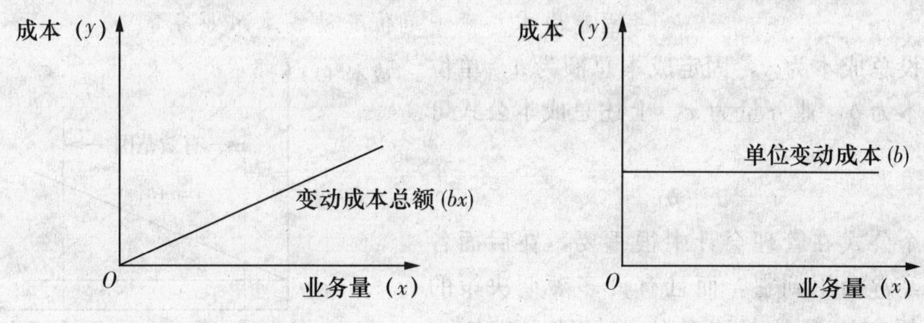

图 2-3　变动成本总额模型　　　图 2-4　单位变动成本模型

（三）固定成本与变动成本的相关范围

1. 固定成本的相关范围

由上面所述的固定成本的概念可知，固定成本总额只有在一定时期和一定业务量范围内才是固定的，也就是说固定成本的“固定性”是有条件的。这里所说的一定范围叫做“相关范围”。如果业务量的变动超过这个范围，固定成本也会发生变动。比如，超过现有生产能力，就需要增添厂房、机器设备和管理人员等，随之带来厂房和机器设备的折旧、房屋租金和管理人员工资的增加。为了销售更多的产品，广告费支出也需要增加。

在管理会计中，固定成本总是与特定的计算期间相联系，一个月的固定成本与一年的固定成本的水平肯定不同；而且某些成本项目只是对特定业务量来说属于固定成本，对于其他业务量来说则不属于固定成本。所以，在研究固定成本问题时，必须以明确的时间范围和业务量为前提。

2. 变动成本的相关范围

在变动成本总额与业务量之间的变动中，同样也存在着相关范围的问题。即成本总额随着业务量变动而成正比例变动的这种完全的线性关系，只有在一定相关范围内存在，而超过了相关范围，它们之间则可能表现为非线性的关系。例如企业生产产品，通常在生产的最初阶段，产量较低，单位产品耗费的直接材料、直接人工等可能较多，当产量增长到一定的数量，单位产品耗费的直接材料、直接人工等比较平稳，但当产量继续增长时，则可能出现一些新的促使单位产品变动成本提高的因素。由于产量水平高低的不同，就形成了它们与变动成本总额之间的线性和非线性关系。变动成本的相关范围就是指成本总额与业务量之间呈现为线性关系的这一段而言的。

某些变动成本项目只是对一些特定业务量来说属于变动成本，而对于其他业务量来说则不属于变动成本。所以，在研究变动成本问题时，必须了解有关业务量的具体形式。

（四）总成本及其模型

由于管理会计按成本性态把企业的全部成本划分为变动成本和固定成本，那么，管理会计的总成本公式为：

总成本＝固定成本总额＋变动成本总额

＝固定成本总额＋单位变动成本×业务量

现设总成本为 y，固定成本总额为 a，单位变动成本为 b，业务量为 x。上述总成本公式可写为：

$$y = a + bx$$

这个公式在管理会计中很重要，在后面各章节中经常会用到它，而且有许多短期决策的定量分析方法都是在这个公式基础上扩展而成的。

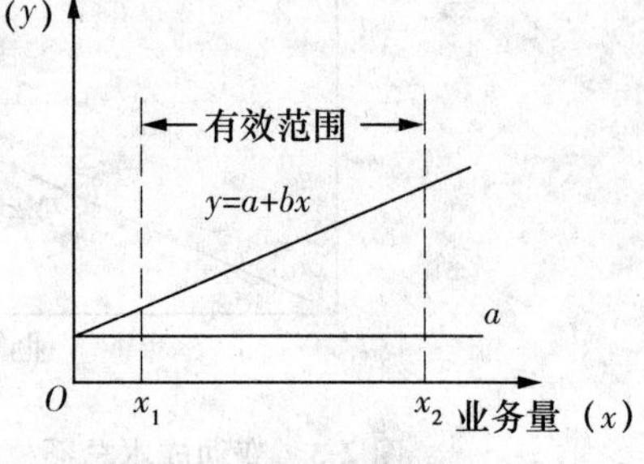

图 2-5　总成本性态模型

管理会计总成本的模型可用图 2-5 来表示。

第二节　混合成本及其分解

一、混合成本的概念及其类型

（一）混合成本的概念

管理会计为了计划和控制企业的经营活动，必须首先把企业的全部成本划分为变动成本和固定成本两大类。在实际工作中，这种划分是困难的，因为不少成本虽然随业务量变动而变动，但并不是成比例关系，不能简单地直接归入变动成本或固定成本。这种成本总额随业务量增减变动而不成比例变动的成本，称为混合成本。

混合成本包括了固定成本和变动成本两种因素，它与业务量的变动呈非直线关系。

（二）混合成本的类型

1. 半变动成本

这类混合成本的特点是，它通常有一个基数，一般不变，相当于固定成本；但是，在这个基数之上发生的成本部分，则随着业务量的变动而成比例变动，这一部分成本又相当于变动成本。它由一部分固定成本和另一部分变动成本所组成，虽然随业务量的变动而有所变动，但并不保持严格的比例关系。如公用事业费，包括电费、电话费、煤气费和水费等以及机器设备的维修保养费等，都属于这类成本。半变动成本模型见图 2-6。

2. 阶梯式变动成本

这类混合成本的特点是：业务量在一定范围内增长，其发生额不变；当业务量增长超过一定限度，其发生额突然跳跃上升，然后在业务量增长的一定限度内其发生额又保持不变。如企业保养员、化验员、检验员、运货员、领料员等的工资，都属于这类成本。阶梯式变动成本模型见图 2-7。

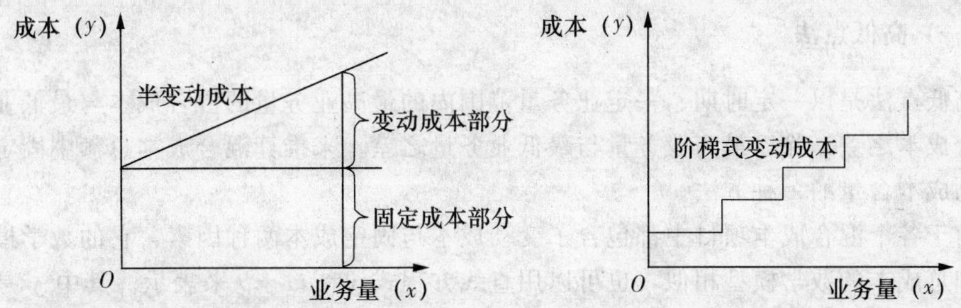

图 2-6　半变动成本性态模型　　图 2-7　阶梯式变动成本性态模型

3. 延期变动成本

这类混合成本的特点是：在一定业务量范围内，其发生额通常不变，属于固定成本性质；当业务量超过规定的标准，其发生额则成比例增长。例如，在超定额计件的工资制度下，职工在完成正常工作定额之前，只能取得基础工资。若超过工作定额，职工则除领取基础工资之外，还可取得按超产数额计算的超额工资。延期变动成本性态模型见图 2-8。

4. 曲线变动成本

曲线变动成本是指在没有业务量的情况下有一个初始量，当有业务量发生时，成本总额随业务量的变化而变化，但变化不成直线关系，而是成曲线关系。例如，热处理用的电炉设备，每班需要预热，因预热而耗用的成本（初始量）属于固定成本性质，而预热后进行热处理的耗电成本，则随业务量的增加，呈现出抛物线上升的趋势。曲线变动成本性态模型见图 2-9。

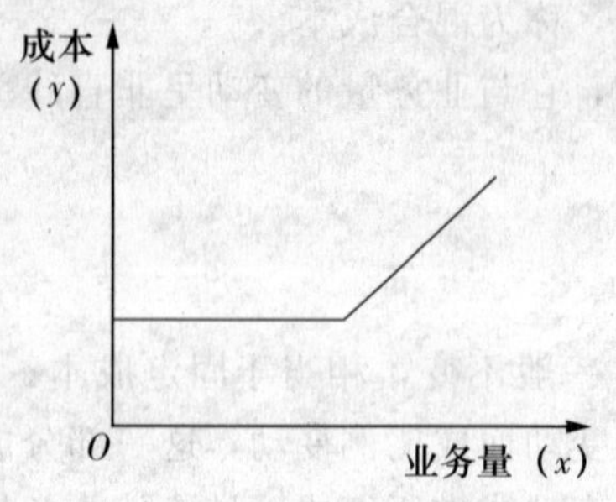

图 2-8 延期变动成本性态模型

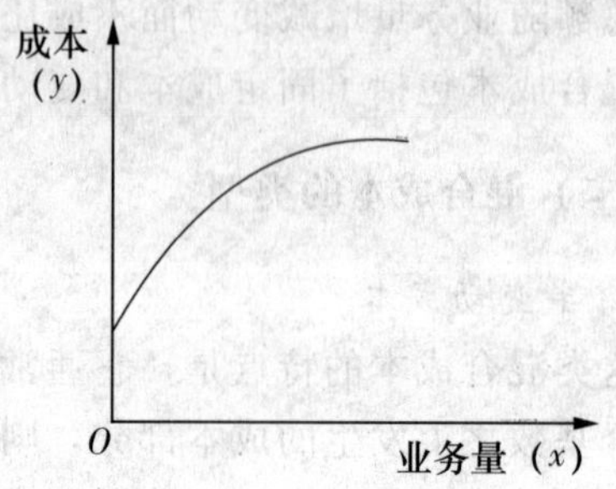

图 2-9 曲线变动成本性态模型

二、混合成本的分解

在实际工作中，为了掌握成本与业务量之间的依存关系，还要对混合成本进行分解，将其中的变动部分和固定部分分离出来，以便满足经营管理上的需要。对混合成本分解常用的方法有：高低点法、散布图法和回归直线法等。下面介绍这三种方法的基本原理：

（一）高低点法

高低点法是以一定时期、一定业务量范围内的最高业务量的混合成本与最低业务量的混合成本之差，除以最高业务量与最低业务量之差，来推算混合成本总额中固定成本和变动成本含量的一种方法。

由于各个混合成本项目中都包含了变动成本与固定成本两种因素，它的数学模型实际上和总成本的数学模型相似，也可以用直线方程式 $y=ax+b$ 来表示。其中 y 是混合成本，a 是混合成本中的固定成本总额，b 是混合成本中的单位变动成本，x 是业务量。

根据这里所列的数学模型，我们如果选出业务量和成本的各自的最高点和最低点两组数据，就可以列出通过这两点的线性方程组，也就可以分解出混合成本的固定成本部分和变动成本部分。可用符号表示如下：

y_1：低点的总成本；y_2：高点的总成本；

x_1：低点的业务量；x_2：高点的业务量；

则可列出线性方程组如下：

$$y_1 = a + bx_1 \tag{1}$$

$$y_2 = a + bx_2 \tag{2}$$

(2) − (1)：

$$y_2 - y_1 = b(x_2 - x_1)，即\ b = \frac{y_2 - y_1}{x_2 - x_1}$$

求出 b 值之后，将它代入低点或高点的直线方程式，就可以求出 a 值。a 值的计算公式如下：

$$a = y_1 - bx_1 \text{ 或 } a = y_2 - bx_2$$

两者计算结果是相同的。

混合成本分解完后，将 a、b 的值代入方程 $y=a+bx$，可用于预测成本。

【例 2—3】假设某商店 1 至 6 月份的销售额与销售成本的资料如表 2—3 所示。要求采用高低点法将混合成本分解成固定成本和变动成本。

表 2-3

项　目	1 月	2 月	3 月	4 月	5 月	6 月
销售额（元）	48 000	50 000	45 000	43 200	40 000	46 000
销售成本（元）	5 900	6 000	5 200	5 500	5 000	5 500

解：首先，根据历史资料，找出业务量的最高点和最低点。现列表如表 2-4 所示。

表 2-4　高低点法混合成本分解表

项　目	最高点（2 月）	最低点（5 月）	差　额
业务量（销售额）	50 000	40 000	10 000
混合成本（销售成本）	6 000	5 000	1 000

其次，计算单位变动成本：

$b=1\ 000/10\ 000=0.10$（元）

再次，计算固定成本总额：

$a=6\ 000-0.10\times 50\ 000=1\ 000$（元）

或 $a=5\ 000-0.10\times 40\ 000=1\ 000$（元）

最后，将 a、b 值代入直线方程：$y=1\ 000+0.10x$

根据这一公式，我们可以预测销售额为 70 000 元时的成本是：

$y=1\ 000+0.10\times 70\ 000=8\ 000$（元）

高低点法虽然简单，但采用这种方法进行分解时，由于只依靠两组数据，所以，选用的数据如不能代表业务活动的正常情况，那么计算的结果将是不准确的。

（二）散布图法

散布图法是把过去某一时期混合成本的历史数据逐一在坐标图上标明，一般是以横轴代表业务量（x），纵轴代表混合成本（y），经目测在各个成本点之间画一条反映成本变动的趋势直线，其与纵轴的交点即为固定成本 a，然后再据此计算单位变动成本 b 的一种方法。

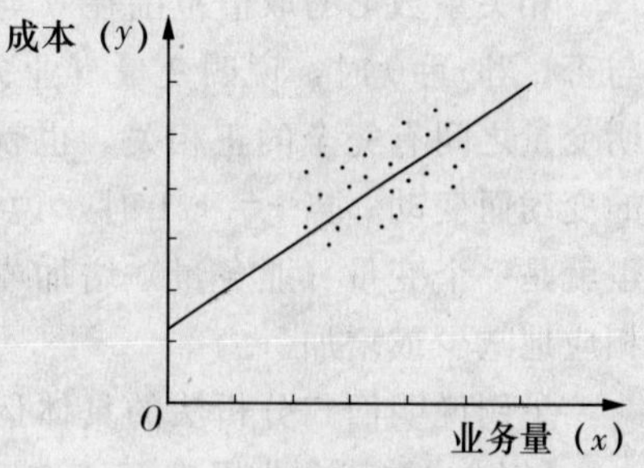

图 2-10　成本性态分析模型的散布图

散布图法的基本步骤（见图 2-10）：

1. 根据业务量和混合成本的历史观测数据，描出相应的坐标点；

2. 用目测法确定趋势直线，应尽量使画出的这条直线两边的散布点个数相同，而且使各点到直线的距离之和达到最小；

3. 确定固定成本，即成本趋势直线同纵轴的交点确定为固定成本；

4. 确定单位变动成本，其计算公式为：$b=(y-a)/x$

将取得的 a、b 的值代入直线方程得到公式：$y=a+bx$

（三）回归分析法

回归分析法是根据过去一定时期业务量（x）和混合成本（y）的历史资料，运用最小平方法算出最能代表 x 与 y 关系的回归直线，借以确定混合成本中固定成本和变动成本含量的一种数理统计方法。

回归分析法的基本原理是：设 y 是某项混合成本，a 是混合成本中的固定成本，b 是混合成本中的单位变动成本，x 是业务量。它们之间的关系为：

$$y=a+bx$$

我们可以用简算法来确定直线方程中 a、b 值。首先以总和的形式表示直线方程 $y=a+bx$ 中的每一项，即：

$$\sum y = na + b\sum x \tag{1}$$

再将上列方程的左右两方用业务量（x）进行加权，即得：

$$\sum xy = a\sum x + b\sum x^2 \tag{2}$$

从（1）可得：

$$a=\frac{\sum y - b\sum x}{n} \tag{3}$$

以（3）代入（2）得：

$$b=\frac{n\sum xy-\sum x\cdot\sum y}{n\sum x^2-(\sum x)^2} \tag{4}$$

再以（4）代入（3）得：

$$a=\frac{\sum x^2\cdot\sum y-\sum x\cdot\sum xy}{n\sum x^2-(\sum x)^2} \tag{5}$$

相关系数 r 的取值范围在 0 与 1 之间，其数值的大小，即可说明其相关程度的密切与否。当 $r=0$ 时，说明变量（业务量与成本）之间不存在依存关系；当 $r=+1$ 时，说明变量之间有完全的正相关，也就是一个变量（成本）完全依随另一个变量（业务量）的变动而变动；当 $r=-1$ 时，说明两个变量（成本与业务量）之间有完全的负相关，也就是一个变量（业务量）增加或减少时，另一个变量（单位产品分摊的固定费用）却相应地减少或增加。

举例说明回归分析法的具体运用。

【例 2-4】某企业甲车间去年 12 个月份的机器小时和辅助材料费的数据如表 2-5 所示：

表 2-5　资料

月份	业务量（机器小时）	辅助材料费（元）
1	420	65
2	380	63
3	420	64
4	450	70
5	480	72
6	400	74
7	340	60
8	350	62
9	390	66
10	420	68
11	470	72
12	520	80

现采用回归分析法进行分解。

首先，根据该企业过去 12 个月的资料进行加工，计算列表如表 2-6。

表 2-6　资料加工计算表

月份	业务量（x）机器小时	辅助材料费（y）	xy	x^2	y^2
1	420	65	27 300	176 400	4 225
2	380	63	23 940	144 400	3 969
3	420	64	26 880	176 400	4 096
4	450	70	31 500	202 500	4 900
5	480	72	34 560	230 400	5 184
6	400	74	29 600	160 000	5 476
7	340	60	20 400	115 600	3 600
8	350	62	21 700	122 500	3 844
9	390	66	25 740	152 100	4 356
10	420	68	28 560	176 400	4 624
11	470	72	33 840	220 900	5 184
12	520	80	41 600	270 400	6 400
$n=12$	$\sum x = 5\ 040$	$\sum y = 816$	$\sum xy = 345\ 620$	$\sum x^2 = 214\ 8000$	$\sum y^2 = 55\ 858$

其次，计算相关系数 r，即：

$$r=\frac{n\sum xy-\sum x\cdot\sum y}{\sqrt{\left[n\sum x^2-\left(\sum x\right)^2\right]\cdot\left[n\sum y^2-\left(\sum y\right)^2\right]}}$$

$$=\frac{12\times 345\ 620-5\ 040\times 816}{\sqrt{(12\times 2\ 148\ 000-5\ 040^2)\times(12\times 55\ 858-816^2)}}$$

$$=0.853\ 5$$

通过 r 值的计算，说明 x 与 y 之间有密切的相关性，基本上存在着线性关系，可用

$y=a+bx$ 的直线描述其变动趋势。

最后，计算 a 和 b 的值：

$$b=\frac{n\sum xy-\sum x\cdot\sum y}{n\sum x^2-(\sum x)^2}$$

$$=\frac{12\times 345\ 620-5\ 040\times 816}{12\times 2\ 148\ 000-5\ 040^2}$$

$$=0.09(元)$$

$$a=\frac{\sum y-b\sum x}{n}$$

$$=\frac{816-0.09\times 5\ 040}{12}$$

$$=32.20(元)$$

上面我们所介绍的是分解混合成本的常用的三种方法。在这些方法中，高低点法简便易懂，但是，由于这种方法没有利用所占有的全部数据来估计成本，只利用高点与低点的数据，因此，如果这两点的数据中或其中的某一点数据带有偶然情况，就可能使计算的结果不太准确。利用散布图法来确定反映成本变动趋势的直线，由于综合考虑了一系列观察点上成本与业务量的依存关系，比起高低点法可能得到较精确的结果，但它所得到的反映成本变动趋势的直线是通过目测在各个成本点之间进行绘制，容易因人而异，所以其结果也不一定十分准确；但是它容易理解，比较方便。回归直线法利用“回归直线的误差平方和最小”的原理，所以其结果相比较最为准确，但是，计算工作量较大，如果借助于电子计算工具，亦可扬长避短。

第三节　变动成本法概述

一、变动成本法

变动成本法是指在计算产品的生产成本和存货成本时，只包括产品在生产过程中所消耗的直接材料、直接人工和变动制造费用，不包括固定制造费用的一种成本计算方法。它是管理会计中广泛应用的一种成本计算方法。由于变动成本法的产生，为了加以区别，人们就把传统的成本计算方法称完全（全部）成本法。

变动成本法的理论依据：变动成本法认为所有一切工厂成本，并非都直接与产品产量有关。只有随产品产量增减而呈正比例变动的成本，才被确定为产品成本。固定制造费用是为企业提供一定的生产经营条件，以便保持生产能力，在相关范围内，它们同产品的实际生产量的多少无关，既不会因生产量提高而增加，也不会因生产量的下降而减少，它们与会计期间相关，所以称为“期间成本”或“期间费用”，直接作为边际贡献总额的抵减项目。

二、完全成本法

完全成本法是指在计算产品的生产成本和存货成本时，把一定期间所发生的直接材料、直接人工、变动制造费用和固定制造费用的全部成本都包括在产品成本中的一种成本计算方法。

完全成本法的理论依据：完全成本法认为一切生产成本，包括变动成本和固定成本都应摊入所生产的产品成本中去，在产品销售期间，将所销产品的完全生产成本冲转该时期的营业收入并取得补偿。

三、变动成本法与完全成本法的区别

1. 应用的前提条件不同

应用变动成本法，首先要求进行成本性态分析，把全部成本划分为变动成本和固定成本，尤其是要把属于混合成本性质的制造费用按业务量分解为变动制造费用和固定制造费用两部分。

应用完全成本法，则要求把全部成本按其发生的经济用途分为生产成本和非生产成本。凡在生产领域中为生产产品发生的成本就归于生产成本，如直接材料、直接人工、制造费用；发生在流通领域和服务领域的销售费用、管理费用、财务费用则归于非生产成本。

2. 产品成本和期间成本的构成不同

两种成本计算法在产品成本和期间成本构成上的不同见图 2-11 和图 2-12。

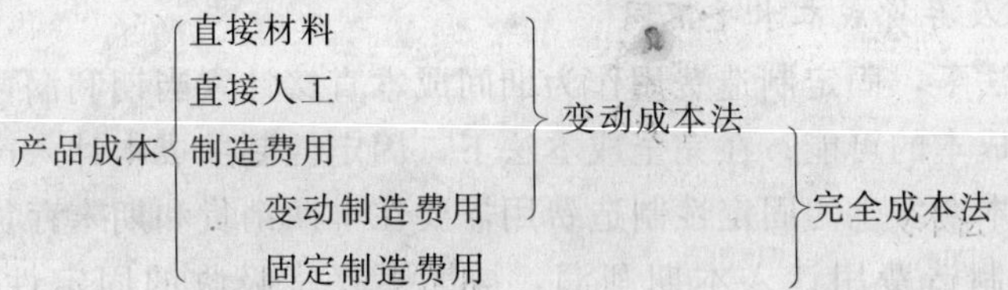

图 2-11　两种成本计算法产品成本的构成

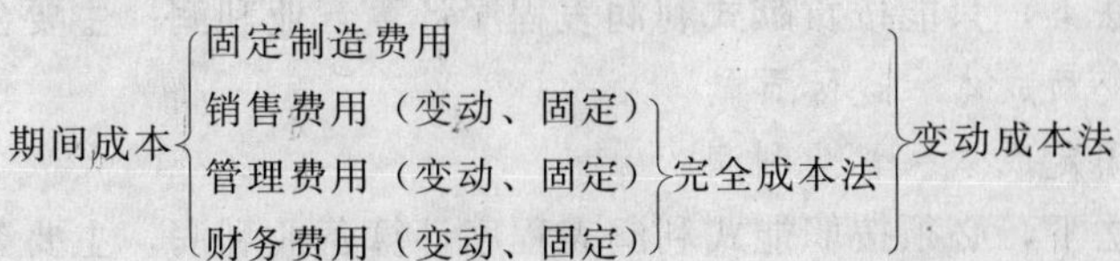

图 2-12　两种成本计算法期间成本的构成

在变动成本法下，产品成本全部由变动生产成本构成，包括：直接材料、直接人工和变动制造费用，期间成本由全部固定成本和全部变动性非生产成本之和构成。在完全成本法下，产品成本包括全部生产成本，包括：直接材料、直接人工、变动及固定制造费用，期间成本则仅包括全部非生产成本。

现举例说明两种成本计算方法的区别。

【例 2-5】假定某企业生产 A 产品 200 件，有关资料见表 2-7。

表 2-7

项　目	金额（元）
直接材料	20 000
直接人工	10 000
变动制造费用	8 000
固定制造费用	2 000
销售费用	4 000（其中固定部分 1 000）
管理费用	2 000（其中固定部分 1 000）

按两种成本方法计算其结果如下：

(1) 按变动成本法计算

产品成本＝20 000＋10 000＋8 000＝38 000（元）

单位产品成本＝38 000÷200＝190（元）

期间成本＝2 000＋4 000＋2 000＝8 000（元）

(2) 按完全成本法计算

产品成本＝20 000＋10 000＋8 000＋2 000＝40 000（元）

单位产品成本＝40 000÷200＝200（元）

期间成本＝4 000＋2 000＝6 000（元）

由例可知，两种成本计算法的差别在于固定性制造费用是计入产品成本还是作为期间成本从营业收入中一次扣除。

3. 营业成本及存货成本水平不同

在变动成本法下，固定制造费用作为期间成本直接计入当期利润，因而没有转化为营业成本或存货成本的可能；在完全成本法下，固定性制造成本计入产品成本，当期末存货不为零时，本期发生的固定性制造费用需要在本期销货和期末存货之间分配，被销货吸收的固定性制造费用计入本期利润，被期末存货吸收的固定性制造费用递延到下期。

4. 营业利润的计算程序不同

在变动成本法下，只能按贡献式利润表程序计算营业利润。主要公式：

营业收入－变动成本＝边际贡献

边际贡献－固定成本＝营业利润

在完全成本法下，必须按职能式利润表程序计算营业利润。主要公式：

营业收入－营业成本＝营业毛利

营业毛利－期间成本＝营业利润

5. 当期营业利润计算结果不完全相同

由于变动成本法计算的产品生产成本与全部成本法计算的产品生产成本不同，期末存货及营业成本的水平也不同，那么按变动成本法计算的当期营业利润有可能大于或小于按完全成本法计算的当期营业利润。

6. 所提供信息的用途不同

这是变动成本法和完全成本法之间最本质的区别。变动成本法主要满足内部管理的需要，利润与销售量之间有一定规律性联系；完全成本法主要满足对外提供报表的需要，利润与销售量之间的联系缺乏规律性。

四、两种成本法计算对分期营业利润的影响

（一）营业利润的计算

1. 在变动成本法模式下，按贡献式利润表程序计算营业利润。即首先用营业收入补偿本期实现销售产品的变动成本以确定边际贡献，然后再用边际贡献补偿固定成本以确定当期营业利润。其计算步骤与公式如下：

第一步：营业收入－变动成本＝边际贡献

第二步：边际贡献－固定成本＝营业利润

上式中：

变动成本＝变动生产成本＋变动非生产成本

　　　　＝单位变动生产成本×销售量＋单位变动非生产成本×销售量

若各期单位产品的变动生产成本不同，则：

变动成本＝期初存货成本＋本期变动生产成本－期末存货成本

$$=\text{期初存货量}\times\text{上期单位产品变动生产成本}+\text{本期产量}\times\text{本期单位产品变动生产成本}-\text{期末存货量}\times\text{本期单位产品变动生产成本}$$

固定成本＝固定生产成本＋固定非生产成本

　　　　＝固定制造费用＋（固定销售费用＋固定管理费用＋固定财务费用）

在完全成本法模式下，则按职能式损益确定程序计算营业利润。首先用销售收入补偿本期实现销售产品的销货成本以确定营业毛利，然后再用营业毛利补偿期间成本以确定当期营业利润。其计算步骤与公式如下：

第一步：营业收入－营业成本＝营业毛利

第二步：营业毛利－期间成本＝营业利润

上式中：

营业成本＝本期营业成本（完全生产成本）

　　　　＝期初存货生产成本＋本期生产成本－期末存货生产成本

期间成本＝非生产成本

　　　　＝销售费用＋管理费用＋财务费用

由于两种成本法的营业利润确定程序不同，使得它们所使用的利润表格式存在一定的区别。变动成本法使用贡献式利润表；完全成本法使用职能式利润表。现举例说明：

【例 2-6】某企业生产单一品种的产品，某年有关生产、销售及成本资料见表 2-8。

表 2-8

期初存货量	0	直接材料	250 000 元
本年生产量	20 000 件	直接人工	120 000 元
本年销售量	13 000 件	变动制造费用	40 000 元
期末存货量	7 000 件	固定制造费用	50 000 元
单价	50 元	变动销售及管理费用	20 000 元
		固定销售及管理费用	60 000 元

要求：分别用两种成本法计算产品成本和营业利润。

1. 产品成本的计算

(1) 按完全成本法计算

本期产品成本＝250 000＋120 000＋40 000＋50 000＝460 000（元）

单位产品成本＝460 000÷20 000＝23（元/件）

(2) 按变动成本法计算

本期产品成本＝250 000＋120 000＋40 000＝410 000（元）

单位产品成本＝410 000÷20 000＝20.5（元/件）

2. 营业利润的计算见表 2-9。

表 2-9　按两种成本法编制的损益表

职能式损益表		贡献式损益表	
营业收入	650 000	营业收入	650 000
减：营业成本：	299 000	减：变动成本：	286 500
期初存货成本	0	变动生产成本（20.5×13 000）	266 500
本期生产成本（23×20 000）	460 000	变动销售及管理费用	20 000
减：期末存货成本（23×7 000）	161 000	边际贡献	363 500
营业毛利	351 000	减：固定成本：	110 000
减：期间成本：	80 000	固定制造费用	50 000
销售及管理费用	80 000	固定销售及管理费用	60 000
营业利润	271 000	营业利润	253 500

从表中可见：除了两种利润表的格式不同外，提供的中间指标也不相同。如贡献式利润表提供“边际贡献”指标，而职能式利润表提供“营业毛利”指标。这些指标的意义和作用是完全不同的。从上例中还可以看出：按完全成本法确定的营业利润比按变动成本法确定的营业利润多 17 500 元，即两种成本法计算的本期营业利润不相等。这是因为本期发生的固定制造费用 50 000 元中，只有 32 500 元（50 000÷20 000×13 000）通过营业成本计入完全成本法的利润表，其余 17 500 元（50 000÷20 000×7 000）被期末存货吸收并结转下期，而在变动成本法下，这 50 000 元的固定制造费用作为期间成本全部计入当期利润。由于不同成本法计入利润表的固定制造费用的水平出现了差异，最终导致两者的营业利润出现了差异。

（二）两种成本法分期营业利润差额的变化规律

由于两种成本法对固定制造费用的处理不同，从而对分期营业利润的影响表现为以下两种情况：

1. 产销平衡

在产销平衡的情况下，即当本期生产量等于销售量时，两种成本法所确定的分期营业利润是相等的。这是因为：按变动成本法计算，本期所发生的固定制造费用全部从本期营业收入中扣除；按完全成本法计算，本期发生的固定制造费用先计入本期所发生的产品成本中，在产销平衡的情况下，本期所生产的产品又在本期全部销售出去，库存商品的期末存货没有变动，所以，两种成本计算法在营业收入与扣减数相同的情况下，营业利润会相等。

2. 产销不平衡

（1）当本期生产量大于销售量时，按完全成本法确定的营业利润大于按变动成本法确定的营业利润。这是因为：按变动成本法计算，本期所发生的固定制造费用全额从本期营业收入中扣除。而采用完全成本法计算，在生产量大于销售量时，本期发生的固定制造费用中有一部分由营业成本吸收，从本期的营业收入中扣减，其余部分则以期末存货形式结转到下期，可见，从本期营业收入中扣减的固定制造费用就不是全额了。所以，在营业收入一样的情况下，采用变动成本法扣除了全部的固定制造费用，而采用完全成本法仅扣除了部分的固定制造费用，当然由此所确定的营业利润前者会小于后者。

（2）当本期生产量小于销售量时，按完全成本法确定的营业利润小于按变动成本法确定的营业利润。这是因为：按变动成本法计算，本期发生的固定制造费用要从本期营业收入中扣减；但按完全成本法计算，在本期生产量小于销售量的情况下，本期销售的产品中不仅包括了本期生产的产品，而且包括了上期结转下来的产品。可见，本期产品营业成本中不仅包括了本期发生的全部固定制造费用，同时还包括了上期产品所结转下来的固定制造费用。正因为这样，所以在营业收入一样的情况下，前者扣除的成本少，后者扣除的成本多，当然由此所确定的营业利润，前者会大于后者。

现举例说明：

【例 2-7】某公司三个会计年度的资料如表 2-10 所示：

假设各年均无期初、期末在产品。现分别采用变动成本法与完全成本法确定各年的营业利润如表 2-11 和表 2-12。

表 2-10

项　目	第一年	第二年	第三年
期初存货（件）	—	—	500
生产量（件）	3 000	3 000	3 000
销售量（件）	3 000	2 500	3 500
期末存货（件）	—	500	—
单位产品售价（元）	80	80	80
单位产品变动生产成本（元）	40	40	40
固定制造费用（元）	2 400	2 400	2 400
固定销售与管理费用（元）	5 000	5 000	5 000

表 2-11 按变动成本法编制的损益表

项　　目	第一年	第二年	第三年
营业收入	240 000	200 000	280 000
减：产品变动成本①	120 000	100 000	140 000
边际贡献	120 000	100 000	140 000
减：固定成本：			
固定制造费用	24 000	24 000	24 000
固定销售与管理费用	5 000	5 000	5 000
营业利润	91 000	71 000	111 000

表 2-12 按完全成本法计算

项　　目	第一年	第二年	第三年
营业收入	240 000	200 000	280 000
减：营业成本：			
期初存货	—	—	24 000
本期变动生产成本②	120 000	120 000	120 000
固定制造费用	24 000	24 000	24 000
可供销售的产品成本	144 000	144 000	168 000
减：期末存货③	—	24 000	—
营业成本合计	144 000	120 000	168 000
营业毛利	96 000	80 000	112 000
减：销售与管理费用	5 000	5 000	5 000
营业利润	91 000	75 000	107 000

表中：

①第一年：3 000×40＝120 000 元

第二年：2 500×40＝100 000 元

第三年：3 500×40＝140 000 元

②第一年：3 000×40＝120 000 元

第二年：3 000×40＝120 000 元

第三年：3 000×40＝120 000 元

③第二年：500×（40＋24 000÷3 000）＝24 000 元

上面计算结果表明：

1. 当本期生产量和销售量相等时，不管采用变动成本法还是完全成本法，其确定的分期营业利润是相同的。见表 2－11 和表 2－12 中的第一年。

当生产量（3 000 件）＝销售量（3 000 件）时：

完全成本法确定的营业利润（9 100 元）＝变动成本法确定的营业利润（9 100 元）

其理由是，当生产量等于销售量时，在完全成本法下，没有机会以存货方式结转固定制造费用或从存货项下减除固定制造费用。

2. 当本期生产量大于销售量时，完全成本法确定的营业利润大于变动成本法确定的营业利润。见表 2-11 和表 2-12 中的第二年。

当生产量（3 000 件）＞ 销售量（2 500 件）时：

完全成本法确定的营业利润（75 000 元）＞变动成本法确定的营业利润（71 000）

其理由是：当生产量大于销售量时，在完全成本法下，本期发生的 24 000 元固定制造费用中有一部分由营业成本吸收，从本期营业收入中扣减，其余部分（4 000＝500×24 000÷3 000）以期末存货形式结转到第三年。但是，在变动成本法下，本期发生的固定制造费用全额从本期营业收入中扣除。

3. 当本期生产量小于销售量时，完全成本法确定的营业利润小于变动成本法确定的营业利润。见表 2－11 和表 2－12 中的第三年。

当生产量（3 000 件）＜ 销售量（3 500 件）时：

完全成本法确定的营业利润（107 000 元）＜ 变动成本法确定的营业利润（111 000元）

其理由是：按完全成本法计算，本期销售的产品成本中不仅包括了本期发生的全部固定制造费用 24 000 元，同时还包括了上期产品（500 件）所结转下来的固定制造费用 4 000 元（500 件×8 元/件）；按变动成本法计算，本期销售的产品中仅仅包括了当年（第三年）发生的全部制造费用。

第四节　变动成本法的应用与评价

一、完全成本法的优缺点

1. 完全成本法的优点

（1）可以刺激企业提高产品生产的积极性

用这种方法计算的单位产品生产成本，直接受产量的影响。产量越大，单位产品生产成本越低，反之，产量越小，单位产品生产成本越高，这样就可以鼓励企业提高产量来降低产品成本。

（2）有利于企业编制对外报表

因为完全成本法得到公认会计原则的认可和支持，所以企业只能以此为基础编制对外报表。

2. 完全成本法的缺点

（1）计算出来的单位产品生产成本不能真实反映生产部门的业绩。

由于单位产品生产成本中包含单位变动生产成本和单位固定生产成本两部分，要想降低单位变动生产成本需要采取很多措施，而单位固定生产成本的高低则是随产量的多少而定。如果生产部门没有在降低成本方面作出任何努力，只是由于产量增加了，而使单位产品生产成本下降，这并不能说明工作有成绩。

（2）采用完全成本法，由于成本未按其习性分类，所以不便于进行预测分析、决策分析和编制弹性预算。

（3）固定生产成本，需要经过繁杂的分配手续才能计入产品成本，不利于简化核算工作。

（4）计算的分期营业利润难以被管理部门理解。

因为在产品售价、成本不变的情况下，利润的多少理应和销售量的增减相一致，也就是销售量增加，利润也应增加；反之，销售量减少，利润也应减少。但是，按完全成本法计算，由于掺杂了人为计算上的因素，使得利润的多少和销售量的增减不能保持相应的比例，因而难以被管理部门理解，不能适应企业内部管理的要求。

现举例说明：

（1）每年销售量相同，销售单价、单位变动成本和固定成本的总额均无变动，但是以完全成本法计算为基础所确定的营业利润却表现出较大的差别。

【例 2-8】某企业三个会计年度的资料见表 2-13。

表 2-13　资料

项　　目	第一年	第二年	第三年
生产量（件）	5 000	6 000	4 000
销售量（件）	5 000	5 000	5 000
单位产品售价（元）	40	40	40
单位产品变动成本（元）	10	10	10
固定制造费用（元）	30 000	30 000	30 000
固定销售与管理费用（元）	4 000	4 000	4 000

根据上述资料，采用完全成本法确定的营业利润，如表 2-14 所示。

表 2-14　按完全成本法编制的损益表

项　　目	第一年	第二年	第三年
营业收入	200 000	200 000	200 000
减：营业成本：	80 000	75 000	85 000
期初存货	—	—	15 000
本期变动生产成本	50 000	60 000	40 000
固定制造费用	30 000	30 000	30 000
可供销售的产品成本	80 000	90 000	85 000
减：期末存货	—	15 000	—
营业毛利	120 000	125 000	115 000
减：销售与管理费用（固定）	4 000	4 000	4 000
营业利润	116 000	121 000	111 000

上述资料说明了第一年、第二年和第三年的销售量是相同的，但是以完全成本计算为基础所确定的营业利润却不相同（第一年 116 000 元，第二年 121 000 元，第三年

111 000 元)，这是难以被人们所理解的。

(2) 销售量增加，在产品的售价、成本不变的情况下，营业利润反而减少。

【例 2-9】某企业生产一种产品，第一年和第二年度的有关资料如表 2-15 所示。

表 2-15　资料

项　　目	第一年	第二年
生产量（件）	2 500	2 250
销售量（件）	2 250	2 500
单位产品售价（元）	80	80
单位产品变动成本（元）	15	15
固定制造费用（元）	100 000	100 000
固定销售与管理费用（元）	25 000	25 000

根据上述资料，采用完全成本法确定的营业利润如表 2-16 所示。

表 2-16　按完全成本法编制的损益表

项　　目	第一年	第二年
营业收入	180 000	200 000
减：营业成本：	123 750	147 500
期初存货	—	13 750
本期变动生产成本	37 500	33 750
固定制造费用	100 000	100 000
可供销售的产品成本	137 500	147 500
减：期末存货	13 750	—
营业毛利	56 250	52 500
减：销售与管理费用（固定）	25 000	25 000
营业利润	31 250	27 500

上表计算表明，在售价、成本不变的情况下，尽管产品销售量增加 250 件，但是，以完全成本计算为基础确定的营业利润第二年比第一年反而减少了 3 750 元（即 27 500 －31 250）。可见这种成本计算方法难于为管理人员所理解。

(3) 在销售单价、成本不变的情况下，产品期末存货增加，营业利润也会增加。

【例 2-10】某企业第一年和第二年的有关资料如表 2-17 所示。

表 2-17　资料

项　　目	第一年	第二年
本年生产量（件）	80 000	100 000
本年销售量（件）	80 000	60 000
期末存货量（件）	—	40 000
单位产品售价（元）	80	80
单位产品变动成本（元）	15	15
固定制造费用（元）	4 000 000	4 000 000
固定销售与管理费用（元）	1 000 000	1 000 000

根据以上资料，采用完全成本法确定的营业利润如表 2-18 所示。

表 2-18　按完全成本法编制的利润表

项　　目	第一年	第二年
营业收入	6 400 000	4 800 000
销售产品制造成本		
期初存货	—	—
本期变动生产成本	1 200 000	1 500 000
固定制造费用	4 000 000	4 000 000
可供销售的产品成本	5 200 000	5 500 000
减：期末存货	—	2 200 000
营业毛利	1 200 000	1 500 000
减：固定销售与管理费用	1 000 000	1 000 000
营业利润	200 000	500 000

从上表计算可见，尽管第二年的期末存货增加 40 000 件，销售量减少，销售单价和单位成本不变，可是营业利润却增加了 300 000 元，这是令人难于理解的。

综上所述，完全成本法确定的营业利润不能直接反映销售量—成本—利润之间的正常关系，往往会出现假象。正如上面所述的，在销售单价、成本不变的情况下，销售量相同，营业利润不同；销售量增加，营业利润反而减少；期末存货增加，销售量减少，营业利润增加。这样所提供的分期营业利润资料，很难为管理当局所理解。

二、变动成本法的优缺点

1. *变动成本法的优点*

(1) 能方便的应用于各种预测和短期经营决策。变动成本法揭示了利润、成本和产量三大因素的内在联系，并在此基础上计算和提供有关重要的信息。利用这些信息能够帮助管理当局深入进行本－量－利分析和边际贡献分析，如预测保本点、目标利润、目标销售量；能够正确进行短期经营决策，如接受追加订货的定价决策、零部件自制还是外购的决策等。

(2) 符合费用与收益“相配合”的原则。按照费用与收益“相配合”的原则，会计记录的一定期间内发生的费用与收益，必须归属于这个会计期间，以便客观公正地计算和评价这一会计期间的经济效益。变动成本法一方面把与产量有密切联系的直接材料、直接人工和变动制造费用计入产品，使它们随产品的销售而转作营业成本，若当期产品销售的比例大，则转移的成本比例也大；另一方面把与产量增减无关却与会计期间有关的固定制造费用计入当期利润，将其与当期的收益相配合，完全符合费用与收益“相配合”的会计原则。

(3) 有利于防止生产上的盲目性。采用变动成本法计算营业利润，在销售价格、单位变动成本和产品销售结构不变的条件下，企业的盈利将随销售量的增加而增加。这给企业管理当局提供一个重要的信息：只有增加销售才能增加盈利。所以，它会促使管理当局重视销售，以销定产，提高资金利用效果。

（4）简化成本计算，便于加强日常管理。

2. 变动成本法的缺点

（1）产品成本计算不符合传统的成本概念的要求。

（2）所确定的成本数据不符合通用会计报表编制的要求。

（3）所提供的成本资料不能完全适应长期决策的需要，而只能对短期经营决策提供最优方案的有关资料。长期决策要解决的是生产能力的增加或减少和经营规模的扩大或缩小问题。从长期来看，固定成本不可能不发生变动，超过了相关范围就要发生变化，因此，变动成本法提供的资料不能适应长期决策的需要，只能为短期经营决策提供选择最优方案的有关资料。

三、变动成本法与完全成本法结合应用的问题

目前，在美国和其他西方国家，均按照“公认会计原则”编制定期的财务报表，存货计价和营业利润决定仍要求以完全成本计算作为基础；但在企业内部，则大多采用变动成本法计算产品成本，编制内部报表，为企业管理部门正确进行预测、决策、分析和控制提供有用的资料。因此可见，企业会计为了能更好地履行其对内、对外两方面的职能，两种成本法可以同时使用、互相补充。但这并不意味着要重复地同时搞两套平行的成本计算资料。合理的做法是：设置“变动制造费用”、“固定制造费用”账户，把日常核算建立在变动成本法计算的基础上，对“生产成本”、“库存商品”账户均按变动成本反映；发生的固定制造费用先计入“固定制造费用”账户，期末，再把其中应归属于本期已销售产品的部分转入“本年利润”账户，对其中应属于期末在产品、库存商品部分，则仍留在这个账户上，并将其余额附加在资产负债表上的在产品、库存商品项目上，使它们仍按所耗费的完全成本列示。其具体的做法以【例 2-6】资料为例，见图 2-13，步骤如下：

（1）将“变动制造费用”账户借方归集的变动制造费用从其贷方转到“生产成本”账户的借方；

（2）产品完工后，结转完工产品成本，将“生产成本”账户借方归集的变动生产费用（直接材料、直接人工和变动制造费用）从其贷方结转到“库存商品”账户的借方；

（3）产品销售后，结转已销产品的成本，将已销产品的成本从“库存商品”账户的贷方结转到“主营业务成本”账户的借方；

（4）将本期已实现的产品营业收入从“主营业务收入”账户的借方结转到“本年利润”账户的贷方；

（5）将本期发生的变动非生产费用、固定非生产费用和应由本期产品负担的固定制造费用分别从“变动非生产费用”、“固定非生产费用”和“固定制造费用”账户的贷方结转到“本年利润”账户的借方；

（6）期末，“生产成本”、“库存商品”、“固定制造费用”等账户的余额附加在资产负债表的“存货”项目上。

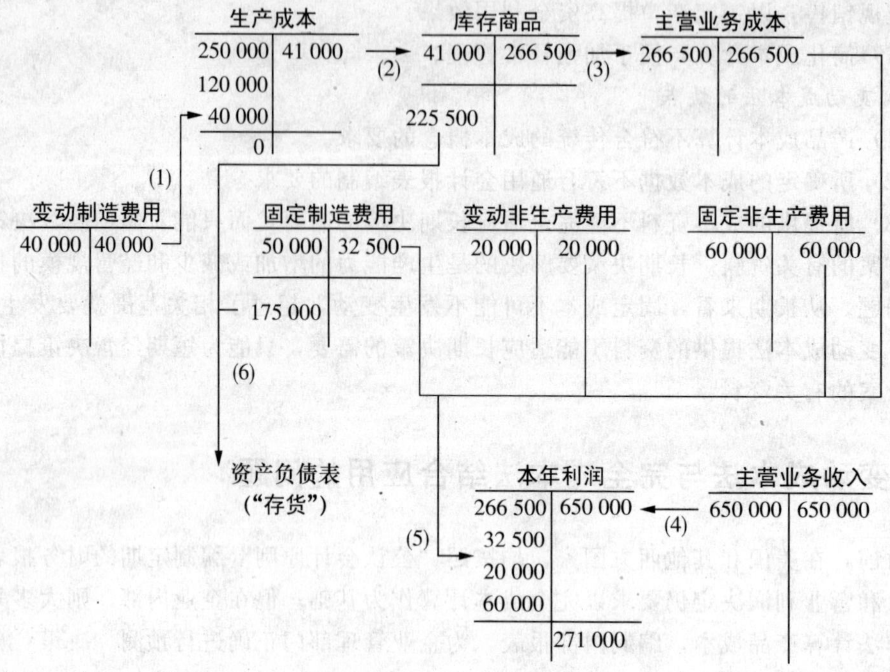

图 2-13 两种成本法核算结合应用示意图

【案例分析 1】

维修费用性态模型的建立

创维公司维修部门一定维修水平上的维修费用资料如下：

维修小时	50 000 小时	75 000 小时
维修费用	142 500 元	176 250 元

在 50 000 个维修小时上的维修费用可以分解如下：

租金（固定）	60 000 元
维修材料、配件成本（变动）	50 000 元
工资费用（混合）	32 500 元
合计	142 500 元

要求：① 采用高低点法将工资费用分解为变动部分与固定部分，并写出混合成本公式。

② 维修小时在 65 000 个小时的维修费用总额是多少？

【案例分析 2】

销量不变，生产量上升营业利润就上升的现象

晨光公司下设三个分公司，其中一分公司截至 2003 年底，年营业利润一直在 200 万元左右徘徊，与同行相比相差甚远。为此，公司在 2004 年初决定撤去该分公司经理职务，并在全公司范围内招聘新经理，招聘公告如下：

“招聘分公司经理：三年内，要求年营业利润在 2003 年 200 万元营业利润的基础上提高 75%，如完成可升职。”

老李应聘：前两年情况依旧，但 2006 年末奇迹发生了，年营业利润提高了 75%，于是升职了。

小吴接任：反映老李应聘期间并未提高年营业利润，请求核查会计资料。

公司派小黄核查：

已知：①两年售价都是 5 000 元/件，未变；

②产量由 4 000 件提高到 6 000 件；

③两年销量都是 4 000 件，2006 年积压产品 2 000 件；

④变动生产成本总额：2005 年为 700 万元，2006 年 1 050 万元；

⑤固定生产成本总额：2005 年为 450 万元，2006 年为 450 万元（固定生产成本即固定制造费用）。

营业利润（完全成本法） 单位：万元

年份	2005 年	2006 年
营业收入	2 000	2 000
期初存货成本	0	0
加：本期生产成本	1 150	1 500
减：期末存货成本	0	500
产品营业成本	1 150	1 000
营业毛利	850	1 000
减：销售及管理费用	650	650
营业利润	200	350

以上会计报表计算没有错误。那么，老李最后一年确实使公司利润提高了吗？

【案例分析 3】

隆泰汽车有限公司的成本分析

隆泰汽车有限公司是一家专门生产轿车的企业。公司生产轿车所用的轮胎以前一直是从北方公司采购的，每个轮胎单价为 498 元。随着国内轿车市场的繁荣，隆泰公司的产量逐年提高，使得该公司对汽车轮胎的采购量也相应增加。因此，该公司的管理者计划自行生产汽车轮胎。公司有关部门经过调查得出的自行生产汽车轮胎的相关数据如下：

（1）购置一条轮胎生产线的成本为 600 万元，该生产线每年的最大产量为30 000 个，估计该生产线的使用寿命为 5 年，期满无残值；

（2）生产部门采用计时工资制，工资率为每小时 5 元，生产一个轮胎预计需要 30 个工时；

（3）预计每个轮胎的单位材料成本为 180 元；

（4）生产车间厂房的每月租金为 5 万元；

（5）为了生产管理的需要，该公司拟聘用一位生产部门经理，月薪 1 万元；

（6）为了进行会计核算还需聘请一位会计，月薪5 000元；

(7) 每月的设备维修费用预计为 5 000 元；

(8) 预计每个轮胎的质检费用为 30 元，其他变动制造费用为 45 元/个，即单位变动制造费用为 75 元。

假如你是该公司的成本分析员，你将如何回答以下问题：

(1) 隆泰公司自行生产汽车轮胎的单位变动成本是多少？

(2) 每月的固定成本是多少？

(3) 若该公司轮胎的年产量分别为 20 000 个，22 000 个，24 000 个时，全年的总成本分别为多少？在上述三种产量下，轮胎的单位产品成本分别为多少？

(4) 该公司生产需要的轮胎应该自制还是继续从北方公司采购？

复习思考题

1. 什么是成本性态？为什么成本要按成本性态分类？怎样分类？

2. 什么是变动成本？什么是固定成本？

3. 什么是混合成本？混合成本的类型有哪些？

4. 什么是高低点法？什么是散布图法？什么是回归分析法？

5. 什么是变动成本法？什么是完全成本法？

6. 变动成本法与完全成本法在产品成本组成上的主要区别在哪里？它们的理论根据是什么？

7. 试举例说明，为什么当本期生产量等于销售量时，两种成本计算法所确定的分期营业利润是相同的？为什么当本期生产量小于（大于）销售量时，按完全成本法所确定的的营业利润会小于（大于）按变动成本法所确定的营业利润？

第3章

本量利分析

【学习目标】

通过本章学习，了解本量利分析的假设和本量利分析的基本原理，掌握单一品种及多品种条件下保本点分析的方法、相关指标的计算、保利点分析的方法和有关因素变动对保本点影响的分析。

【技能要求】

能根据企业实际情况进行保本点、保利点的计算与分析。

【引导案例】

滨海啤酒厂因何亏损？

A市的啤酒市场一直处于供不应求状态，滨海集团抓住商机，投资兴建了滨海啤酒厂。从国外引进了先进的生产设备，但投产后的前3年一直处于亏损状态。为了改变此种状态，厂领导想了很多办法，比如：增加广告投入；进行全员技术培训；更换部分中层干部；努力降低原材料的消耗量等。1年后，虽然销售量有所上升，生产成本有所下降，管理也更加严格，但仍然无法逃脱亏损的厄运。问题究竟在哪里呢？直到有一天，该厂长参加了一个企业高管培训班，学习了本量利分析法后终于明白了亏损的原因。发现在现有的固定成本、变动成本以及啤酒销售价格的情况下，滨海啤酒厂要想保本，年产量至少要达到5万吨，而目前销售量只有3.5万吨，无法发挥先进设备生产能力的优势。亏损是必然的了。

请问：本量利分析法能解决什么问题呢？对管理决策又有哪些帮助呢？

第一节　本量利分析概述

本量利分析是成本、业务量和利润三者依存关系的简称，也称CVP分析，是指在成本性态分析和变动成本法的基础上，以数量化的会计模型来揭示企业的固定成本、变动成本、相关业务量、销售单价及利润等变量之间的依存关系的一种定量分析方法。

一、本量利分析假设

本量利分析必须以一些基本假设为基础，严格限定它的适用范围，这些基本假设包括：

1. 成本性态分析假设

假设企业的全部成本可以合理地分解为固定成本和变动成本。

2. 相关范围与线性关系假设

有关成本性态和单位售价总是处于相关范围内保持不变。在一定的期间和业务量范围内，成本和销售收入均与业务量成线性关系，可表现为一条直线。

3. 产销平衡及品种结构不变假设

产销平衡，即期初、期末的产成品数量不变，销售量等于生产量；品种结构不变，是指在销售多种产品的情况下，各种产品的销售比例不会发生变化。

4. 变动成本法假设

企业的产品成本按变动生产成本计算，而所有的固定成本包括固定制造费用在内均作为期间成本处理。

上述假设是本量利分析的基础，但由于企业生产经营条件及各种有关因素的变化，应具体情况具体分析，不断根据变化的情况及对那些超出假设范围的情况，寻求新的方法，以防分析脱离实际。

二、本量利分析的基本公式

在本量利分析中，需要考虑如下几个相关因素：固定成本 a、单位变动成本 b、销售量 x、单价 p、税前利润 P 等，这些变量之间的关系可用以下公式表示：

利润＝销售收入－变动成本－固定成本

　　＝销售单价×销售量－单位变动成本×销售量－固定成本

即：

$$P=px-bx-a=(p-b)x-a$$

【例 3-1】某企业只生产一种 G 产品，单价 20 元，单位变动成本 15 元，本月销售量为 1 000 件，每月固定成本 2 000 元，求本月实现利润。

解：利润 $P=(20-15)\times 1\,000-2\,000=3\,000$（元）

【例 3-2】某企业本月计划销售 1 000 件甲产品，本月制造费用 2 800 元，其中固定制造费用 800 元，变动制造费用 2 000 元；发生原材料费用 10 000 元，直接工资 3 000 元；变动销售费用 1 000 元，变动管理费用 500 元，固定销售费用 400 元，固定管理费用 600 元；销售单价 30 元。计算该企业本月预期利润。

解：利润 $P=1\,000\times 30-(10\,000+3\,000+2\,000+1\,000+500)-(800+400+600)$

$=11\,700$（元）

因为销售单价扣除单位变动成本以后的余额为单位边际贡献 cm，所以公式又可表示为：

利润＝单位边际贡献×销售量－固定成本＝边际贡献总额－固定成本

＝销售收入总额×边际贡献率－固定成本

用符号表示为：　$P=cm\cdot x-a=cmx-a=px\cdot cmR-a$

式中：cm——单位边际贡献；cmx——边际贡献总额；cmR——边际贡献率

第二节　盈亏平衡分析的相关指标

一、盈亏临界点

盈亏临界点又称保本点，是指企业恰好处于不盈利也不亏损，其收入等于总成本状况时的销售量或销售额（又称保本量或保本额）。保本点是企业的一项重要指标，企业的销售量只有达到了盈亏临界水平，才能保本；要获得盈利，销售量必须超过保本点。

二、边际贡献指标

（一）边际贡献

边际贡献也可称为边际利润，贡献毛益等，它是指产品销售收入与其变动成本之差，表示每种产品的盈利能力及它们在企业生产经营过程中所做的贡献大小，是企业经营决策和利润计算的重要依据。

边际贡献有以下两种表现形式：

1. 单位边际贡献＝销售单价－单位变动成本

即：$$cm=p-b$$

2. 边际贡献总额＝销售总额－变动成本总额

＝销售单价×销售量－单位变动成本×销售量

＝（销售单价－单位变动成本）×销售量

＝单位边际贡献×销售量

即：$$cmx=px-bx=(p-b)x=cm\cdot x$$

（二）边际贡献率

边际贡献是以绝对数来反映产品的盈利能力，而边际贡献率则是以相对数来反映产品的盈利能力的，所谓边际贡献率是指边际贡献占销售收入的百分比，其计算公式为：

$$边际贡献率=\frac{边际贡献总额}{销售收入总额}\times100\%=\frac{单位边际贡献}{销售单价}\times100\%$$

$$cmR=\frac{cmx}{px}\times 100\%=\frac{cm}{p}\times 100\%$$

三、变动成本率

变动成本率是指变动成本与销售收入的百分比，其计算公式为：

$$变动成本率=\frac{变动成本总额}{销售收入总额}\times 100\%=\frac{单位变动成本}{销售单价}\times 100\%$$

即：
$$bR=\frac{bx}{px}\times 100\%=\frac{b}{p}\times 100\%$$

由于销售收入为变动成本和边际贡献之和，因此两者的百分比之和应为 1。

边际贡献率＋变动成本率＝1

即：
$$cmR+bR=1$$

变动成本率是个反指标，变动成本率越高，边际贡献率越低，企业创利能力越小；变动成本率越低，边际贡献率越高，企业创利能力越大。

【例 3-3】某企业生产甲产品 400 件，销售单价 30 元，单位变动成本为 12 元，固定成本总额 4 000 元。请计算单位边际贡献、边际贡献总额、边际贡献率及变动成本率及利润。

解：单位边际贡献　$cm=30-12=18$（元）

边际贡献总额　$cmx=400\times 18=7\ 200$（元）

边际贡献率　$cmR=\frac{18}{30}\times 100\%=60\%$

变动成本率　$bR=1-60\%=40\%$

利润　$P=7\ 200-4\ 000=3\ 200$（元）

四、安全边际指标

（一）安全边际

安全边际是指企业实际（预计）销售量超过保本点销售量的差额，它表示企业销售量下降的数量只要不大于该数值，就不会发生亏损。

安全边际量＝实际（预计）销售量－保本点销售量

安全边际额＝实际（预计）销售额－保本点销售额

＝［实际（预计）销售量－保本点销售量］×单价

＝安全边际量×单价

（二）安全边际率

安全边际率是指安全边际量（额）与实际或预计销售量（额）的百分比，表明企业的安全程度，其计算公式为：

$$安全边际率=\frac{安全边际量}{实际（预计）销售量}\times100\%=\frac{安全边际额}{实际（预计）销售额}\times100\%$$

上述两个安全边际指标用来反映企业经营安全程度。安全边际指标值越大，企业经营的安全程度越高；安全边际指标值越小，企业经营的安全程度越低。

企业安全程度检验标准经验值如表3-1所示。

表3-1　经营安全程度经验值

安全边际率	10%以下	10%～20%	20%～30%	30%～40%	40%以上
安全程度	危险	值得注意	较安全	安全	很安全

【例3-4】某企业本月实际销售甲产品400件，销售单价为30元，其保本点销售量为300件，要求计算该企业安全边际销售量、安全边际销售额和安全边际率，并评价其经营安全程度。

解：安全边际量=400－300=100（件）

安全边际额=100×30=3 000（元）

$$安全边际率=\frac{100}{400}\times100\%=25\%$$

该企业安全边际率为25%，较安全。

五、保本点作业率

保本点作业率是指保本点销售量（或销售额）占正常销售量（或销售额）的百分比，表明企业保本状态下生产经营能力的利用程度。其中正常销售量是指正常生产条件下企业的销售量，分为两部分：保本点销售量和安全边际销售量。

$$保本点作业率=\frac{保本销售量}{正常销售量}\times100\%=\frac{保本销售额}{正常销售额}\times100\%$$

保本点作业率+安全边际率=1

依例3-4，$保本点作业率=\frac{300}{400}\times100\%=75\%$

保本点作业率是一个反指标，该指标越小，表明企业安全程度越高。

第三节　保本点与保利点分析

一、保本点分析

（一）一种产品的保本分析

保本点可用实物指标销售量表示，也可用价值指标销售额表示。

1. 按实物单位计算的保本点销售量

因为保本点时，利润为 0，根据本量利基本公式有以下关系：

0＝单价×保本点销售量－单位变动成本×保本点销售量－固定成本

所以，保本点销售量$=\dfrac{\text{固定成本}}{\text{单价}-\text{单位变动成本}}=\dfrac{\text{固定成本}}{\text{单位边际贡献}}$

即：
$$x_0=\frac{a}{p-b}=\frac{a}{cm}$$

2. 按金额计算的保本点销售额

保本点销售额＝单价×保本点销售量$=\dfrac{\text{固定成本}}{1-\text{变动成本率}}=\dfrac{\text{固定成本}}{\text{边际贡献率}}$

即：
$$y_0=p\cdot x_0=\frac{a}{1-bR}=\frac{a}{cmR}$$

【例 3-5】某企业只生产 A 产品，销售单价为 20 元，单位变动成本为 8 元，固定成本总额为 4 800 元，要求计算该产品的保本点。

解：保本点销售量　$x_0=\dfrac{4\ 800}{20-8}=400$（件）

保本点销售额　$y_0=20\times400=8\ 000$（元）

3. 保本点分析的运用

【例 3-6】某企业只生产甲产品，2004 年甲产品边际贡献率为 40%，单位变动成本为 60 元，固定成本总额为 100 000 元，实现销售 4 000 件。要求：

（1）计算变动成本率、甲产品售价及 2004 年销售收入。

（2）计算保本点，并判断 2004 年是否盈利。

（3）计算 2004 年边际贡献指标和安全边际指标，并判断其经营安全程度。

解：（1）变动成本率 $bR=1-40\%=60\%$

售价 $p=\dfrac{60}{60\%}=100$（元）

销售收入 $px=4\ 000\times100=400\ 000$（元）

（2）保本点销售量 $x_0=\dfrac{100\ 000}{100-60}=2\ 500$（件）

保本点销售额 $y_0=100\times2\ 500=250\ 000$（元）

因为 2004 年甲产品销售 4 000 件，保本点销售量 2 500 件，所以 2004 年盈利。

（3）2004 年单位边际贡献＝100－60＝40（元）

边际贡献总额＝40×4 000＝160 000（元）

2004 年安全边际量＝4 000－2 500＝1 500（件）

安全边际额＝1 500×100＝150 000（元）

安全边际率$=\dfrac{1\ 500}{4\ 000}\times100\%=37.5\%$

该企业 2004 年安全边际率在 30%～40%之间，表明经营安全。

（二）多种产品的保本分析

一般来说，只生产和销售单一产品的企业很少见，大多数企业往往同时生产和销售多种产品。当企业生产多种产品时，每种产品有不同的边际贡献和计量单位。因此，企业的保本点无法以实物量来表示，而只能以金额来表示。多种产品保本点的计算方法主要是加权平均边际贡献率法。

加权平均边际贡献率法是指在掌握各种产品边际贡献率的基础上，按各种产品销售额占全厂收入总额的比重进行加权平均，据以确定综合边际贡献率，进而计算出综合保本点及其各产品的保本点的方法。其基本步骤是：

第一步，计算各产品的边际贡献率

第二步，计算加权平均边际贡献率

$$\text{加权平均边际贡献率} = \sum(\text{各种产品的边际贡献率} \times \text{各产品销售比重})$$

第三步，计算综合保本销售额

$$\text{综合保本销售额} = \frac{\text{固定成本总额}}{\text{加权平均边际贡献率}}$$

第四步，计算各产品的保本销售额

$$\text{各产品保本销售额} = \text{综合保本点销售额} \times \text{该产品销售比重}$$

【例 3-7】某企业生产 A、B、C 三种产品，预计销售量分别是 2 000 千克、4 000 千克、5 000 千克，固定成本总额为 38 400 元，有关资料如表 3-2：

表 3-2

产　品	A 产品	B 产品	C 产品	合计
销售收入	100 000	60 000	40 000	200 000
单位售价	50	15	8	—
单位变动成本	35	9	6	—
单位边际贡献	15	6	2	—
销售比重	50%	30%	20%	100%

要求计算各产品的保本点销售额。

解：(1) 计算各产品的边际贡献率

A 产品的边际贡献率＝15÷50×100%＝30%

B 产品的边际贡献率＝6÷15×100%＝40%

C 产品的边际贡献率＝2÷8×100%＝25%

(2) 计算加权平均边际贡献率

加权平均边际贡献率＝30%×50%＋40%×30%＋25%×20%

＝15%＋12%＋5%＝32%

(3) 计算综合保本销售额

$$\text{综合保本点销售额} = \frac{38\ 400}{32\%} = 120\ 000\ (\text{元})$$

(4) 计算三种产品的保本销售额

A 产品保本点销售额＝120 000×50%＝60 000（元）

B 产品保本点销售额＝120 000×30%＝36 000（元）

C 产品保本点销售额＝120 000×20%＝24 000（元）

二、盈亏临界图

盈亏临界图是将成本、销售量、利润的关系反映在平面直角坐标系中所构成的图示。利用盈亏临界图，不仅可以直观地反映有关因素对保本点的影响，而且可以反映有关因素变动对边际贡献及利润的影响，因此又称为本量利图。盈亏临界图主要有以下几种形式。

(一) 基本图

绘制基本图的步骤如下（如图 3-1）：

1. 画直角坐标系，以横轴表示销售量，以纵轴表示成本和销售收入金额；

2. 在纵轴上找出固定成本数值 a，以点（0，a），绘制一条水平线，即为固定成本线 $y=a$；

3. 以点（0，a）为起点，以单位变动成本为斜率，绘制总成本线 $y=a+bx$；

4. 以坐标原点（0，0）为起点，以单价为斜率，绘制销售收入线 $y=px$；

5. 总成本线和销售收入线的交点 E 在横轴上对应的销售量即为保本点。

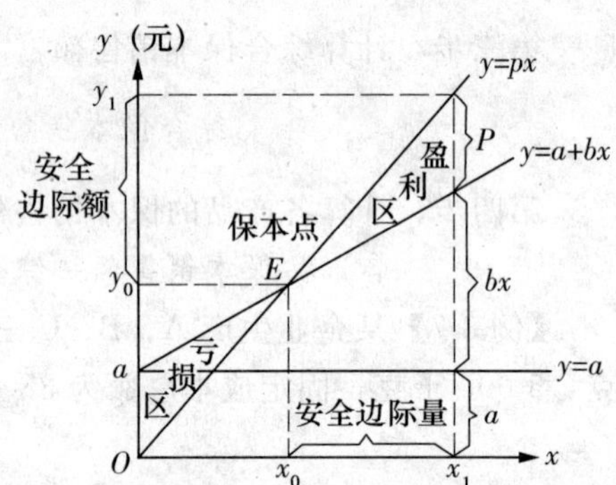

图 3-1　基本盈亏临界图

从图 3-1 中，可发现以下规律：

1. 销售收入线与总成本线的交点所对应的销售量是保本点 E，在保本点不变的情况下，销售量越大，实现的利润就越多；反之，销售量越小，实现的利润越少，或亏损额越大。

2. 固定成本线与横轴之间的距离为固定成本值，不随产量增减而变动。

3. 总成本线与固定成本线的距离为变动成本，它随产量变动成正比例变化。

4. 总成本线与横轴之间的距离为总成本值，它是固定成本和变动成本之和。

图 3-1 中的横轴表示实物量，也可表示金额。当以金额表示时，其绘制方法与上述方法大体相同。不同之处是销售收入线从原点出发，斜率为 1。

用实物量表示的盈亏临界基本图只能用于单一产品，用金额表示的基本图不仅用于单一产品，而且可用于多品种的情况。当用于多品种时，需要计算加权平均变动成本率。

基本图是应用最为广泛的一种盈亏临界图，其优点是它所反映的总成本是以固定成本为基础，能在图中清晰地反映出固定成本总额不变性的特点，并揭示安全边际、保本点、利润三角区与亏损三角区的关系。但缺点是该图无法反映边际贡献与其他因素的关系。

（二）边际贡献式盈亏临界图

如图 3-2，边际贡献式盈亏临界图绘制的特点是将固定成本线置于变动成本线之上，先以原点为起点，以单位变动成本为斜率，画一条变动成本线 $y=bx$；然后以点（0，a）为起点，画一条平行于变动成本线的线，即为总成本线 $y=a+bx$。其他线的画法与基本图相同。

边际贡献式盈亏临界图的优点是反映了边际贡献与其他因素的关系。在该图中，销售收入线与变动成本线之间的垂直距离为边际贡献，两条线之间的夹角为边际贡献率，销售收入线与总成本线的交点即为保本点。

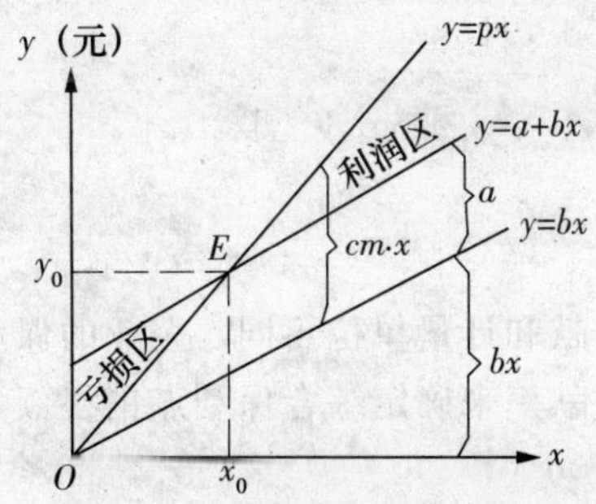

图 3-2　边际贡献式盈亏临界图

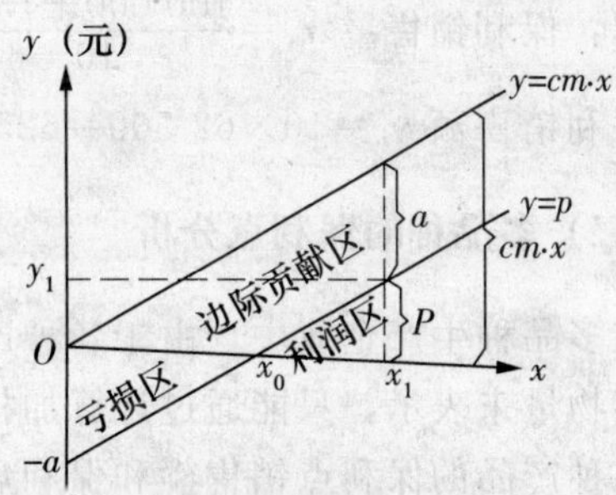

图 3-3　量利式盈亏临界图

（三）量利式盈亏临界图

量利式盈亏临界图的绘制步骤是（如图 3-3）：

1. 画直角坐标系，横轴表示销售量（可用实物量和金额），纵轴表示利润或边际贡献，原点以上为正值，原点以下为负值。

2. 过原点以边际贡献（横轴为销售量时）或边际贡献率（横轴为销售额时）画一条边际贡献线 $y=cm\cdot x$。

3. 在原点以下的纵轴上找到固定成本值 $-a$，过点（0，$-a$）画一条平行于边际贡献线的线，即为利润线 $y=P$。

4. 利润线与横轴的交点为保本点，边际贡献线与利润线之间的一段为固定成本，利润线与横轴之间的一段为利润。

量利式盈亏临界图的特点是坐标图仅仅反映利润与销售量之间的关系，是最简单的一种盈亏临界图，易被管理人员所理解和接受，但其缺点是不能反映销售量对成本的影响。

三、保利点分析

保利点是指在单价和成本水平确定的前提下，为确保预先确定的目标利润能够实现而达到的销售量或销售额，具体包括保利销售量和保利销售额。

(一) 单一产品的保利点分析

设保利销售量为 x_1，保利销售额为 y_1

因为目标利润 $P=(p-b)\cdot x_1-b$，所以有

$$x_1=\frac{a+P}{p-b}=\frac{a+P}{cm} \qquad y_1=p\cdot x_1=\frac{a+P}{cmR}$$

【例 3-8】某企业生产一种产品甲产品，售价为 10 元，单位变动成本为 6 元，固定成本总额为 100 000 元，假定企业计划年度的目标利润为 150 000 元，要求计算保利销售量（件）和保利销售额。

解：保利销售量 $x_1=\frac{100\ 000+150\ 000}{10-6}=62\ 500$（件）

保利销售额 $y_1=10\times 62\ 500=625\ 000$（元）

(二) 多品种的保利点分析

在多品种生产企业中，由于各种产品的边际贡献和计量单位不同，企业的保利点无法用实物量来表示，只能通过计算加权平均边际贡献率来确定综合保利点销售额，再计算出各种产品的保利点销售额和保利点销售量。

计算步骤：

1. 计算加权平均边际贡献率，计算方法见保本分析
2. 计算综合保利销售额

$$综合保利销售额=\frac{固定成本+目标利润}{加权平均边际贡献率}$$

3. 计算各产品的保利销售额

某产品的保利销售额＝综合保利销售额×该产品销售比重

【例 3-9】有关资料见【例 3-7】，若该企业预计实现利润 100 000 元，要求预测该企业三种产品的保利销售量和保利销售额。

解：在【例 3-7】中已计算出三种产品的加权平均边际贡献率为 32%

$$综合保利销售额=\frac{38\ 400+100\ 000}{32\%}=432\ 500（元）$$

三种产品保利销售额：

A 产品：432 500×50%＝216 250（元）

B 产品：432 500×30%＝129 750（元）

C 产品：432 500×20%＝86 500（元）

三种产品保利销售量：

A 产品：216 250÷50＝4 325（千克）

B 产品：129 750÷15＝8 650（千克）

C 产品：86 500÷8＝10 812.5（千克）

第四节　有关因素变动对保本点影响的分析

从单一品种的保本分析中，我们知道，影响保本点的因素有三个：销售价格、单位变动成本和固定成本总额。而在多品种生产的条件下，除了以上三个因素以外，品种结构的变动也会对保本点产生影响。

一、销售价格变动对保本点的影响

单位产品销售价格的变动是影响保本点的一个重要因素。当成本水平一定时，销售价格的提高，会使得保本点销售量公式的分母增大，从而使保本点越低，同样的销售量实现的利润就越多，或亏损越少；反之，利润越少，或亏损越多。即售价与保本点呈反向变动。

【例 3-10】某产品单位售价 10 元，单位变动成本 6 元，固定成本总额 120 000 元，则其保本点销售量 $x_0=\frac{120\ 000}{10-6}=30\ 000$（件）。

假设该产品单价由原来的 10 元提高到 12 元，则保本点销售量 $x_0=\frac{120\ 000}{12-6}=20\ 000$（件）。

二、单位变动成本变动对保本点的影响

在上例中，若其他因素不变，单位变动成本由原来的 6 元提高到 7 元，则保本点销售量 $x_0=\frac{120\ 000}{10-7}=40\ 000$（件）。

可见，当单位变动成本提高时，保本点销售量公式的分母变小，保本点销售量提高，同样的销售量实现的利润将会减少。即单位变动成本与保本点呈同向变动。

三、固定成本总额变动对保本点的影响

在【例 3-10】中，若其他因素不变，固定成本总额由原来的 120 000 元增加到 140 000元，则保本点销售量 $x_0=\frac{140\ 000}{10-6}=35\ 000$（件）。

可见，由于固定成本总额增加，保本点销售量提高，同样的销售量利润会减少，或亏损增多。即固定成本总额与保本点呈同向变动。

四、品种结构变动对保本点的影响

当企业生产多个品种时，由于不同产品的盈利性不同，因此产品品种结构的变动必然对整个企业的保本点产生影响。

【例 3-11】某企业同时生产 A、B、C 三种产品，各种产品的产量分别为 9 000 件、9 000 件和 6 000 件，且产销一致，固定成本总额为 62 700 元，有关资料如表 3-6。

表 3-6 资料

项　目	A 产品	B 产品	C 产品
单价	20	10	5
单位变动成本	15	6	2
单位边际贡献	5	4	3
边际贡献率	25%	40%	60%

根据表 3-6，计算出各产品销售收入占企业总销售收入的比重，见表 3-7。

表 3-7 各产品销售收入比重计算表

项　目	A 产品	B 产品	C 产品
销售量	9 000	9 000	6 000
单价	20	10	5
销售收入	180 000	90 000	30 000
占销售收入总额的比重	60%	30%	10%

根据表 3-7，计算出加权平均边际贡献率：

加权平均边际贡献率＝60%×25%＋30%×40%＋10%×60%＝33%

综合保本销售额＝$\frac{62\ 700}{33\%}$＝190 000（元）

由此，各种产品的保本点销售额分别为：

A 产品保本点销售额＝60%×190 000＝114 000（元）

B 产品保本点销售额＝30%×190 000＝57 000（元）

C 产品保本点销售额＝10%×190 000＝19 000（元）

品种构成的改变，将改变企业加权平均边际贡献率，从而使企业的保本点发生相应的变动。假若上例中的品种构成由 6∶3∶1 变为 4∶4∶2，则：

企业加权平均边际贡献率＝40%×25%＋40%×40%＋20%×60%＝38%

综合保本点销售额＝62 700÷38%＝165 000（元）

A 产品保本点销售额＝40%×165 000＝66 000（元）

B 产品保本点销售额＝40%×165 000＝66 000（元）

C 产品保本点销售额＝20%×165 000＝33 000（元）

品种构成的变动是由于边际贡献率高的 B、C 两种产品的销售比重有所提高，边际贡献率低的 A 产品的销售比重有所下降所致，从而使整个企业的加权平均边际贡献率提高，使企业综合保本点由 190 000 元下降到 165 000 元。因此，当企业生产多种产品时，应综合考虑供、产、销各方面的有关因素，正确确定合理的品种构成，努力提高企业利润。

【案例分析 1】

本量利分析在渤海度假村的应用

渤海度假村是一个集娱乐、餐饮、住宿等为一体的民营企业。该度假村包括客房部、一个商务中心、一个餐厅和一个健身房。该度假村编制了一份详细的营业旺季的预算。营业旺季历时 20 周，其中高峰期为 8 周。客房部拥有 80 个单人间和 40 个双人间，双人间的收费为单人间收费的 1.5 倍。有关预测资料如下：

1. 客房部　单人间每日变动成本为 26 元，双人间每日变动成本为 35 元。客房部固定成本为 713 000 元。

2. 健身房　住客每人每天收费 4 元，散客每人每天收费 10 元。健身设施的固定成本为 54 000 元。

3. 餐厅　平均每个客人给餐厅每天带来 3 元的边际贡献。固定成本为 25 000 元。

4. 商务中心　出租商务中心可增加边际贡献总额 40 000 元。商务客人的估计数已包括在其他方面的预计中。

5. 预订情况　营业高峰期客房部所有房间都已被预订。在其余 12 周，双人间客满率为 60%，单人间客满率为 70%。散客每天为 50 人。

假定所有的住客和散客都使用健身设施和在餐厅用餐，假定双人间每次均同时住两个人。

要求：

① 如果客房部确定的目标利润为 300 000 元，那么每间单人间和双人间的收费各应为多少?

② 客房部达到保本点时，单人间和双人间的最低收费各应为多少?

③ 如果客房部利润为 300 000 元，那么度假村总利润可达到多少?

【案例分析 2】

华达公司只产销一种产品，2006 年销售量为 8000 件，单价为 240 元，单位成本为 180 元，其中单位变动成本为 150 元，该企业计划 2007 年利润比 2006 年增加 10%。

要求：

①运用本量利分析原理进行规划，从哪些方面采取措施，才能实现目标利润（假定采取某项措施时其他条件不变)?

②在使用来源于本量利分析的信息时，管理者应认识到哪些局限性?

复习思考题

1. 什么是本量利分析，本量利分析的基本假设有哪些?

2. 什么是保本点和保利点? 影响保本点的因素有哪些?

3. 什么是边际贡献和边际贡献率？边际贡献的表现形式有几种？
4. 什么是安全边际和安全边际率？这两项指标有何作用？
5. 销售价格的变动对保本点有什么影响？
6. 单位变动成本的变动对保本点有什么影响？
7. 固定成本总额的变动对保本点有什么影响？
8. 产品品种结构的变动对保本点有什么影响？

第二编

规划与决策会计

第4章

预测分析

【学习目标】

通过本章的学习，了解预测分析的概念、内容、一般程序及预测的基本方法，重点掌握销售、成本、利润和资金需要量的具体预测方法。

【技能要求】

具有正确运用各种预测方法进行企业销售、成本、利润、资金预测的能力。

【引导案例】

首次经营“健身圈”获利可观

20世纪90年代，国内市场首次出现了“健身圈”，市场敏感性很强的文具店吴经理马上意识到赚钱的机会来了。他从几方面作了调研分析：第一，市场需求预测分析。人们生活水平提高后，健康和健身已越来越受到重视。健身圈是一种不受场地、时间、年龄限制的健身活动器材，肯定会受到人们的欢迎。第二，销售量的预测分析。全区有45万人口，按20个人购买一个计算，就是两万多个。除零散销售外，可与各单位联系，利用节日单位发纪念品的机会进行集体销售，在尚未出现竞争对手的前提下，销量一定很可观。第三，利润预测分析。“健身圈”购入成本为每个6元，预计销售价格可卖到每个12元，扣除相应的经营费用，利润是很可观的。于是，吴经理决定分两批进货两万个，由于销售工作做得好，在一个月之内全部卖出，吴经理笑了。吴经理用的是什么预测分析方法呢？

第一节　预测分析概述

一、预测分析的概念

所谓预测，是人们以过去和现在的资料为依据，采用科学的分析方法对未来可能出现的状况的一种推断。预测范围很广，关系到人类社会发展的方方面面。其中，也包括经营预测。

管理会计中的预测分析，其实质是一种经营预测分析，它是以过去和现在的经济条件为依据，运用各种科学的预测手段，建立预测模型，经过合理正确的运算对未来可能出现的事件和问题作出科学的估量和表述的一种专门分析方法。

二、预测分析的内容

为了对企业的经济活动进行规划，首先就要对一些重要的经济指标如销售、成本、利润和资金等进行科学的预测分析。所以，管理会计中预测分析的主要内容包括：

1. 销售预测

销售预测是其他各种预测的前提，其包括广义和狭义两种理解。广义的销售预测指市场调查和产品销售量预测两个方面。狭义的销售预测则专指后者。

2. 成本预测

成本预测是根据成本特性及其有关历史成本资料和企业现有的经济、技术条件，结合企业未来发展目标，采用专门方法推测和估算未来成本水平及发展趋势的过程。

3. 利润预测

利润作为一个综合性经济指标，受企业生产经营活动许多方面的影响。利润预测是在销售预测的基础上，根据企业未来发展目标的要求，通过综合分析影响利润增减变动的各项因素，推测和估算未来应当实现的利润水平及其变动趋势。

4. 资金预测

资金预测是在销售预测、成本预测和利润预测的基础上，根据企业未来的经营发展目标并考虑影响资金的各项因素，运用一定方法预计和测算企业未来一定时期内或一定项目所需要的资金数额、来源渠道、运用方向及其效果的过程。

三、预测分析的程序

预测分析可按如下程序进行：

1. 确定预测目标

预测目标的不同，将决定预测对象、内容、时间和方法的不同。为了达到预期的效果，必须根据经营管理的需要，在众多复杂问题中选择最重要的、起决定作用的作为预测目标，有步骤的开展预测分析工作。

2. 收集和整理资料

确定预测目标后，应围绕预测目标广泛收集有关资料，同时按照一定的方法对其进行鉴别、加工、整理、归纳、分析，找到各因素之间的相互依存和制约的关系，作为预测的依据。

3. 选择预测模型和预测方法

预测模型和预测方法是多种多样的，适用于不同的预测目标和对象。选用不同的预测模型和预测方法，所得到的预测结果也有所差别。因此，对于一项特定的资料，根据资料与预测目标之间的关系，既要选择最恰当的预测模型，又要选择最佳的预测方法。

4. 计算分析判断

利用预测模型和预测方法，对影响预测目标的各个方面进行具体的计算、分析和比较，得出实事求是的预测结论。

5. 检查验证修订

对过去的预测，经过实地调查进行检查、验证、分析。找出实际与预测的差距，及时地对预测作可能的修正，完善预测机制。

6. 提出预测报告，揭示预测效果

最终要以一定形式通过一定程序将修正过的预测结论向企业的有关领导报告。

四、预测分析的方法

预测分析的具体方法很多，据国外统计，已达数百种。但归纳起来，一般可分为两大类：即定性预测分析法和定量预测分析法。在预测分析实践中，定性和定量分析相辅相成，互为补充。

（一）定性预测分析法

定性预测分析法又称非数量分析法，是指由有关方面的专业人员根据个人经验和知识，结合预测对象的特点进行综合分析，对事物的未来状况和发展趋势作出推测的一类预测方法。其主要包括：专家意见法、主观概率法、综合意见法、市场调查法等。

（二）定量预测分析法

定量预测分析法又称数量分析法，是指在完整掌握与预测对象有关的各种要素定量资料的基础上，运用现代数学方法进行数据处理，据以建立能够反映有关变量之间规律性联系的各类预测模型的方法体系。定量预测分析法按照具体做法不同，又可以分成以下两种类型：

1. 趋势外推法

趋势外推法是将时间作为制约预测对象变化的自变量，根据某项指标过去的时间序列数据，按事物自身发展趋势，把未来作为历史的自然延续来进行预测的一种动态预测方法。

2. 因果预测法

因果预测法是根据变量之间的因果关系，建立相应的因果分析的数学模型，以预测因素（即非时间自变量）的未来变动趋势来推测预测对象（即因变量）未来水平的一类相关预测方法。

第二节 销售预测分析

销售预测分析是根据历史销售资料，预测未来一定时期内有关产品的销售数量和销售状态及其变化趋势的预测过程。因为销售是企业生产经营活动的起点，所以在企业预测分析系统中，销售预测处在先导地位，对于指导成本预测、利润预测和资金预测，起着重要的作用。

销售的定量预测是在占有一定量的销售信息的基础上，运用既定的数学处理方式，通过信息处理来完成销售预测的。本节主要介绍利用算术平均法、移动加权平均法、指数平滑法和直线回归分析法对销售量（额）进行定量预测。

一、算术平均法

算术平均法是直接将若干期（设定为 n 期）的实际销售量（或销售额）平均按 n 期分摊而确定计划期（$n+1$ 期）的销售预测值的方法。由于计算简单，也被称为简单平均法。

其计算公式为：

$$n+1\text{ 期预测销售量(额)}=\frac{n\text{ 期内实际销售量(额)之和}}{\text{期数}}$$

即：

$$M_{n+1}=\frac{\sum X_n}{n}$$

【例 4-1】某企业××年 1～6 月份有关产品的实际销售额资料见表 4-1：

表 4-1

单位：万元

月　份	1	2	3	4	5	6
销售额（x）	25	23	26	29	24	29

要求：用算术平均法预测××年 7 月份的预测销售额。

解：

$$7\text{月份预测销售额}=\frac{25+23+26+29+24+29}{6}$$

$$=26\text{（万元）}$$

该方法的优点是计算过程简单，易于掌握。但其最大的缺点是没有考虑远近期销售业务量的变动对预测期销售状况的影响程度不同，从而将不同时期资料的差异简单平均化，可能会造成预计数量与实际数量发生较大的误差。所以，此法只适用于各期销售业务量比较稳定的产品预测。

二、移动加权平均法

移动加权平均法是指根据过去若干期（一般为 3～5 期）的销售量（或销售额）按其距计划期的远近分别进行加权，计算其加权平均数，以作为计划期的销售预测值。而对于不同的计划期，则采用不断向后推移过去若干观察期的方式计算预测值。

其计算公式为：

$$n+1\text{期预测销售量(额)}=\frac{\text{各期销售量(额)分别乘期权数之和}}{\text{各期权数之和}}$$

即：

$$M_{n+1}=\frac{\sum x_n W_n}{\sum W_n}$$

式中，W 为权数，W_n 为第 n 期的权数。

其中权数的大小要根据实际销售值对计划期预测数的影响而定，一般接近计划期的实际销售值对计划期预测影响较大，故其权数取大些；反之，则取小些。

【例 4-2】某企业××年 1～6 月份甲产品的实际销售量资料见表 4-2：

表 4-2　　单位：万件

月　　份	1	2	3	4	5	6
实际销售量（x）	138	136	142	134	146	
预测销售量（x）				139.33	137.11	141

要求：用移动加权平均法预测××年 6 月份的预测销售量（观察期为 3 期）。

解：令 1、2、3、4、5 月的权数分别为 1、2、3、4、5，则：

$$4\text{月份预测销售量}=\frac{138\times1+136\times2+142\times3}{1+2+3}\approx139.33\text{（万件）}$$

$$\text{同理：}5\text{月份预测销售量}=\frac{136\times2+142\times3+134\times4}{2+3+4}=137.11\text{（万件）}$$

$$6\text{月份预测销售量}=\frac{142\times3+134\times4+146\times5}{3+4+5}\approx141\text{（万件）}$$

该方法考虑到近期的销售发展趋势，同时又根据时期的远近分别加权，从而消除了各个月份销售差异的平均化，所以其预测结果比较接近计划期的实际情况，比算术平均法较为客观。但该法仍存在明显的滞后偏差，适用于销售业务量略有波动的产品预测。

三、指数平滑法

指数平滑法是指在前一期的实际销售量（额）和预测销售量（额）的基础上，利用事先确定的平滑系数，按加权平均原则确定计划期的预测销售量（额）的方法。

其计算公式为：

$n+1$ 期预测销售量＝平滑系数×上期实际销售量＋（1－平滑系数）×上期预测销售量

即：
$$M_{n+1}=\alpha x_n+(1-\alpha)M_n$$

式中，α 表示平滑系数，x_n 表示上期实际销售量，M_n 表示上期预测销售量。

其中，平滑系数 α 是一个经验数据，其取值范围通常在 0.3～0.7 之间。平滑系数具有修匀实际数所包含的偶然因素对预测值的影响的作用，平滑系数取值越大，则近期实际数对预测结果的影响就越大；反之，就越小。因此，选择平滑系数非常重要。

【例 4-3】承例 4-2，某企业××年 1～6 月份甲产品的实际销售量资料见表 4-3：

表 4-3　　　　单位：万件

月　　份	1	2	3	4	5	6	7
实际销售量（x）	138	136	142	134	146	144	
预测销售量（x）				140	137.6	140.96	142.18

若 4 月份预测值为 140 万件，设平滑系数 α＝0.4。

要求：用指数平滑法预测××年 5、6、7 月份的预测销售量。

解：根据公式，得：

5 月份预测销售量＝0.4×134＋（1－0.4）×140＝137.6（万件）

同理：6 月份预测销售量＝0.4×146＋（1－0.4）×137.6＝140.96（万件）

7 月份预测销售量＝0.4×144＋（1－0.4）×140.96≈142.18（万件）

该方法比较灵活，适用范围较广，但在选择平滑系数时，存在一定的随意性。

四、直线回归分析法

直线回归分析法又称最小平方法，其原理前面章节已作详细介绍，这里就不再赘述。其具体计算过程如下：

1. 计算相关系数 r，确定 x 与 y 之间是否成线性关系

其计算公式为：

$$r=\frac{n\sum xy-\sum x\sum y}{\sqrt{[n\sum x^2-(\sum x)^2][n\sum y^2-(\sum y)^2]}}$$

相关系数是反映 y 与 x 两因素之间线性关联程度的一个量，其绝对值在 0～1 之间，相关系数的绝对值越接近 1，则表明线性相关程度越高；而越趋于零时，则表明无线性关系。当 r 的值渐近于＋1 时，说明 x 与 y 之间基本正相关，可近似地写成 $y=a+bx$。

2. 计算回归系数 a 与 b

$$b=\frac{n\sum xy-\sum x\sum y}{n\sum x^2-(\sum x)^2}\qquad a=\frac{\sum y}{n}-b\cdot\frac{\sum x}{n}$$

3. 建立回归方程，并进行预测

【例 4-4】某轮胎厂的轮胎主要销售国内市场，其市场占有率为 30%，经调查分析该厂轮胎销售量主要受国内市场汽车销售量的影响，近五年的市场统计资料如表 4-4 所示。要求用直线回归分析法预测 2007 年国内市场汽车销售量为 45 万辆时该厂的轮胎销售量。

表 4-4

年 度	国内汽车销售量（万辆）x	国内轮胎销售量（万只）y
2002 年	20	128
2003 年	24	156
2004 年	30	160
2005 年	36	212
2006 年	40	240

解：(1) 计算相关系数：根据所给资料，列表计算，如表 4-5 所示。

表 4-5

n	x	y	xy	x^2	y^2
1	20	128	2 560	400	16 384
2	24	156	3 744	576	24 336
3	30	160	4 800	900	25 600
4	36	212	7 632	1 296	44 944
5	40	240	9 600	1 600	57 600
$n=5$	$\sum x=150$	$\sum y=896$	$\sum xy=28\,336$	$\sum x^2=4\,772$	$\sum y^2=168\,864$

$$r=\frac{5\times 28\,336-150\times 896}{\sqrt{[5\times 4\,772-150^2][5\times 168\,864-896^2]}}=0.969$$

计算结果表明，该厂轮胎销售量与汽车销售量之间相关程度相当密切，故可用回归分析法预测。

(2) 计算回归系数 a 与 b，建立回归方程：

$$b=\frac{5\times 28\,336-150\times 896}{5\times 4\,772-150^2}=5.35$$

$$a=\frac{896}{5}-\frac{5.35\times 150}{5}=18.7$$

$$y=18.7+5.35x$$

(3) 预测市场汽车销售量为 45 万辆时该厂的轮胎销售量：

2007 年该市场预测轮胎销售量 y＝18.7＋5.35×45＝259.45（万只）

该轮胎厂 2007 年预测轮胎销售量＝259.45×30%＝77.835（万只）

该方法是一种计算较为精确的预测方法，但是求解计算工作量较大，过程比较繁琐。但是随着电算化技术的不断普及，该方法会得到更加广泛的应用。

第三节　成本预测分析

成本是评价企业经济管理成效的一个重要指标。成本预测是指根据有关的料、工、费等资料，结合企业的现状和未来发展的前景，运用一定的科学方法对企业未来成本水平和变动趋势作出的估算和推断。成本预测通常按以下步骤进行：

一、确定目标成本

目标成本是指企业在一定时期内，为了完成已确定的目标利润，所确定的应达到的成本水平。目标成本的确定，通常有两种方法：

1. 按目标利润进行预测

这种方法以事先确定的目标利润为前提，通过市场调查，根据销售预测和国内外同类企业的情况资料，考虑具有竞争能力的价格水平，按照预计销售收入扣除目标利润就可得到所需的目标成本。其公式为：

目标成本＝预计单价×预测销售量－目标利润

＝预计销售收入－目标利润

【例 4-5】企业生产乙产品，预测的全年预计销售收入为 100 000 万元，目标利润为 15 000 万元。要求：预测该企业的目标成本。

解：目标成本＝100 000－15 000 ＝85 000（万元）

2. 以先进的成本水平作为目标成本

确定目标成本还可以从本企业的历史最好的成本水平或国内外同类产品先进水平中选择标准，也可以按照上年实际水平扣减成本降低率作为目标成本。

我国企业常常采用后一种方式预测目标成本，西方国家则多采用前一种方式。

二、预测成本的发展趋势

目标成本提出后，企业还需要利用有关总成本模型预测总成本发展趋势，以检验在现有条件下实现目标成本的可能性与现实性。通常的方法有高低点法、加权平均法两种。

（一）高低点法

高低点法的原理前面章节已作详细介绍，这里就不再赘述。其具体计算公式如下：

$$b = \frac{y_{高} - y_{低}}{x_{高} - x_{低}} = \frac{\Delta y}{\Delta x}$$

$$a == y_{高} - bx_{高} \text{ 或 } a = y_{低} - bx_{低}$$

预测总成本的公式为：

$$y = a + bx$$

【例 4-6】某企业甲产品产量和总成本的历史资料如表 4-6 所示：

表 4-6

年　　份	总产量（件）	总成本（元）
2000 年	500	3 500
2001 年	550	4 100
2002 年	600	4 100
2003 年	750	5 000
2004 年	750	5 100
2005 年	850	5 300

要求：预测该企业甲产品 2006 年产量为 1 000 件时的总成本和单位成本。

解：∵ $x_{低}=500$，$x_{高}=850$

$y_{低}=3\ 500$，$y_{高}=5\ 300$

∴ $b=\frac{5\ 300-3\ 500}{850-500}=5.14$（元）

$a=5\ 300-850\times 5.14=930$（元）或 $a=3\ 500-500\times 5.14=930$（元）

则：$y=930+5.14x$

又：当 $x=1\ 000$ 时

总成本 $y=930+5.14\times 1\ 000=6\ 070$（元）

单位成本$=6\ 070\div 1\ 000=6.07$（元/件）

该方法是一种简捷的预测方法，但它只采用个别历史成本资料，容易产生较大的计算误差。因此，只适用于成本变化趋势比较稳定的企业。

（二）加权平均法

加权平均法是指根据过去若干期固定成本总额和单位变动成本的历史资料，按照其距离预测期的远近分别规定不同的权数（用 w 表示）进行加权，以计算加权平均的成本，从而建立成本预测模型，进而预测未来总成本的一种定量分析方法。

其计算公式为：

$$y = a + bx = \frac{\sum a_i w_i}{\sum w_i} + \frac{\sum b_i w_i}{\sum w_i}x$$

【例 4-7】某公司 A 产品最近三年的成本资料如表 4-7 所示：

表 4-7

单位：元

年　　度	固定成本总额（a）	单位变动成本（b）
2002 年	230 000	170
2003 年	250 000	150
2004 年	260 000	130

要求：预测该公司 A 产品 2005 年产量为 500 台时的总成本和单位成本。

解：根据距计划期（2005 年）远近，分别设 $w_1 = 1, w_2 = 2, w_3 = 3$，则有：

$$\because \sum a_i W_i = 230\ 000 \times 1 + 250\ 000 \times 2 + 260\ 000 \times 3 = 1\ 510\ 000$$

$$\sum b_i W_i = 170 \times 1 + 150 \times 2 + 130 \times 3 = 860$$

$$\sum W_i = 1 + 2 + 3 = 6$$

$$\therefore y = \frac{1\ 510\ 000}{6} + \frac{860}{6}x = 251\ 667 + 143x$$

当 $x = 500$ 时，

总成本 $y = 251\ 667 + 143 \times 500 = 323\ 167$（元）

单位成本 $= 323\ 167 \div 500 \approx 646.33$（元/台）

该方法适用于掌握各期详细的固定成本和单位变动成本历史资料，且各期成本水平变动比较频繁的企业采用，其计算的结果比简单平均法客观。

三、修订目标成本

经过上一步骤，既可以了解企业在目前条件下实现目标成本的可能性有多大，又能促使企业积极采取措施降低成本，并测算出这些措施对未来成本的影响，这就为形成最终下达的目标成本方案奠定了基础。若经过测算比较，原定目标成本草案与现实可能相距太大，难以达到，则应适当修正目标，使之尽量符合客观实际，并与相应的保证措施相联系。

第四节　利润预测分析

所谓目标利润，是指经过企业的努力应当获得的最优化利润。目标利润的确立，将使企业的整体经营管理行为在很大程度上协调统一起来。

目标利润的预测步骤大致如下：

一、调查研究，确定利润率标准

选择确定利润率的标准，必须注意从以下三个方面去考虑：第一，从可供选择的利润率的计算口径上看，主要包括销售利润率、产值利润率和资金利润率等；第二，从可供选择的利润率指标的时间特征上看，主要包括近期平均利润率、历史最高水平的利润率和上级指令性利润率等；第三，从可供选择的利润率指标的空间特征上看，主要包括国际、全国、同行业、本地区和本企业的利润率。

二、预测目标利润

企业要想在市场经济中立于不败之地，必须事先定好企业的目标利润。常用的目标利润预测方法有如下几种：

（一）本量利分析法

本量利分析法就是利用销售量（额）、固定成本及变动成本与利润的变动规律对目标利润进行预测的方法。本量利之间的关系，用公式表示如下：

利润＝销售收入－总成本

＝单价×销量－（单位变动成本×销量＋固定成本总额）

＝销量×（单价－单位变动成本）－固定成本总额

＝销量×单位边际贡献－固定成本总额

＝边际贡献总额－固定成本总额

上述有关公式中有 5 个变量：单价、销售量、单位变动成本、固定成本、利润。只要已知其中的 4 个变量，就可以求出另一个未知量。

【例 4-8】某企业计划年销售 A 产品 5 000 台，每台售价 800 元，单位变动成本 500 元，全年固定成本总额 600 000 元。要求：预测该企业计划期的目标利润。

解：该企业计划期的目标利润＝5 000×（800－500）－600 000

＝900 000（元）

（二）销售利润率法

一般来说，企业在市场上销售的产品，只要不是新产品，则在价格不变的情况下，企业对自己的产品在市场上的销售情况应该有一个比较正确的估计。因此，企业可根据以往年度的销售利润率（利润占销售收入的百分比）来预测计划期的目标利润。其计算公式为：

计划期的目标利润＝计划期的预计销售收入×销售利润率

【例 4-9】某企业的销售利润率为 15%，计划期的销售收入预计为 4 000 万元。要求：预测该企业计划期的目标利润。

解：该企业计划期的目标利润＝4 000×15%＝600（万元）

（三）产值利润率法

根据以往年度的产值利润率（利润占产值的百分比）来预测计划期目标利润的方法。其计算公式为：

计划期的目标利润＝计划期的预计产值×产值利润率

由于该方法计算步骤与上述第二种方法类似，此处不再举例。

（四）销售成本利润率法

根据以往年度的销售成本利润率（利润占销售成本的百分比）来预测计划期目标利润的方法。其计算公式为：

计划期的目标利润＝计划期预计销售成本×销售成本利润率

该方法直观简洁，能如实反映一定成本支出所产生的利润，所以深受实际工作者的欢迎。由于该方法计算步骤与上述第二种方法类似，此处不再举例。

三、修正目标利润

修正目标利润是对目标利润基数的调整。一般当利用上述方法计算出来目标利润基数后，再根据预测期的生产经营环境、市场条件和降低成本措施的落实等情况确定目标利润调整值，最终将目标利润基数与修正值的代数和作为下达的目标利润，纳入企业预算执行体系。

四、利润敏感性分析

单价、单位变动成本、销售量和固定成本这些因素的变化，都会对利润产生影响，但它们的敏感程度不同。有的因素只有较小的变动就会引起利润较大的变动，这种因素称为强敏感因素；有的因素虽有较大的变动，但对利润的影响不大，称之为弱敏感因素。

测定各因素敏感程度的指标称为敏感系数，其计算公式是：

某因素敏感系数＝利润变动率/因素变动率

通过计算敏感系数，企业可以了解在影响利润的诸因素中，哪个因素敏感程度强，哪个因素弱，以便及时采取调整措施，确保目标利润的完成。

【例 4-10】某企业计划期每月销售产品 3 000 件，销售单价为 10 元，单位变动成本为 6 元，固定成本为 5 000 元，若以上各因素均向使利润增加的方向变动 1%。要求：计算各因素的敏感系数。

解：计划期的利润 $P_0=px-bx-a=10\times 3\,000-6\times 3\,000-5\,000=7\,000$（元）

各因素变动对利润的影响程度列表计算如表 4-8 所示：

表 4-8　利润敏感系数计算表

影响利润因素	因素变动率	影响范围		影响程度		敏感系数
		计划期销售收入变动额	计划期销售成本变动额	利润变动额 ΔP	利润变动率 $\Delta P/P_0$	
p	+1%	1%×10×3000=300	0	300	4.29%	4.29
x	+1%	3000×1%×10=300	3000×1%×6=180	120	1.71%	1.71
b	−1%	0	6×(−1%)×3000=−180	180	2.57%	−2.57
a	−1%	0	5000×（−1%）=−50	50	0.71%	−0.71

从表中我们可以看出，在影响利润的四个因素中，p 的敏感性最大，b、x、a 依次降低。但是这种次序一般在 $p < 2b$ 时成立。（上例中 $p=10 < 2b=2\times6=12$）

当 $p > 2b$ 时，p 的敏感性最大，其他依次是 x、b、a，或是 x、a、b，需要根据具体情况分析决定。

第五节　资金需要量分析

资金是企业进行生产经营的必备条件，资金预测是企业预测体系中不可缺少的一个重要组成部分。本节只介绍资金需要量的预测方法，主要有移动平均法和销售百分比法。

一、移动平均法

移动平均法又称时间序列法，它是将资金指标的历史资料，按时间先后顺序排列，根据计算出的移动平均数来确定资金需要量预测值的一种方法。其中平均数一般采用三项或五项历史资料计算简单算术平均数。

【例 4-11】根据某企业 4～12 月份流动资金实际占用额（见表 4-9），用移动平均法预测企业本年度 7～12 月份的流动资金占用额。

表 4-9　流动资金实际占用额情况表　　单位：万元

月　份	流动资金实际占用额	资金需要量预测值
4	300	
5	310	
6	320	
7	360	$\frac{300+310+320}{3}=310$
8	350	$\frac{310+320+360}{3}=330$
9	370	$\frac{320+360+350}{3}=343$

续表

月　　份	流动资金实际占用额	资金需要量预测值
10	330	$\frac{360+350+370}{3}=360$
11	380	$\frac{350+370+330}{3}=350$
12	400	$\frac{370+330+380}{3}=360$

在计算移动平均数时，期数的选择可以根据具体情况而定。一般说来，期数越多，平均数反映的各个时期资金实际占用额波动的敏感性越小；反之，期数越少，就越大。因此，当各期的历史数据波动较大时，可用较多的时期计算平均数；反之，则用较少的时期计算。

二、销售百分比法

销售百分比法是指以未来销售收入变动的百分比为主要参数，考虑随销量变动的资产负债项目及其他因素对资金的影响，从而预测未来需要追加的资金量的一种定量分析方法。其基本公式为：

$$\Delta F = K \cdot (A - L) - D - R + M$$

其中：ΔF 为预计未来需要追加的资金数额，K 为未来销售收入增长率，A 为随销售收入变动的资产项目基期金额，L 为随销售收入变动的负债项目基期金额，D 为计划期提取的折旧摊销额与同期用于更新改造的资金之差额，R 为按计划期销售收入及基期销售净利润率计算的净利润与预计发放股利之差额，M 为计划期新增的零星资金开支数额。

此法的计算步骤为：

1. 确定未来销售收入变动率指标 K，其计算公式为：

$$未来销售收入增长率指标（K）=\frac{预计销售收入-基期销售收入}{基期销售收入}\times 100\%$$

$$=\frac{S'-S}{S}$$

2. 分析基期资产负债表有关项目，计算 A 与 L。

（1）A 的确定：周转中的货币资金、正常的应收账款、存货等项目，一般会随销售收入的变动而变动，应列入 A；对固定资产则视基期生产能力是否还有潜力可利用而定，如果还有潜力，不需要追加资金投入则不予考虑，否则便应将其列入 A；长期有价证券投资和无形资产则一般不应列入 A 的范围。

（2）L 的确定：应付账款、应付票据、其他应付款等项目也会随销售收入增长而增长，应列入 L，其他项目一般不予考虑。

3. 按折旧计划和更新改造计划确定可作为内部周转资金来源的折旧摊销额与同期将用于更新改造的资金数额，进而计算 D。

4. 按照预计销售收入和基期销售净利润率计算预期净利润，按计划期发放股利分配率测算预计发放股利，进而计算 R。

5. 确定新增零星开支 M。

6. 将 K、A、L、D、R 和 M 代入 ΔF 的计算公式，预测需要追加的资金额。

【例 4-12】某企业 2004 年 12 月 31 日的简单资产负债表见表 4-10。

表 4-10　资产负债表　　单位：万元

资　产		负债及所有者权益	
1. 货币资金	5 000	负债：1. 应付账款	37 500
2. 应收账款	47 500	2. 应付票据	7 500
3. 存货	50 000	3. 长期负债	50 000
4. 固定资产（净值）	75 000	股东权益：1. 股本	105 000
5. 无形资产	27 500	2. 未分配利润	5 000
合　计	205 000	合　计	205 000

2004 年实现销售 300 000 万元，获净利润 20 000 万元并发放了 10 000 万元股利。2005 年计划销售收入将达到 450 000 万元。假定其他条件不变，仍按基期股利发放率支付股利，按折旧计划提取 15 000 万元，其中 50%用于当年更新改造支出，厂房设备能力已经饱和，有关零星资金需要量为 6 000 万元。

要求：用销售百分比法预测 2005 年追加资金的需要量。

解：

$$\because K=\frac{450\ 000-300\ 000}{300\ 000}\times 100\%=50\%$$

$$A=5\ 000+47\ 500+50\ 000+75\ 000=177\ 500\text{（万元）}$$

$$L=37\ 500+7\ 500=45\ 000\text{（万元）}$$

$$D=15\ 000\times(1-50\%)=7\ 500\text{（万元）}$$

$$R=450\ 000\times\frac{20\ 000}{300\ 000}\times\left(1-\frac{10\ 000}{20\ 000}\right)$$

$$\approx 450\ 000\times 7\%\times(1-50\%)\approx 15\ 750\text{（万元）}$$

$$M=6\ 000\text{（万元）}$$

$\therefore$ 2005 年追加资金的需要量为：

$$\Delta F=(177\ 500-45\ 000)\times 50\%-7\ 500-15\ 750+6\ 000$$

$$=49\ 000\text{（万元）}$$

【案例分析 1】

光明灯具厂的销售与利润预测分析

光明灯具厂的主营业务为生产销售日光灯，最大生产能力为 300 万件。

该厂 2000 年的日光灯销售量为 132.56 万件，销售单价为 9.8 元，单位变动成本为 3.8 元，年固定成本总额 295.36 万元，实现的利润为 500 万元。

2000 年底在公司的经营发展大会上，经过全厂管理人员以及全体员工的充分论证，对日光灯的生产提出了几项变革措施：改变玻璃采购厂家，每件日光灯可节约 0.5 元的原材料费用；改进整流器功能，估计每件要增加成本0.35元；精简厂部办公人员125人，全年可减少开支89.25万元；采取技术革新，在现有设备条件下精简一线工人25人，全年可减少开支23.76万元。近5年来的实际销售资料如下表所示：

年　　度	1996	1997	1998	1999	2000
实际销售量	85.74	93.76	112.54	134.87	132.56

要求：

（1）预测该厂2001年度的销售量？

（2）预测该厂2001年度的利润？

（3）若该厂2001年利润计划比2000年翻一番，且采用2000年底确定的几项变革措施，预测2001年的销售量应达到多少？

【案例分析2】

华美家具公司利润预测案例

华美家具生产公司目前只生产一种产品，即3A型电脑桌。3A型电脑桌的销售单价为350元/台，年销售量50 000台。有关的成本资料如下表所示：

3A型电脑桌成本资料

单位：元

成本项目		金额
直接材料		100
直接人工		30
制造费用	变动部分	30
	固定部分	20
企业年固定成本		300 000

要求：

（1）根据上述资料计算各因素的利润敏感系数？

（2）假定公司的销售单价上升10%，利润将随之发生什么变化？

（3）目前市场上同类产品很多，而且各有特点和优势。华美公司若要占领市场，就需要采取一定的措施。试分析可采取哪些措施。若单独采取其中任一项措施，其可操作的限度各有多大？

复习思考题

1. 什么是预测分析？其内容有哪些？
2. 预测分析常用的方法有哪几种？
3. 如何预测目标成本？
4. 什么是利润敏感系数？为什么要计算它？其计算公式是什么？
5. 资金预测最常用的方法是什么？它是怎样进行的？

第5章

短期经营决策分析

【学习目标】

通过本章的学习，了解短期经营决策的概念、分类及基本程序；掌握与决策有关的成本概念及短期经营决策分析的基本方法，了解影响产品定价的因素和定价策略，能运用正确的方法解决相关的生产决策和定价决策问题。

【技能要求】

具有正确运用差量分析法、边际贡献法、本量利法进行生产决策的能力。具有产品定价的决策能力。具有经济生产批量的决策能力。

【引导案例】

赔本的生意不做

华升公司生产一种电水壶，目前生产任务不足，有30％的剩余生产能力，而此剩余生产能力又不能移为他用。这时，销售部收到一客户的订单，要定购200个电水壶，每件出价100元，比华升公司电水壶正常的销售价格140元每件低40元，并且此出价比电水壶的单位成本120元每件还低20元。公司周经理说“赔本的生意不做”。可财务科长认为这是一笔赚钱的买卖，并说服周经理接受了这个订单。

请问：财务科长是如何说服周经理的？你能说出其中的道理吗？

第一节　决策分析概述

一、决策的概念

决策是指人们为了实现预期目标，借助于科学的理论和方法，进行必要的计算、分析和判断，从两个或两个以上方案中选择一个最优方案的过程。当然，在备选方案只有一个时，对决策者来说也要对该方案采纳与否作出决定。

决策不是一个瞬间拍板的动作，它是一个过程，既包括作出抉择之前的一切活动，也包括把决策付诸实施的一切活动。

二、决策的分类

企业决策涉及的内容及范围很广，为便于正确的分析问题，可按不同的标准对经营决策加以分类。

（一）按决策所涉及的时间跨度分，可分为短期决策和长期决策两类

短期决策是指决策方案对企业经济效益的影响在1年以内的决策。这类决策是为有效的组织企业现有的生产经营活动。一般不考虑货币的时间价值，如销售决策、生产决策、定价决策等。

长期决策是指决策方案对企业经济效益的影响在1年以上的决策。该类决策是涉及企业的发展方向和规模的重大决策。具有投资金额大，影响时间长，风险高的特点。决策方案一旦执行就很难再改变，因此必须考虑货币的时间价值和风险价值。如厂房设备的扩建、改建、更新，资源的开发利用，现有产品的改造和新产品的试制等。

（二）按决策条件的肯定程度分，可分为确定型决策、不确定型决策和风险型决策三类

确定型决策是指与决策相关的客观条件或自然状态是确定的、肯定的，并且可用具体的数字表示出来，决策者可直接根据完全确定的情况，从中选择最有利的方案。

不确定型决策是指对影响决策的相关因素不仅不能确切肯定，而且连出现这种可能结果的概率也无法确切地进行预计的决策。

风险型决策是指与决策相关的条件因素不能完全确定，但能以概率表示其可能性大小的决策。无论选择哪一种方案都带有一定的风险。

（三）按决策的重要程度划分，可分为战略决策和战术决策两类

战略决策是指关系企业全局，对企业发展具有深远影响的决策。如经营目标的制定、新产品的开发、生产能力扩大等。

战术决策是指为实现战略决策而进行的短期性具体决策。如营销决策、生产工艺流程决策、资金筹措决策等。

（四）按决策本身的性质划分，可分为采纳与否决策，互斥方案决策和组合方案决策三类

采纳与否决策也称独立方案决策，是指不影响其他方案的决策，亦即只对一个备选方案作出接受或拒绝的抉择。

互斥方案决策是指在两个或两个以上备选方案中选出一个最优方案的决策。

组合方案决策是指在多个备选方案中选出一组最优的组合方案的决策。

除上述分类外，还存在其他一些分类方法。如按决策的层次划分，可分为高层决策、中层决策和基层决策；按决策出现的重复程度，可分为程序性决策和非程序性决策；按决策的具体内容可分为生产决策、定价决策、成本决策、存货决策等。

三、决策分析的程序

（一）提出决策问题，确定决策目标

对企业外部环境、内部经营状况进行分析，针对经营存在的问题，确定经营的目标。

（二）收集与决策目标相关的信息

（三）拟订备选方案

充分考虑现实与可能，设计各种可能实现决策目标的备选方案。

（四）分析评价备选方案

对形成的各种方案应采用定性与定量的方法进行可行性研究论证。

（五）选定最优方案

按照一定原则要求确定最终择优的标准及方法，筛选较为理想的相对最优的方案。

（六）组织实施最优方案并反馈评价

它是决策过程的延伸。在组织落实决策方案的过程中及时反馈问题，随时修正方案，使决策过程处于决策——实施——反馈——再决策——再实施的动态良性循环中。

第二节　短期经营决策分析中的成本概念

短期经营决策分析中需考虑的成本，仅指与决策分析相关的成本，与决策分析无关的成本，可不予考虑。

一、付现成本与沉没成本

付现成本是指某项决策引起的需要在未来动用现金支付的成本。在实际中，决策者

有时对付现成本的考虑比对总成本更为重视，特别是在资金紧缺的情况下，决策者往往会用收益较小，但付现成本较少的方案代替收益大，但付现成本多的方案。例如，某商店急需租一个仓库，有甲、乙两个企业愿意出租合适的仓库，其中甲企业的仓库每月租金 2 000 元，租金每月末支付；乙企业的仓库每月租金 1 500 元，但要先预收 1 年的租金。此时，商店现有货币资金比较少，又无筹措渠道，一下子动用 18 000 元的银行存款，会影响商店的正常经营业务。此种情况下，显然以选择前者为宜。

沉没成本是指由于过去决策所形成的已经支付了的，无法通过现在和未来的决策改变的成本。例如，某公司 10 年前购置一台机器设备，原价 90 000 元，现准备将该机器设备报废，预计可得残值 30 000 元。则该机器设备的原价 90 000 元是沉没成本，在决策分析中不需考虑。

二、历史成本与重置成本

历史成本是根据过去已发生的支出而计算的成本，也称实际成本。在财务会计中，历史成本是资产入账的基础，但它与决策分析大多无关。例如，某企业 10 年前建造的一幢房屋，其当时的总支出为 500 万元，则该项资产建造时的支出 500 万元为历史成本。

重置成本是指某项资产在目前市场价格水平下重新购置需支付的成本。例如，某企业生产的产品，原来每件成本 50 元，现在每件成本 70 元，若按历史成本进行决策分析，每件以 60 元出售可获利 10 元；若按重置成本进行决策分析，此时以 60 元出售非但不能获利，反而亏损 10 元。由此看来，在进行经营决策时，重置成本应充分考虑。

三、差量成本与边际成本

差量成本又称差别成本、差额成本、差异成本等，它具有两层含义：一是指两个备选方案预期成本的差异。二是指由于产量不同，生产能力利用程度的不同所形成的成本差异，亦称增量成本。在决策分析中，既可根据不同备选方案的总成本计算差量成本，也可只比较不同备选方案发生变动的成本项目，而不考虑不同备选方案共同的且数额不变的成本项目。例如，某企业生产所需的机器设备，预计采用 A 方案的总成本 15 万元，采用 B 方案的总成本为 12 万元，两种方案预计总成本相差 3 万元，这个差额即为 A、B 两方案间的差量成本。又如，某企业在现有生产能力条件下，某种产品可生产 5 000至 8 000 件，单位产品变动成本为 20 元，固定成本总额为 60 000 元，若超过生产能力，则需追加 10 000 元固定成本。现要求比较该企业生产该产品 6 000 件和 9 000 件的差量成本。则两者的差量成本为 70 000 元。

边际成本是指在生产能力的相关范围内，因业务量每变动一个单位所引起的成本总额的变动数额。边际成本是差量成本的一种特殊表现形式。例如，某企业生产某种产品，当业务量为 400 件时，成本总额为 5 000 元，当业务量为 401 件时，成本总额5 140 元。因而增加一个单位产量而增加的成本 140 元就是该种产品的边际成本。

与差量成本相对应的一个概念是差量收入。所谓差量收入，是指各备选方案预期收入之间的差额。在运用差量分析法进行短期经营决策分析时，既要考虑差量成本，同时也要考虑差量收入。

与边际成本相对应的一个概念是边际收入。所谓边际收入，是指业务量变动一个单位所引起的收入的变动数额。应用边际成本进行短期经营决策分析的过程中，当边际成本和平均成本相等时，可使企业平均成本最低；当边际成本和边际收入相等时，（即边际利润等于零时）可使企业实现最大利润。

由上可知，差量成本和边际成本在决策分析时均应予以考虑，两者都能对决策产生影响。

四、机会成本与估算成本

机会成本是指在决策分析过程中，选取某一最优方案而放弃另一次优方案所丧失的潜在收益。机会成本并不是企业实际的成本支出，但在进行决策分析时必须加以考虑，将选择某方案而放弃其他方案做出的牺牲为代价，作为选择目前接受方案的机会成本，这样才能真正对已被选定的方案的预期经济效益进行正确的评价，才能从若干备选方案中选择出真正最优的决策方案。例如，某企业每年需 A 零件 10 000 件，有生产能力自制该零件，自制的单位变动生产成本为 90 元。该零件也可外购，外购单价为 100 元。如外购该零件，则原有自制设备可出租，年租金收入 15 万元。则年租金收入 15 万元就是选择自制方案的机会成本。

估算成本也称假计成本，是指与某项经济活动相关联，需估算确定，但并非实际支出的假设性成本，即对使用某种经济资源所估算的代价。估算成本是机会成本的一种特殊形态。例如，某企业因经营需要拟购置一项固定资产。其所需资金虽为自有资金，但若用这笔资金进行其他投资，如买卖股票、债券等，就会有投资报酬。为了正确评价购置固定资产该项决策方案的可行性，尽管投资报酬并未实际取得，但应将投资报酬视同机会成本进行估算。

五、专属成本与共同成本

专属成本是指可以明确归属于某类、某批产品或某个部门的固定成本，也称特定成本。例如，专门生产或销售某种产品的专用设备的折旧费、保险费、租赁费等，都属于专属成本。

共同成本是指那些由几种、几类、几批产品或几个部门共同承担的固定成本。它是与专属成本相对应的概念。例如，企业管理人员的工资、福利费，管理部门固定资产的折旧费、修理费、租赁费等，均属共同成本。

在决策分析中，共同成本对决策分析没有影响，在决策分析时可不予考虑。但专属成本是决策分析时应予考虑的成本。

六、可避免成本与不可避免成本

可避免成本是指与特定备选方案相关联，并由决定结果决定其数额大小的成本。这种成本发生与否，取决于与其相关联的备选方案是否被选定。若备选方案被采纳，该项成本发生；否则，该项成本不发生，则该成本称为可避免成本。例如，某企业原生产甲产品，现拟转产乙产品，需投入 20 000 元新添置一台设备，这样，新增设备的购置成本完全取决于是否转产乙产品，这 20 000 元即为可避免成本。所以，在决策分析中，应考虑可避免成本。

不可避免成本是指其发生与否与相联系的备选方案无关的成本。即无论企业作出何种决策，该成本仍照常发生。不可避免成本在决策分析时可不予考虑。如企业现有的厂房、设备等固定资产的折旧费就属于不可避免成本性质。

七、可递延成本与不可递延成本

可递延成本指对已选定的方案，如由于某种原因推迟实施，则可使该方案的成本推迟发生，该种成本就称为可递延成本。例如，某企业拟在计划年度送一批职工去参加技术培训，需花费 15 万元，但由于目前资金紧张，财力有限，决定推迟两年再送职工去进行技术培训，则该项职工培训费 15 万元就是可递延成本。

不可递延成本指对已选定的方案，不论企业资金是否短缺都必须组织实施，不能推迟发生，否则就会对企业的生产经营带来不利影响，则与这一方案相关的成本称为不可递延成本。例如，某公司生产经营所需的某种材料，成本 5 万元，必须马上购进，否则将会导致停产。此时必须花费的 5 万元材料费即为不可递延成本。

在决策分析时，如果企业财力有限，则应考虑可递延成本，而不可递延成本在决策分析时不予考虑。

八、相关成本与无关成本

相关成本是指与备选方案密切相关，在决策分析时必须加以考虑的成本。如前所述的付现成本、重置成本、差量成本、边际成本、机会成本、估算成本、专属成本、可避免成本、可递延成本等。

无关成本是指与备选方案不存在直接联系，在决策分析时可不予考虑的成本。如前面所述的沉没成本、历史成本、共同成本、不可避免成本、不可递延成本等。

第三节　短期经营决策的基本方法

决策过程中备选方案的比较和选优是决策过程的一个重要环节。为使评价和抉择方案科学有效，就需要运用相应的决策分析方法。经营决策的分析方法多种多样，下面，我们主要介绍几种比较常见的分析方法：本量利分析法、差量分析法、边际贡献分析法和最优生产批量法。

一、本量利分析法

本量利分析法是指在按成本性态划分的基础上，对成本、业务量、利润三者之间存在的数量关系进行的分析。本量利分析法在经营决策分析中的关键在于确定等成本点，然后再据以确定在什么业务量范围内哪个方案较优。所谓等成本点，也就是使两个备选方案相关决策成本相等时的业务量水平。值得注意的是，要使等成本点存在，两个方案之间的固定成本和单位变动成本必须是"反向"的，即：若甲方案的固定成本大于乙方案的固定成本，则前者的单位变动成本就必须小于后者，否则就不可能存在等成本点。根据这一关系，我们假设甲方案的固定成本为 a_1，单位变动成本为 b_1，乙方案的固定成本为 a_2，单位变动成本为 b_2，x 代表两个方案成本相等时的业务量，则等成本点的关系式为：

$$a_1 + b_1 x = a_2 + b_2 x$$

得出：

$$x=\frac{a_1-a_2}{b_2-b_1}$$

下面，我们用图来反映等成本点，见图 5-1。

从上图可以看出，当业务量超过等成本点 x_0 时，甲方案的总成本低于乙方案的总成本，所以选择甲方案有利；而当业务量小于等成本点 x_0 时，乙方案的总成本要低于甲方案的总成本，所以选择乙方案有利。

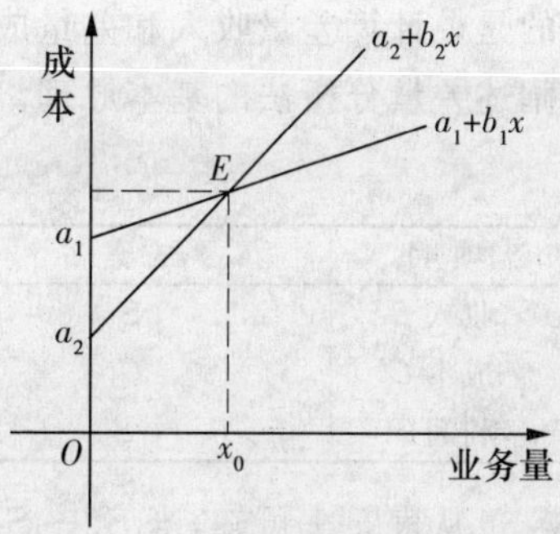

图 5-1　等成本点示意图

【例 5-1】某企业因生产经营的需要，需添置一台设备。现有两个方案可供选择：一是购买一台设备，需投入 100 000 元，估计可用 10 年，每年需支付维修保养费 500 元，预计净残值为 5 000 元，该设备每天的营运成本为 100 元。二是向其他单位租用一台设备，每天租金 200 元。现要求作出是购买还是租用的决策。

解：分析：该例决策分析的关键在于该企业每年需要使用该设备的天数（业务量）。所以，我们可以根据两个备选方案的成本与业务量之间的关系来确定在一定的营运天数范围内的最优方案。

若采用购置方案，每年发生的成本包括属于固定成本性质的折旧费、维修保养费和属于变动成本性质并按实际使用天数计算的营运费用。设每年使用天数为 x，购置方案每年的使用总成本为 y_1。

则：$$y_1=a+bx=\left(\frac{100\ 000-5\ 000}{10}+500\right)+100x=10\ 000+100x \quad (1)$$

若采用租用方案，每年发生的总成本为按使用天数计算的租金和营运费用，且均属变动成本，此方案无固定成本。仍设该设备每年的使用天数为 x，租用方案的使用总成本为 y_2。

则：$$y_2=a+bx=0+(200+100)x=300x \quad (2)$$

根据以上的（1）、（2）两式，在两个方案使用总成本相等的情况下，可求出每年的使用天数。即：$10\ 000+100x=300x$

解得：$x=50$（天）

上例计算结果表明，若每年使用天数为 50 天，两个方案的总成本支出相同，均可行。若每年使用天数超过 50 天，则 $y_1<y_2$，购置方案的总成本支出小于租用方案的总成本支出，因而以购置方案为宜；若每年使用天数少于 50 天，则 $y_1>y_2$，即购置方案的总成本支出大于租用方案的总成本支出，因而以租用方案为佳。

本量利分析法通常可用于零部件的自制与外购、生产能力和生产工艺的选择等方面的决策分析。

二、差量分析法

差量分析法是通过比较不同备选方案的差量收入和差量成本来选择最优方案的方法。对于差量收入和差量成本，前已述及，用差量收入减去差量成本即为差量利润。若差量利润为正数，则前一方案较优；若差量利润为负数，则后一方案较优。需特别强调的是，计算差量收入和差量成本的方案的排列顺序应保持一致。下面，我们用表 5-1 来阐述差量分析法的基本原理。

表 5-1　差量分析法计算表

项 目	方案 1	方案 2	差　量
收入 S	S_1	S_2	S_1-S_2
成本 C	C_1	C_2	C_1-C_2
利润 P	$P_1=S_1-C_1$	$P_2=S_2-C_2$	$P_1-P_2=(S_1-S_2)-(C_1-C_2)$

从表 5-1 可知，当 $S_1-S_2>C_1-C_2$，即 $P_1>P_2$ 时，说明差量收入大于差量成本，应选取方案 1，否则，应选取方案 2。应用差量分析法进行经营决策分析的基本步骤是：首先，计算备选方案间的差量收入；其次，计算备选方案间的差量成本；再次，计算备选方案间的差量利润；最后，根据差量利润选取最优方案。

【例 5-2】某商品流通企业既可经营甲商品，又可经营乙商品。若经营甲商品，预计销售数量为 1 000 件，预计销售单价为 15 元，单位变动成本为 10 元；若经营乙商品，预计销售数量为 600 件，预计销售单价为 30 元，单位变动成本为 22 元。要求：作出该企业应经营甲商品还是乙商品的决策。

解：采用差量分析法分析如下：

第一步，计算差量收入

差量收入（甲－乙）＝（15×1000）－（30×600）＝－3 000（元）

第二步，计算差量成本

差量成本（甲－乙）＝（10×1000）－（22×600）＝－3 200（元）

第三步，计算差量利润

差量利润＝差量收入－差量成本＝－3000－（－3200）＝200（元）

从以上分析的结果来看，由于经营甲商品比经营乙商品可多获利 200 元，因此，该企业应选择经营甲商品。

差量分析法是经营决策中最为常用的一种分析方法。以上我们仅从两个备选方案的角度讲述了差量分析法的具体分析过程。当备选方案为两个以上时，可通过两两比较，最终选出最优方案。有时在差量分析中，如果收入为无关收入，则只需比较差量成本即可。

三、边际贡献法

短期经营决策通常不涉及企业现有生产能力的改变和固定成本的增减，一般将现有生产能力下所发生的固定成本都看作无关成本。因此，只要比较有关方案的边际贡献即可选择最优方案。边际贡献分析法是通过比较不同备选方案所提供边际贡献的大小来选择最优方案的方法。

应该强调的是，在决策分析时所选用的边际贡献指标可以是边际贡献总额或单位资源（如单位工时或单位直接材料等）提供的边际贡献额，但不能选择单位边际贡献。尽管单位边际贡献是反映产品盈利能力的重要指标，但由于不同单位产品耗用企业生产能力的水平不同，因而在分析过程中不能以产品的单位边际贡献的大小作为比较的标准。

【例 5-3】某企业使用同一台设备既可生产甲产品，又可生产乙产品，该设备的最大生产能力为 10 000 机器小时，生产甲产品每件需 10 小时，生产乙产品每件需 4 小时。甲产品的销售单价为 2 500 元，单位变动成本为 1 500 元。乙产品的销售单价为 1 800 元，单位变动成本为 1 200 元。该台设备的固定成本总额为 30 000 元。根据以上资料，要求作出该企业以生产哪种产品较为有利的决策。

解：分析：由于不论生产何种产品，固定成本总额保持不变，在决策分析中属于无关成本，不需考虑，因而可运用边际贡献分析法编制表 5-2 分析如下：

表 5-2　边际贡献分析计算表

项　目	甲产品	乙产品
最大产量（件）	10 000÷10＝1 000	10 000÷4＝2 500
销售单价（元）	2 500	1 800
单位变动成本（元）	1 500	1 200
单位边际贡献（元）	1 000	600
边际贡献总额（元）	1 000×1 000＝1 000 000	600×2 500＝1 500 000

以上分析可以看出，尽管甲产品创造的单位边际贡献高于乙产品，但生产乙产品能比生产甲产品多提供 500 000 元的边际贡献总额，所以，根据边际贡献分析法原理，应选择生产乙产品为佳。

对于该例，我们也可以根据单位生产能力边际贡献（即单位小时所能创造的边际贡献）的大小来进行分析，具体分析过程见下表 5-3 所示：

表 5-3　边际贡献分析计算表

项　　目	甲产品	乙产品
销售单价（元）	2 500	1 800
单位变动成本（元）	1 500	1 200
单位边际贡献（元）	1 000	600
单位产品所需工时	10	4
单位小时所创造的边际贡献（元/小时）	1 000÷10＝100	600÷4＝150

从表 5-3 计算结果可知，生产乙产品每工时所创造的边际贡献比生产甲产品高出 50 元，故以生产乙产品在经济上较为合算。此结论与按边际贡献总额分析的结果相同。

四、最优生产批量法

最优生产批量法指在决策分析过程中确定一个适当的生产批量，使其全年的调整准备成本与全年的平均持有成本之和达到最低的方法。最优生产批量法实则解决成批量生产企业全年分几批生产、每批生产多少数量的产品最为经济的问题。此方法的具体应用，我们将在下节生产决策分析的最优生产批量决策分析中予以详细阐述。

对于确定型决策，除了以上介绍的四种基本决策分析方法外，还有边际分析法，线性规划法等。而对于风险型决策和不确定型决策，通常会用另外一些比较特殊的方法加以处理。

第四节　生产决策分析

在某一特定的期间内，企业的生产能力总是有限的，而企业的生产经营活动涉及的范围又是多方面的。在这种情况下，为了使企业现有的生产能力得到充分利用，充分发挥人、才、物的潜力，以取得尽可能好的经济效益，这就要求决策者在已确定的目标技术、设备、物资和经营管理条件下，作出正确的取舍，选择最适合企业的经济合理的生产经营决策方案。

企业的生产决策涉及到企业经营活动的许多方面，企业经常会遇到许多需要进行决策分析的问题。例如，生产什么产品或提供什么劳务的问题；如何利用企业的生产能力；如何组织和安排生产或提供劳务的问题，等等。下面，我们就企业在生产经营过程中较为常见的一系列典型案例给予分析和阐述。

一、新产品开发的决策

企业为了不断增强竞争能力，往往会充分利用剩余生产能力开发新产品。开发新产品品种的选择，可根据各新产品提供的边际贡献总额的大小来进行决策分析。

(一) 不追加专属成本时的决策

【例 5-4】某企业拟利用剩余生产能力 50 000 机器小时来开发新产品，可供选择开发的有新产品甲或新产品乙，而且新增开发产品并不增加企业的固定成本总额。新产品甲和新产品乙的有关资料如表 5-4 所示。

表 5-4　资料

项目 / 产品	单位售价（元）	单位变动成本（元）	单位产品所需机器工时（小时）
甲产品	80	50	25
乙产品	100	60	50

解：分析：运用边际贡献分析法分析如下：

甲产品边际贡献总额＝（80－50）×（50 000÷25）＝60 000（元）

乙产品边际贡献总额＝（100－60）×（50 000÷50）＝40 000（元）

从以上计算可以看出，尽管新产品乙提供的单位边际贡献为 40 元（100－60=40），比新产品甲提供的单位边际贡献 30 元（80－50＝30）多 10 元，但由于新产品甲提供的边际贡献总额比乙产品多 20 000 元（60 000－40 000＝20 000），所以利用剩余生产能力开发新产品甲更为有利。

【例 5-5】某企业原生产 A 产品，现准备投产 B 产品或 C 产品当中的一种，其有关资料如表 5-5 所示。

表 5-5　资料

产品 / 项目	A	B	C
销售量（件）	2 000	500	800
单价（元）	600	500	400
单位变动成本（元）	400	300	300
固定成本（元）	250 000		

若投产新产品 B，需减少 A 产品 400 件；投产新产品 C，A 产品需减少 200 件。问发展哪种新产品更加有利？

解：用边际贡献法分析各产品的边际贡献见表 5-6 所示。

表 5-6 边际贡献分析计算表

项目 \ 产品	A	B	C
销售量（件）	2 000	500	800
单价（元）	600	500	400
单位变动成本（元）	400	300	300
单位边际贡献（元）	200	200	100
边际贡献总额（元）	400 000	100 000	80 000

两种新产品的投产将在不同的程度上影响 A 产品的产量，因此，应把减产 A 产品所减少的边际贡献作为投产 B 产品或 C 产品的机会成本，进一步分析如下：

投产 B 产品：

B 产品的边际贡献总额　　100 000

机会成本（A 产品的减产损失 200×400）　　80 000

可增加利润　　20 000

投产 C 产品：

C 产品的边际贡献总额　　80 000

机会成本（A 产品的减产损失 200×200）　　40 000

可增加利润　　40 000

因此，虽然 B 产品的边际贡献大于 C 产品，但由于投产 B 产品会较大地影响 A 产品的业务量，综合生产能力考虑，以开发 C 产品更为有利。

（二）追加专属成本时的决策

【例 5-6】某企业原来生产两种产品 A 和 B，现有 C、D 两种产品可以投产，但由于剩余生产能力有限，只能投产一种产品。企业的固定成本总额为 10 000 元。假设投产新产品 C，需增加专属固定成本 500 元；若投产新产品 D，需增加专属固定成本 1 800 元。其他相关资料如表 5-7 所示。试决策应选择投产何种新产品为佳。

表 5-7 资料

产品名称	销售量	售　价	单位变动成本
A	1 000	14	8
B	1 400	12	6
C	900	10	5
D	1 100	9	5

解：分析：根据以上资料，投产新产品 C 和 D 两种方案的剩余边际贡献（边际贡献总额－专属固定成本）计算如表 5-8 所示。表 5-8 的计算结果表明：新产品 C 的剩余边际贡献为 4 000 元，新产品 D 的剩余边际贡献为 2 600 元，故应投产新产品 C；从企业的总利润来看，组合方案Ⅰ为 8 400 元，组合方案Ⅱ为 7 000 元，这也说明应选择投产新产品 C。

表 5-8　边际贡献分析计算表

方案		销售量	售价	单位变动成本	单位边际贡献	边际贡献总额	剩余边际贡献	固定成本	总利润
产品组合方案Ⅰ	A	1 000	14	8	6	6 000	6 000		
	B	1 400	12	6	6	8 400	8 400		
	C	900	10	5	5	4 500	4 000		
	合计					18 900	18 400	10 000	8 400
产品组合方案Ⅱ	A	1 000	14	8	6	6 000	6 000		
	B	1 400	12	6	6	8 400	8 400		
	D	1 100	9	5	4	4 400	2 600		
	合计					18 800	17 000	10 000	7 000

二、产品增产分配的决策

在多品种经营的情况下，若企业的生产能力、供应及销售状况等都允许增加产量的条件下，就面临应增产哪种产品的问题。此类决策要求计算增产何种产品能获得更大利润。

【例 5-7】某企业生产经营 A、B 两种产品。A、B 两种产品的有关资料如表 5-9 所示。

表 5-9　资料

产品	单价（元）	单位变动成本（元）	单位边际贡献（元）	单位利润（元）	销售利润率
A	100	60	40	30	30%
B	100	70	30	25	25%

计划年度企业尚有 800 工时的剩余生产能力，生产 A 产品每件需消耗 2 机器工时，生产 B 产品每件需消耗 1 机器工时，试分析企业利用这 800 工时生产哪种产品更为有利。

解：分析：尽管 A 产品的单位边际贡献，单位利润及销售利润率都高于 B 产品，但由于单位产品需要消耗的设备工时数，A 产品要多于 B 产品，这就使得消耗相同的 800 工时生产 B 产品的产量要高于 A 产品，所以，我们不能用单位边际贡献来作为判断的标准。为了得出正确的结论，我们下面用两种方法计算：

方法一：假设剩余工时全部用于制造某一种产品，计算、比较生产哪种产品能获得更多的利润。如表 5-10 所示。

表 5-10　分析计算表

项　　目	A 产品	B 产品
可供使用的设备工时数	800	800
单位产品需消耗设备工时数	2	1
可生产产品的数量（件）	400	800
产品销售收入（元）	40 000（400×100）	80 000（800×100）
可实现利润（元）	12 000（400×30）	20 000（800×25）

从表 5-10 可以看出，生产 B 产品利润较大，应增产 B 产品。

方法二：由于不涉及追加专属固定成本，只需比较单位设备工时所创造的边际贡献大小也可得出结论，其比较分析的过程如表 5-11 所示。

表 5-11　分析计算表

项　　目	A 产品	B 产品
单位产品边际贡献	40	30
单位产品需用设备工时	2	1
单位设备工时创造的边际贡献	20	30

通过上表的比较分析，可以得出相同的结论：生产 B 产品的利润较大，应增产 B 产品。

三、亏损产品是否停产或转产的决策

亏损产品是指按全部成本法确定的销售收入小于全部成本的产品。对亏损产品，我们要判别是"虚亏"，还是"实亏"。当销售收入小于变动成本，边际贡献为负数时，这种产品是"实亏"，应该停产，因为生产越多，亏损越大；当销售收入大于变动成本，边际贡献为正数时，这种产品是"虚亏"，一般不应停产，因为它所创造的边际贡献还可补偿一部分固定成本，一旦停产，它所负担的固定成本就要由其他的盈利产品来负担，从而使企业总利润减少，甚至亏损。因此，对亏损产品是否停产或转产的决策要视具体情况分析，主要采用边际贡献法。

（一）亏损产品应否停产的决策分析

在亏损产品停产后，其生产能力无法移做他用的情况下，若该产品的单价大于单位变动成本，即边际贡献大于零，就可弥补其部分固定成本，则应继续生产该产品，否则，应停止该产品的生产。

【例 5-8】某企业生产 A、B、C 三种产品，其有关资料如表 5-12 所示。

表 5-12　资料

项　　目	A 产品	B 产品	C 产品	合　计
年销售量（件）	2 000	1 500	2 000	
销售单价（元）	20	40	11	
销售收入（元）	40 000	60 000	22 000	122 000
单位变动成本（元）	14	30	4	
变动成本总额（元）	28 000	45 000	8 000	81 000
边际贡献总额（元）	12 000	15 000	14 000	41 000
固定成本（元）	9 000	14 000	15 000	38 000
利润（元）	3 000	1 000	−1 000	3 000

且知，由于市场趋于饱和，A、B 两种产品均无增产的可能，若停产 C 产品，设备将闲置起来，且不能用作其他用途，问是否应停止 C 产品的生产？

解：分析：不应停止C产品的生产，因为它还能创造14 000元的边际贡献总额。C产品是“虚亏”，而不是“实亏”。C产品创造的边际贡献总额14 000元小于它需分担的固定成本15 000元，故净亏1 000元。无论C产品是否停产，全厂固定成本38 000元总会发生。若停产C产品，其盈亏状况如表5-13所示。

表 5-13　边际贡献分析计算表　　单位：元

项　　目	A产品	B产品	合　　计
销售收入	40 000	60 000	100 000
变动成本总额	28 000	45 000	73 000
边际贡献总额	12 000	15 000	27 000
固定成本	15 000	23 000	38 000
利润	－3 000	－8 000	－11 000

注：C产品的固定成本按销售收入比例在不同产品之间分配。

从表5-13可知，停产C产品，使企业出现了全面亏损11 000元。这是因为停产C产品后，边际贡献总额减少了14 000元，而固定成本并不减少。因此，亏损产品在这种情况下只要能提供边际贡献就不应停产。

（二）亏损产品应否转产的决策分析

如果亏损产品停产后，其生产能力可以转移的情况下，就要在继续生产亏损产品和转产其他产品之间作出决策。若转产后产品的边际贡献大于亏损产品的边际贡献，则应转产；反之，则不应转产。

【例5-9】承【例5-8】资料，假定企业停产C产品后，准备转产D产品，其单位售价为30元，单位变动成本为20元，销售量预计为2500件，问企业是否应停止生产C产品而转产D产品？

解：分析：仍采用边际贡献分析法，其计算如下表5-14所示。从表5-14的计算可知，生产D产品比生产C产品多提供11000元（25000－14000＝11000）的边际贡献总额，使企业的利润由3000元提高到14000元，故应停产C产品而转产D产品。

表 5-14　边际贡献分析计算表　　单位：元

项　　目	A产品	B产品	D产品	合　　计
销售收入	40 000	60 000	75 000	175 000
变动成本总额	28 000	45 000	50 000	123 000
边际贡献总额	12 000	15 000	25 000	52 000
固定成本	9 000	14 000	15 000	38 000
利　　润	3 000	1 000	10 000	14 000

四、半成品和联产品是否进一步加工的决策

企业经常面临半成品、联产品是立即出售还是进一步加工后出售的问题。这类问题在进行决策分析时，一般运用差量分析法，比较进一步加工后所增加的收入是否大于进

一步加工所追加的成本。若增加的收入大于追加的成本，则进一步加工方案较优；反之，立即出售较好。

(一) 半成品出售或进一步加工的决策

【例 5-10】某企业生产一种产品，在完成某一生产工序以后，半成品甲可对外销售，单位售价 20 元，单位变动成本 15 元，单位固定成本 3 元。如对甲半成品继续加工成乙产品，其销售单价可增至 30 元，但需追加单位变动成本 5 元，且另需购置一台专用加工设备，每年发生固定成本 30 000 元，年生产量 10 000 件。问应直接出售甲半成品还是继续加工成乙产品？

解：分析：生产甲半成品发生的 15 元单位变动成本和 3 元单位固定成本，是该决策无法改变的，属于已经发生的沉没成本，不必加以考虑。与决策相关的是进一步加工的差量收入和差量成本。

差量收入＝加工后出售的收入－半成品出售的收入

＝10 000×30－10 000×20＝100 000（元）

差量成本＝加工追加的变动成本＋加工追加的固定成本

＝10 000×5＋30 000＝80 000（元）

差量利润＝差量收入－差量成本

＝100 000－80 000＝20 000（元）

以上计算结果表明，进一步加工成乙产品可使企业多获利 20 000 元，进一步加工方案有利。所以，企业应选择将甲半成品进一步加工成乙产成品。

(二) 联产品应否进一步加工的决策

【例 5-11】某炼油厂用原油同时生产甲、乙、丙三种联产品，其中，甲、乙两种产品可在分离后直接出售或进一步加工。甲、乙两种产品的有关资料及数据如表 5-15 所示。要求作出甲、乙两联产品是否应进一步加工的决策。

表 5-15 资料

项目 \ 联产品名称		甲产品	乙产品
产量（吨）		200	150
分摊的联合成本（万元）		60	50
销售单价（元）	分离后直接出售	3 000	2 600
	加工后	3 400	2 800
可分成本（元）	单位变动成本	200	200
	专属固定成本	30 000	15 000

解：分析：分摊的联合成本是无关成本，无需考虑。对方案决策有关的是进一步加工所引起的差量收入和差量成本。编制差量分析表 5-16 如下进行分析 。

表 5-16　差量分析计算表

联产品 项　目	甲产品	乙产品
差量收入	80 000	30 000
差量成本	70 000	45 000
差量利润	10 000	−15 000

对于上表中：差量收入＝（加工后的销售单价－直接出售的销售单价）×产量

差量成本＝加工增加的单位变动成本×产量＋专属固定成本

差量利润＝差量收入－差量成本

由差量分析可知，联产品甲进一步加工能使企业增加 10 000 元的利润，应对联产品甲进一步加工后出售更为有利；而联产品乙进一步加工后，销售收入的增加不能抵补追加的成本，使企业的利润反而减少 15 000 元，所以应在分离后选择直接出售。

五、是否接受追加订货的决策

所谓追加订货，就企业而言，是已有大量产品产销，在有剩余生产能力的情况下，考虑要不要接受追加订货。

追加订货的定价若与正常生产的产品相同甚至更高，而又有剩余生产能力的情况下，自然无需过多考虑，当然应接受订货。但大多数追加订货的情况都是，客户出价特别低甚至低于产品的实际成本。这时应不应该接受追加订货呢？通常我们采用边际贡献分析法或差量分析法进行决策分析。具体来说，主要有以下几种情况：

第一，原则上，只要客户出价高于单位变动成本，并能补偿专属固定成本，即可接受订货。

第二，若追加的订货数量超过了剩余生产能力范围，就需追加固定成本或压缩正常产销量，这时追加的固定成本或压缩正常产销量所造成的损失，在决策分析时应作为机会成本加以考虑。

第三，若追加的订货数量超过了剩余生产能力范围，就需压缩正常产销量，同时还涉及到专属固定成本和剩余生产能力可对外出租的机会成本，这时压缩正常产销量造成的损失，专属固定成本以及机会成本都应在决策分析时予以考虑。

【例 5-12】某企业甲产品的年生产能力为 1 000 件，目前只生产和销售 800 件，销售单价为 20 元，单位变动成本 10 元，固定成本总额为 4 000 元。在以下互不相关联的各种条件情况下，为企业作出决策。

（1）现有一客户要求订货 200 件，每件出价 14 元，另需购一台专用设备，预计全年需支付专属固定成本 500 元，问是否接受该订货？

（2）若客户要求订货 300 件，每件出价 14 元，另需购一台专用设备，预计全年需支付专属固定成本 150 元，问是否接受该追加订货？

（3）若企业不接受任何追加订货，其剩余生产能力可对外出租，预计可获租金 130

元。现有一客户要求订货300件，每件出价14元，另需购一台专用设备，预计全年需支付专属固定成本150元，问是否接受该追加订货？

解：

分析：（1）甲产品的单位完全成本为15元（10＋4 000÷800＝15），而客户出价只有14元，按传统观念，接受该订货不合算。但若采用边际贡献分析法，则：

接受订货所增加的边际贡献总额＝200×（14－10）－500＝300（元）

所以，接受该项订货是可行的。

（2）若接受客户订货300件，就超过生产能力1000件，需压缩正常销售100件，则：

压缩正常订货所损失的边际贡献总额＝100×（20－10）＝1 000（元）

接受订货所提供的边际贡献总额＝300×（14－10）＝1 200（元）

接受订货所增加的边际贡献总额＝1 200－1 000－150＝50（元）

从以上计算可知，接受订货能为企业多提供50元的边际贡献总额，故应接受该订货。

（3）若接受客户订货300件，就超过生产能力1000件，需压缩正常销售100件，同时还要考虑专属固定成本和机会成本，则：

压缩正常订货所损失的边际贡献总额＝100×（20－10）＝1 000（元）

接受订货所提供的边际贡献总额＝300×（14－10）＝1 200（元）

接受订货所增加的边际贡献总额＝1 200－1 000－150－130＝－80（元）

从以上计算可以看出，接受订货会使企业减少80元的边际贡献总额，故不应接受订货。

六、零部件是自制还是外购的决策

企业在生产经营中所需的一些零部件，往往既可自己制造，也可从市场上直接购买。对于这类关于零部件自制还是外购的决策分析，一般可采用差量分析法或本量利分析法。

（一）零部件需要量确定

【例5-13】某企业全年需要A零部件500个，如果外购，每个零部件的外购成本为20元，该企业目前有剩余生产能力可制造A零部件，预计自制A零部件的单位成本为13元（包括直接材料费用3元，直接人工费用4元，变动制造费用2元，固定制造费用3元，专属固定成本1元）。若该企业的剩余生产能力不用来自制A零部件，便可租给外单位使用，全年可获租金收入6 000元。问A零部件是自制还是外购对企业更为有利？

解：该企业选择自制方案放弃外购方案所丧失的潜在收益（全年的租金收入6 000元），可作为选择自制方案的机会成本。采用差量分析法，计算两方案的差量成本。

自制方案的预期成本＝（3＋4＋2＋1）×500＋6 000＝11 000（元）

外购方案的预期成本＝500×20＝10 000（元）

自制与外购方案的差量成本＝11 000－10 000＝1 000（元）

我们也可通过编制差量分析表来进行分析。如表 5-17 所示。

表 5-17　差量分析计算表　　单位：元

项　目	自　制	外　购	差　量
差量成本			
自制变动成本	4 500		
自制机会成本	6 000		
自制专属成本	500		
小计	11 000		
外购：购入成本		500×20＝10 000	1 000

从以上计算分析可知，外购方案比自制方案节约成本 1000 元。因为外购方案与自制方案的收益相同，所以，应选择决策成本较低的方案，即选择外购 A 零部件。

（二）零部件需求量不确定

在自制需要增加专用设备的前提下，若企业对零部件的需求量不确定，就应借助于成本临界点方法进行分析。

自制成本＝外购成本

自制单位变动成本×等成本点需要量（x）＋新增年固定成本＝外购单价×等成本点需要量（x）

【例 5-14】某企业生产某种产品需耗用甲零件。该企业目前尚有剩余生产能力可制造该零件，单位零件的自制成本为：直接材料 15 元，直接人工 10 元，变动性制造费用 5 元，固定性制造费用 5 元，共计 35 元。除此以外，若自制甲零件，尚需购买一台专用设备，该专用设备每年折旧费为 30 000 元。如不制造该零件，剩余生产能力无其他用途。该零件若外购，每件的外购成本为 40 元。要求作出该零件自制或外购的决策。

解：运用等成本点方法。设该企业每年需耗用甲零件的等成本点需要量为 x 件。

自制成本＝（15＋10＋5）x＋30 000

　　　　＝30x＋30 000

外购成本＝40x

可得：30x＋30 000＝40x

解得：x＝3 000（件）

从以上的计算结果可知，当甲零件的年需求量为 3 000 件时，自制与外购的成本相等。当需求量低于 3 000 件时，外购合算，高于 3 000 件时，自制合算。这一关系我们可从图 5-2 中得到。

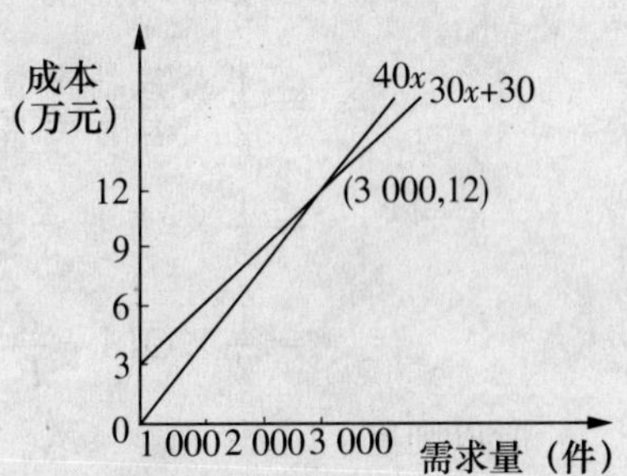

图 5-2　等成本点示意图

七、最优生产批量的决策分析

在成批、大量生产的企业中，如果一定时期（一般为一年）需求量一定的情况下，企业经常会遇到每批生产多少数量，全年分几批生产最为经济的问题。这类问题的决策分析实际上是寻找经济批量，我们可按与经济订货批量相同的原理确定经济生产批量。

在确定经济生产批量时，相关总成本最终确定为两项，即生产准备成本和储存成本。所谓生产准备成本是指每批产品投产前进行必要的调整准备工作而发生的各项费用支出。如检修机器，整理场地，布置生产线等。一般情况，每批产品的生产准备成本基本不变，可以看作为一个常量。这样，一定时期（如一年）的生产准备成本就与批量大小相关，因为总需求一定，批量越大，批次就越少；批量越小，批次就越多。全年生产准备成本的计算公式为：

全年生产准备成本＝每批产品生产准备成本×全年批次

生产准备成本与储存成本是相互矛盾的，两者存在此增彼减的关系，因此，经济生产批量确定的就是当每批生产量达到多少时，两项成本之和最小。

全年相关总成本＝全年生产准备成本＋全年储存成本

设：TC 为全年相关总成本　　D 为全年需求量

K 为每批产品生产准备成本　　P 为每日产量

d 为每日耗费量或销售量　　C 为单位产品全年储存成本

Q 为每批产量。

则：全年生产准备成本 $=$ 每批产品生产准备成本 $\times$ 全年批次 $= K\times\dfrac{D}{Q}$

全年储存成本 $=$ 单位产品全年储存成本 $\times$ 平均储存量 $= C\times\dfrac{Q}{2}\left(1-\dfrac{d}{P}\right)$

平均储存量$=\dfrac{1}{2}\times$每批生产结束时最高储存量

$=\dfrac{1}{2}\times$每批生产周期×（每日产量－每日耗费量或销售量）

$=\dfrac{1}{2}\times\dfrac{\text{每批产量}}{\text{每日产量}}\times$（每日产量－每日耗费量或销售量）

$=\dfrac{1}{2}\times$ 每批产量×（1－每日耗费量或销售量/每日产量）

$=\dfrac{1}{2}\times Q\left(1-\dfrac{d}{P}\right)$

所以则有：

$$TC=K\times\frac{D}{Q}+C\times\frac{Q}{2}\left(1-\frac{d}{P}\right)$$

对上式求导，令 $(TC)'=0$，得出：

经济生产批量

$$Q^{*}=\sqrt{\frac{2DK}{C\left(1-\dfrac{d}{P}\right)}}$$

经济生产批次　　$N^*=\dfrac{D}{Q^*}=\sqrt{\dfrac{DC\left(1-\dfrac{d}{P}\right)}{2K}}$

此时的最低相关总成本　　$TC=\sqrt{2DKC\left(1-\dfrac{d}{P}\right)}$

【例 5-15】宏达公司计划年度拟生产 A 产品 40 000 件，该产品每日产量为 400 件，每日销售量为 300 件，每批产品生产准备成本为 200 元，每件完工产品全年储存成本为 4 元，要求该公司的最优生产批量，最优生产批次及此时的最低相关总成本。

解：$Q^*=\sqrt{\dfrac{2DK}{C\left(1-\dfrac{d}{P}\right)}}=\sqrt{\dfrac{2\times40\ 000\times200}{4\times\left(1-\dfrac{300}{400}\right)}}=4\ 000$（件）

$N^*=\dfrac{D}{Q^*}=\dfrac{40\ 000}{4\ 000}=10$（批）

或 $N^*=\sqrt{\dfrac{DC\left(1-\dfrac{d}{P}\right)}{2K}}=\sqrt{\dfrac{40\ 000\times4\times\left(1-\dfrac{300}{400}\right)}{2\times200}}=10$（批）

最低相关总成本 $TC=\sqrt{2DKC\left(1-\dfrac{d}{P}\right)}=\sqrt{2\times40\ 000\times200\times4\times\left(1-\dfrac{300}{400}\right)}=4\ 000$（元）

所以，当该公司每批生产 4 000 件时，此时总成本最低为 4 000 元，共需生产 10 批。

通过以上经济生产批量的计算，我们还可以看出，经济生产批量实际上就是使两项相关成本相等时的生产批量，如上例中：

全年生产准备成本＝200×10＝2 000（元）

全年储存成本＝$4\times\dfrac{4\ 000}{2}\times\left(1-\dfrac{300}{400}\right)=2\ 000$（元）

八、生产设备最优利用决策

企业生产经营中应如何组织和安排生产，如何有效利用现有生产设备，充分发挥生产能力的功效，这是企业生产经营决策的一个重要方面。同一种产品（或零部件）往往可以按不同的生产设备，不同的生产工艺进行生产，既可以采用先进的设备和工艺方案，也可以采用相对落后的工艺方法。

生产设备最优利用决策的主要类型包括选择生产工艺技术方案，将增产的任务交给哪个分厂独立完成，等等。下面，我们就这两种基本类型逐一探讨。

（一）产品生产工艺技术方案的决策分析

这类决策的关键是先确定不同工艺方案的等成本点，然后再结合图形确定出不同工艺方案有利的数量范围。

【例 5-16】某企业生产某种产品，可采用手工加工，机械化加工和自动化加工三种不同的加工方案，其有关资料如下表 5-18 所示。问企业应如何选择工艺加工方案的决策分析？

表 5-18 资料 单位：元

加工方案	单位变动成本	固定成本总额
手工加工	10	100
机械化加工	6	300
自动化加工	5	400

解：设：x 表示生产批量，A 为手工加工与机械化加工的等成本点，B 为机械化加工和自动化加工的等成本点，C 为手工加工与自动化加工的等成本点。

手工加工方案的分析成本 $y_1=100+10x$

机械化加工方案的分析成本 $y_2=300+6x$

自动化加工方案的分析成本 $y_3=400+5x$

将以上三条成本线绘入坐标图（图 5-3），图中 A、B、C 三点所对应的生产批量 x_1、x_2、x_3 可通过以下的三个方程求得。

$100+10x_1=300+6x_1$　　$300+6x_2=400+5x_2$　　$100+10x_3=400+5x_3$

解得：$x_1=50$；$x_2=100$；$x_3=60$

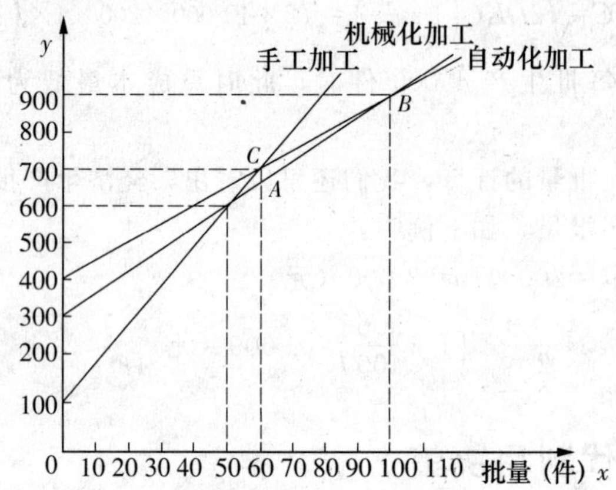

图 5-3 工艺方案选择图示

从图 5-3 可知，当生产批量小于 50 件时，应采用手工加工方案；当生产批量在 50 件至 100 件之间时，应采用机械化加工方案；当生产批量大于 100 件时，应采用自动化加工方案。

（二）增产任务交给哪个分厂独立完成的决策分析

如果企业各分厂生产能力均有剩余，增产任务应交给哪个分厂独立完成呢？这类问题的决策分析，应考虑将增产的任务分配给单位变动成本最低的分厂，而不是将增产任务分配给单位成本最低的分厂。

【例 5-17】某企业甲、乙、丙三个分厂生产同一种产品 A，去年各生产 1000 件，其有关资料如表 5-19 所示。今年该企业有增产任务 300 件，三个分厂都有剩余生产能力承担。问应将增产任务交给哪个分厂独立完成？

表 5-19　资料

单位：元

项　　目	甲分厂	乙分厂	丙分厂	全企业
产量	1 000	1 000	1 000	3 000
单位变动成本	7	8	12	
变动成本总额	7 000	8 000	12 000	27 000
固定成本	20 000	16 000	30 000	66 000
总成本	27 000	24 000	42 000	93 000
单位成本	27	24	42	31

解：(1) 若将增产任务分配给单位成本最低的乙分厂，乙分厂增产后的总成本为：

1 300×8＋16 000＝26 400（元）

较增产前增加的成本为：

26 400－24 000＝2 400（元）

(2) 若将增产任务分配给单位变动成本最低的甲分厂，甲分厂增产后的总成本为：

1 300×7＋20 000＝29 100（元）

较增产前增加的成本为：

29 100－27 000＝2 100（元）

将增产任务交给单位成本最低的乙分厂，会使成本增加 2 400 元；将增产任务交给单位变动成本最低的甲分厂，会使成本增加 2 100 元，故应将增产任务分配给单位变动成本最低的甲分厂。

第五节　定价决策分析

产品定价是企业经营中的一项重要内容。价格高低会在很大程度上影响企业的销售收入和盈利水平。若产品定价过高，就会使销售下降，甚至被逐出市场；若定价过低，则不能保证足够的利润。

一、影响定价的基本因素

企业为作出有利于企业生存发展的定价决策，应综合分析影响产品价格的各种因素，包括产品价值、价格政策、市场供求状况、产品的比价和差价及竞争等对产品定价的影响。

(一) 产品价值

产品价值通常包含产品正常生产成本，应获得的利润，应缴纳的税金以及一定数额的流通费用。产品价值在很大程度上决定价格的高低，它是影响产品定价的基础因素。

(二) 价格政策

国家制定的价格政策是产品定价的重要依据，应按国家规定的相关范围和要求进行。

(三) 市场供求状况

在通常情况下，当市场需求量大于供应量时，可将产品价格定得稍高，以刺激产品需求量的减少，达到供求平衡。当市场需求量小于供应量时，可将产品价格定得稍低，以刺激产品需求量的增加，求取供求平衡。另外，定价还需考虑产品的价格需求弹性。对于价格需求弹性较大的产品，可将其价格调低，以实现薄利多销。对于价格需求弹性较小的产品，可将这类产品价格调高，以保证企业的盈利水平。

(四) 产品的比价和差价

产品的比价指一种产品与另一种产品价格之间的比例。在定价时应处理好同类但规格不同的产品价格之间的比价，整机与零件的比价等。产品的差价是指同一产品因季节、质量、地区等的差异而形成的价格差异。在定价时应处理好质量差价、季节差价、地区差价、批零差价等问题。

(五) 竞争

在定价时，必须考虑竞争者的价格对本企业产品定价的影响。如本企业产品质量和声誉都较好时，可将价格定得高于竞争者同类产品的价格；而为了使本企业产品易于进入和占领市场，可将其价格定得低于竞争者同类产品的价格。

二、企业产品定价的基本方法

(一) 产品定价的决策

在市场经济条件下，市场竞争非常激烈，企业一般享有自主的定价权。那么企业应如何遵循价值规律的要求并掌握市场供求的变化，进行合理的定价，这是定价决策的核心所在。

下面将运用边际分析法的原理，通过两个例子对定价策略进行具体的决策分析。

1. 销售价格随销售量的变化呈离散型

【例 5-18】某产品具有需求弹性，原定单价为 50 元，每月销售 100 件，单位变动成本为 30 元，固定成本总额为 1 000 元。如果对该产品实行降价，逐步降至 49、48、47、46、45、44 元，预计销售数量可分别增加到 110、130、145、160、170、175 件，单位变动成本保持不变，固定成本在产销量分别达到 160、170、175 件时分别增加到 1095 元、1300 元和 1500 元。试进行薄利多销定价决策。

解：分析：运用边际分析法原理，可根据上述资料计算不同价格及销售量下的销售利润及边际利润。其计算过程如下表 5-20 所示。

根据边际分析法原理，当边际收入等于边际成本，即边际利润为零时，销售利润达到极大值。从表 5－20 可知，当边际利润为零时，对应的单价和销售量分别为 46 元和 160 件，此时的销售利润 1465 元达到最大值。同时，我们从表中还可看到，当单价和销售量分别为 47 元和 145 件时，其销售利润也达到了最大值 1465 元。从理论上讲，最优售价定为 46 元或 47 元均可。但在具体确定最优售价时，当企业认为自己的产品需要扩大知名度，以利今后的销售和充分占领市场时，应将单位售价定为 46 元，此时的产销量为 160 件；当企业认为没有必要冒更大风险提高 15 件（160－145）的产销量，且创造的利润并不增加时，应将单位售价定为 47 元，此时的产销量为 145 件。

表 5-20　边际分析计算表

单位：元

单位售价	销售量	销售收入	变动成本	固定成本	边际收入	边际成本	边际利润	销售利润
50	100	5 000	3 000	1 000				1 000
49	110	5 390	3 300	1 000	390	300	90	1 090
48	130	6 240	3 900	1 000	850	600	250	1 340
47	145	6 815	4 350	1 000	575	450	125	1 465
46	160	7 360	4 800	1 095	545	545	0	1 465
45	170	7 650	5 100	1 300	290	505	－215	1 250
44	175	7 700	5 250	1 500	50	350	－300	950

2. 销售价格随销售量的变化呈连续型

【例 5-19】某企业产品的销售单价 S 与销售量 x 的关系为 $S=1\ 100-4x$，单位变动成本 G 与销售量 x 的关系为 $G=100+x$，固定成本总额为 30 000 元，要求确定该产品的最优售价。

解：设该产品的利润为 P，则：

销售收入＝单价×销售量＝$S\cdot x=(1\ 100-4x)\ x=-4x^2+1\ 100x$

成本＝变动成本＋固定成本＝$G\cdot x+30\ 000=(100+x)\ x+30\ 000$

$=x^2+100x+30\ 000$

P＝销售收入－成本＝$-4x^2+1\ 100x-(x^2+100x+30\ 000)$

$=-5x^2+1\ 000x-30\ 000$

$P'=(-5x^2+1\ 000x-30\ 000)'=-10x+1\ 000$

令 $P'=0$，有：$-10x+1\ 000=0$

解得：$x=100$（件）

此时，$S=1\ 100-4\times 100=700$（元）

$P=-5\times 100^2+1\ 000\times 100-30\ 000=20\ 000$（元）

结论：该产品的最优售价为 700 元，此时的销售量为 100 件，最大利润为 20 000元。

（二）企业产品的具体定价方法

企业应区别不同的产品、不同的情况，相应地采用不同的定价方法。

1. 标准产品的成本加成定价法

企业对标准产品的定价，可采用成本加成定价法，即在产品成本的基础上，加上一定百分比的加成，作为产品销售价格。按此处的产品成本既可是单位成本，也可是单位变动成本，此种方法又可具体分为以下两种。

(1) 全部成本加成定价法

该方法按全部成本法计算的产品单位成本，加上一定百分比的加成，作为产品的销售价格，即：

产品销售单价＝产品单位成本×（1＋加成百分比）

【例 5-20】某企业计划产销某标准产品 1 000 件，该产品预计各项成本为：直接材料 19 000 元，直接人工 15 000 元，变动性制造费用 12 000 元，固定性制造费用 8 000 元，变动推销及管理费用 3 000 元，固定性推销及管理费用 2 000 元，该企业决定在该产品单位成本的基础上加成 10%，问该产品的价格应定为多少？

$$\text{解：产品销售单价}=\frac{19\,000+15\,000+12\,000+8\,000+3\,000+2\,000}{1\,000}\times(1+10\%)$$

$$=59\times(1+10\%)=64.9(\text{元})$$

(2) 变动成本加成定价法

该方法是按照变动成本计算的单位变动成本，加上一定百分比的加成，作为产品的销售价格，即：

产品销售单价＝产品单位变动成本×（1＋加成百分比）

【例 5-21】承【例 5-20】的资料，该企业决定在该产品单位变动成本基础上加成 20%，问应将该产品定价为多少？

$$\text{解：产品销售单价}=\frac{19\,000+15\,000+12\,000+3\,000}{1\,000}\times(1+20\%)$$

$$=49\times(1+20\%)=58.8(\text{元})$$

成本加成定价法便于计算，但没有考虑市场变化情况，企业难以应付价格竞争。

2. 非标准产品的合同定价法

该方法以成本为基础协商定价，并签入合同。按照定价方法的不同，主要有以下几种类型：

(1) 成本加成合同定价法

该定价法在合同中规定，成本在买卖双方同意的合理范围内实报实销，以实际成本加上按合同规定的成本利润率计算的利润，作为产品的销售价格。

例如，某产品的买卖双方在合同中规定成本利润率为 30%，若该产品完工后实报实销成本为 10 000 元，则该产品的定价＝10 000×（1＋30%）＝13 000 元。

由以上该例可见，实际成本越高，卖方得利越多，采用该定价方法易使厂商故意抬高成本，使买方遭受损失，所以该方法目前已很少被采用。

(2) 成本加固定费用合同定价法

该定价法在合同中规定，产品的价格由实际成本和固定费用两部分构成。成本实报实销，固定费用由合同明确规定，与实际成本无关。

例如，合同中规定固定费用为 6 000 元，若产品完工后的实报实销成本为 9 000 元，则产品的定价＝6 000＋9 000＝15 000 元。

该定价法可避免卖方故意抬高成本的弊端，减少买方的风险，同时也能保证卖方有一定的利润，但还是不能促使卖方努力降低成本。

（3）固定价格合同定价法

该定价法是指经买卖双方协商，在合同中订立一个双方同意的固定价格，不论实际成本为多少，完工后均按合同规定的固定价格结算。这种定价方法的采用以买卖双方对产品成本有充分估计为前提，该方法可促使卖方努力降低成本。

（4）奖励合同定价法

该定价法在合同中订明预算成本和固定费用的数额，并规定当实际成本超过预算成本时可实报实销，也可将超支部分按规定的比例，由买卖双方共同负担；若有节约，则按合同规定的比例，由双方共同分享。这种定价法可鼓励卖方尽量降低成本。

【例 5-22】某大型设备的买卖双方在合同中规定预算成本为 50 000 元，固定费用为 6 000 元，实际成本如有节约，60％作为卖方的额外利润，40％归买方。实际成本若超过预算成本，可实报实销。问：（1）大型设备的实际成本若为 58 000 元，定价应为多少？（2）大型设备的实际成本若为 43 000 元，定价应为多少？

解：（1）若实际成本为 58 000 元，则定价为：58 000＋6 000＝64 000（元）

（2）若实际成本为 43 000 元，则定价为：43 000＋6 000＋（50 000－43 000）×60％＝53 200（元）

3. 特殊情况下的定价决策方法

企业在市场需求发生特殊变化，或竞争异常激烈，或企业生产能力有剩余等情况下采用的定价方法，主要有以下三种：

（1）保本定价法

采用该定价法制定的产品价格刚好够保本，这时利润为零，保本价格的计算公式为：

设单位变动成本为 b，销售量为 x，固定成本总额为 a，保本价格为 p，则：$px-bx-a=0$。

则有

$$p=b+\frac{a}{x}$$

【例 5-23】某企业生产某产品，其单位变动成本为 30 元，固定成本总额为 80 000 元，现因业务需要，要求制定出该产品当销售量分别为 10 000 件、15 000 件、20 000 件、25 000 件、40 000 件的保本价格。

解：将不同销售量代入上述保本价格计算公式，如表 5-21 所示。

表 5-21　保本价格计算表

销售量（x）	10 000 件	15 000 件	20 000 件	25 000 件	40 000 件
保本价格（p）	38 元	35.33 元	34 元	33.2 元	32 元

（2）保利定价法

采用该定价法制定的产品价格刚好能实现目标利润。设目标利润为 TP，保利价格为 p，其他符号同前，则保利价格的计算公式为：

$$px - bx - a = TP$$

则有：

$$p = b + \frac{a + TP}{x}$$

【例 5-24】承例 5-23 资料，该企业的目标利润为 30 000 元，现要求制定该产品当销售量分别为 10 000 件、15 000 件、20 000 件、25 000 件、40 000 件时的保利价格。

解：将不同销售量代入上述保利价格计算公式，并编表 5-22 所示。

表 5-22 保利价格计算表

销售量（x）	10 000 件	15 000 件	20 000 件	25 000 件	40 000 件
保利价格（p'）	41 元	37.33 元	35.5 元	34.4 元	32.75 元

（3）最低极限价格定价法

在企业剩余生产能力短期内无法移作他用，或竞争异常激烈，或市场需求量骤减等情况下，采用最低极限价格定价。只要产品的定价略高于单位变动成本即可，就能获得边际贡献，对固定成本有所补偿，减少亏损，甚至从大量销售中获得盈利。略高于单位变动成本的价格是企业制定特殊情况下产品价格的最低极限价格。

三、定价策略

定价策略是指确定产品价格水平及其浮动幅度所采取的方针、策略、方法的总称。企业制定定价策略要根据不同的目的，从实际出发，认真分析企业所处的市场环境及其变化情况，综合考虑影响定价的各个因素。企业常见的定价策略有以下几种：

（一）需求导向定价策略

需求导向定价策略是以市场和消费者对特定价格的接受程度为依据，按照顾客不同的需求情况，对具有不同购买力，不同需求程度，不同购买时间或地点的顾客，区别对待、差别定价。具体来说，有以下几种形式：

1. 空间差别定价策略

即对同一产品在不同地区、不同场地采用不同的价格。如同一品质的服装在城市定价高些，农村定价低些。剧院按其中座位的远近制定不同的票价等。

2. 需求弹性定价策略

即指根据需求弹性确定价格调整方向的原则。需求弹性的大小，说明了商品发展需求与价格之间反方向变动的大小。对需求弹性大的产品，可采用调低价格的方法促进销售，对需求弹性小的产品，可采用调高价格的方法提高企业的收益。

3. 时间差别定价策略

即企业对同一产品按需求时间不同制定不同的价格。如旅馆在旺季住宿费收全价，淡季价格打折扣，一天中的某些时间、周末和平常日子的收费标准也有所不同。

4. 质量差别定价策略

本定价策略是对同一产品的不同式样、不同质量，制定不同的价格。

（二）竞争导向定价策略

竞争导向定价策略不是以竞争对手的价格为基础，而是直接以成本或需求状况作为定价的基础，区别竞争者的不同情况进行定价。竞争导向的定价策略具体包括以下三种：

1. 投标定价策略

对于采用招标形式的交易（如重大工程），发包者招标，承包者投标。投标企业在报价时应适当，不能过高或过低。

2. 随行就市定价策略

指企业根据市场行情定价，企业产品的价格同市场上的价格大体一致。

3. 低于或高于竞争者价格的定价策略

如果本企业产品没有特别的性能，质量一般，竞争者又比较多，企业为了扩大市场占有率，尤其是对于需求弹性大的产品，可将价格定得低于竞争者的价格，薄利多销。如果本企业产品的质量或商誉特别好，其产品具有特别的功能，企业可利用这种绝对优势，将价格定得高于竞争者的价格。

（三）新产品的定价策略

1. 撇油式定价策略

该定价策略将新产品价格定得很高，利用消费者求新求异的心理，获得较大利润，尽快回收投资。该策略适用短期定价。当产品具有独特的技术，不易仿制，有很强的竞争优势时，这种定价策略效果较好。

2. 渗透式定价策略

该定价策略就是将新产品价格定得很低，以吸引消费者，扩大市场占有率，进一步长期占领市场。该策略适用长期定价。

（四）心理定价策略

心理定价策略是根据消费者购买产品时的不同心理来制定产品价格。其具体包括以下几种：

1. 整数定价策略

即将产品的价格定成整数。在一些顾客眼里，“一分钱一分货”的观念十分牢固，整数价格在他们看来是高质量的表现，可刺激他们的购买欲望。整数定价法适用于高档商品或耐用消费品的定价。

2. 尾数定价策略

即将产品的价格定得带尾数。根据顾客购物时对价格数字偏重于价格整数而忽略零数的心理倾向，采用非整数的定价形式，以达到引起顾客购买欲望、增加销售量的目的。以这种方法制定的价格，其尾数以 8、9 为多，既给顾客一种价格较低的印象，又能使顾客认为企业定价认真准确，从而产生信任感。尾数定价主要适用于价值较低、销售量大、销售面广、购买次数多的中低档日用消费品。

3. 声望定价策略

这种定价策略是根据消费者对某些商店或商品的信任心理，将价格定得比一般商店或商品的价格高一些。名牌商店或商品可采用此定价策略。

【案例分析1】

谁的意见对?

佳华企业生产一种高级室内拖鞋，年生产能力为10万双，预计销售8万双，售价10元。根据销售预测编制的计划年度预计利润表如下表所示：

计划年度预计利润表

	每双（元）	总额（元）
销售收入	10.00	10×80 000=800 000
生产成本	8.125	8.125×80 000=650 000
其中：原材料	4.025	4.025×80 000=322 000
加工费	0.975	0.975×80 000=78 000
制造费用（固定部分80%）	3.125	3.125×80 000=250 000
销售费用	1.50	1.5×80 000=120 000
其中：门市部销售计件工资	0.50	0.50×80 000=40 000
管理费用（固定部分80%）	1.00	1.00×80 000=80 000
营业利润	0.375	0.375×80 000=30 000

年初东方宾馆直接来厂订货3万双，但每双只愿出价7.5元，而且必须一次全部购置，否则不要。此项业务不会影响该厂在市场上的正常需要量。

对东方宾馆的订货，厂长认为对方出价7.50元，大大低于生产和销售成本，而且还影响1万双的正常销售，可能造成亏损，不应接受。

生产科长算了一笔账，认为即使减少正常销售1万双，按7.50元接受3万双订货对企业还是有利的，应该接受。

销售科长认为正常销售量应该保证，不能减少。接受3万双订货，缺少的1万双的加工能力可采取加班的办法来完成，但要支付加班费每双1.80元，其他费用不变。

生产科长对销售科长的建议竭力反对，认为这1万双肯定亏本。销售科长坚持认为这样对企业更有利。请你根据以上情况分析：

（1）厂长的意见对吗?

（2）生产科长的账是怎样算的？企业的利润是多少?

（3）按销售科长的建议，企业的利润是多少?

（4）应该采用哪一个方案?

（5）如果加班生产1万双，加班费用要增加4万元，应如何决策?

【案例分析 2】

剧院演出方案的选择

某镇政府拥有一座剧院和一个艺术中心。该剧院提供给本地的剧团、其他来访演出团体作表演和展览用。剧院和艺术中心的管理决策由镇政府领导下的一个委员会作出。该委员会通过定期的会议审查剧院和艺术中心的会计报表以及设施的使用计划。

剧院雇用了两位全职工作人员和若干演员。工作人员的每月工资共计 4 800 元，演员的每月工资共计 17 600 元。剧院每月安排上演一出新剧目共 20 场。剧院每月的其他费用如下：

服装费　2 800 元

布景费　1 650 元

空调和灯光　5 150 元

分摊地方政府管理费用　8 000 元

临时工工资　1 760 元

小食品销售成本　1 180 元

当地剧团演出的戏剧上座率平均只有 50%。剧院座位和票价分为三等：

单价 6 元的座位 200 个；

单价 4 元的座位 500 个；

单价 3 元的座位 300 个。

此外，在演出休息时剧院还出售小食品，每月的销售额平均为 3 880 元。节目单的销售收入和制作成本相等，但节目单中刊登的广告可带来收入 3 360 元。

现有一个外地访问团向剧院管理委员会申请租用剧院一个月，演出 25 场。该团体愿意将其一半戏票的收入来交付场租。访问团估计 25 场演出中有 10 场可满座，另外 15 场的入座率为 2/3。该访问团所定的票价比剧院平常出售的票价每级分别降低 0.50 元。

在外地团体演出期间，剧院管理委员会照常支付剧院的空调及灯光费和剧院雇用的全职工作人员及演员的工资。管理委员会预计，如果他们同意访问团的承租，小食品销售和节目单的销售水平不会有变动。另外，假定各档次座位的入座率是一致的。

要求：

(1) 从财务角度考虑，剧院管理委员会是否应该接受访问团的请求？请用相关的计算来说明。

(2) 假设如预测的那样访问团承租的 10 个场次满座，请问委员会要达到下面的目标，剩下的 15 个场次的入座率应为多少？

① 达到当月的保本点；

② 和当地剧团演出的利润水平一致。

(3) 还有哪些其他非财务的因素影响委员会的决定？

复习思考题

1. 什么是决策？决策有哪些基本类型？

2. 决策分析时需要考虑的成本概念有哪些？

3. 经营决策常用的分析方法有哪几种？各种方法如何运用？

4. 经济生产批量应考虑哪些成本因素？它们与批量大小有何关系？

5. 企业产品定价的具体方法有哪些？

6. 什么是机会成本？在决策分析中为什么要考虑机会成本？

7. “为了扭亏为盈，凡是亏损产品都要停产”，这句话对不对？为什么？

8. 企业定价策略有哪些？

9. “企业利用剩余生产能力开发产品，在确定应该生产哪种产品时，应尽可能多生产单位边际贡献大的产品”，这种说法对吗？请说明理由。

第 6 章

长期投资决策分析

【学习目标】

通过本章的学习，了解长期投资决策的含义、特点，掌握资金时间价值的概念与计算，掌握现金流量的内容与计算，掌握长期投资决策方法的特点、计算方法和应用，回收期、年平均投资报酬率、净现值、现值指数和内含报酬率的含义、特点、适用范围和计算。

【技能要求】

能熟练利用资金时间价值处理理财问题，能具体运用回收期、年平均投资报酬率、净现值、现值指数和内含报酬率等指标作出正确的长期投资决策。

【引导案例】

不同时点上的资金是否等值？

退休工人老高中了彩票的特等奖 500 万元人民币，高高兴兴去彩票公司领大奖时却被告知这 500 万元特等奖税后只有 400 万元，且要分 20 年付清，每年付 20 万元。老高虽觉不满但又很欣慰，往后 20 年每年能收到 20 万元，一共有 400 万元，于是立即取走了首付的 20 万元。你觉得老高亏不亏？若老高当时就领取 400 万元奖金，入股某企业，投资回报率为 10%，请问两种领奖方式的资金有差别吗？差别会有多大？

第一节　长期投资决策概述

一、长期投资决策的含义

长期投资是指投入资金量大，获取报酬或收益的持续期间超过一年，能在较长时间内影响企业经营获利能力的投资。如固定资产的购建、扩建、更新改造，资源的开发利用，长期债券及股票的购买等。

长期投资决策是指在拟定长期投资方案的基础上，运用科学的方法对各方案进行分析、评价，从中选取最佳投资方案的过程。

二、长期投资决策的特点

长期投资决策与短期投资决策相比，主要有以下几个显著特点：

1. 投资额大

企业为了未来的发展潜力，必须对长期投资目标科学规划，制定发展计划，并付诸实施。当实施长期投资方案时，就要投入大量的资金，少则几十万，多则上百万、上千万才能完成，它与短期经营所需的资金数额有着天壤之别，所以依靠企业的自有资金往往难以负担，一般需通过外部筹资解决。

2. 影响时间长

一项长期投资决策，从提出投资目标，进行分析论证、评价择优到报批定案，经历的时间较长，有时需要几个年度方可完成。而长期投资金额的回收，一般来说都应在一个年度以上，有时则需持续数十年才能取得预期报酬。因此从投资的时间和回收的时间来看，都会在长时间内持续发生影响，同短期收益性支出能一次性得到补偿相比，长期投资支出则需要通过逐渐补偿方能完成全部投资额的回收。

3. 风险大

长期投资的数额大，回收的时间长，所以要承担较大的风险。一个投资项目从提出目标到论证决策实施，常需较长时间，在这期间，市场需求、技术发展、国家的政策、法令和优先发展项目的定位、国内外同行业竞争对手的实力等都可能发生变化。如果对实施决策中的诸影响因素估计不足的话，轻者影响决策预期目标的实现，重者则可能造成投资的巨大损失。

三、长期投资决策的基本程序

长期投资决策的基本程序是指从调查研究发现问题确定投资的总目标开始，到论证、分析、比较实现预期目标的各种可行方案，从中择优并实施决策方案的各项工作的开展顺序。具体如下：

(1) 调查研究企业所面临的经营形势和经营环境。本步骤属于决策的准备阶段，它的作用主要在于经营中存在的问题，为决策提供依据，它是有效决策的前提和条件。

(2) 针对经营中存在的主要问题，结合企业的经营目标，提出长期投资规划。

(3) 收集信息资料，探索和制定实现投资预期目标的各种可行方案。

(4) 对各可行方案的经济效果进行分析、评价各方案的优势和劣势。

(5) 进行投资方案的择优决策和报批。

(6) 对选定的长期投资方案进行实施与控制。

第二节　影响长期投资决策的重要因素

由于长期投资的主要特点是投资项目的金额大，资金占用的时间较长；一次投放，分次收回；对比短期投资来说，要承担更大的风险，对企业的盈亏和财务状况影响深远。所以在长期投资决策中应着重考虑如下因素：

一、货币时间价值

（一）货币时间价值的概念

货币时间价值是决定企业筹集资金成本和使用资金成本多少的一个重要因素，同时也是研究资金流量的基础。因此，只有认真研究货币时间价值，企业才能以尽可能少的筹资耗费筹得尽可能多的资金，实现理想的筹资效益。

货币的时间价值一般是指货币随着时间的推移而发生的增值。即在没有风险和通货膨胀条件下的社会平均资金利润率。因此，货币的时间价值有利息（绝对数）和利率（相对数）两种表现形式。实质上货币只有作为生产资金（或资本）投入生产或流通领域，参与再生产过程才有可能带来收益，得到增值。对货币时间价值这一概念的理解，应掌握以下要点：

（1）货币时间价值是货币增值部分，一般情况下可理解为利息，投资收益。

（2）货币的增值是货币作为投资资本在再生产过程中实现的，不作为资本运用的货币不可能自行增值。

（3）货币时间价值的多少与时间成正比。

由于不同时间上货币的价值是不相等的，所以，不同时间的货币收入不宜直接进行比较，需要把它们换算到相同的时间基础上才能进行价值的比较。

（二）货币时间价值的计算

1. 单利制

单利制是指以前期的本金作为本期期末计算利息的基础，即前期的利息不计入本期的本金。单利计算时，计算的各期利息额是相等的。

设本金为 P，利息率为 i，计息期数为 n，本金与利息的总和（简称本利和）为 F

则：第 n 年的本利和 $F_n=P(1+ni)$

【例 6-1】某人将现金 10 000 元存入银行，若年利率为 5%，按单利制计息，求 10 年以后的本利和为多少。

解：已知：现值 $P=10\ 000$ 元，年利息率 $i=5\%$，存款期限 $n=10$，则

$F_{10}=P(1+ni)=10\ 000\times(1+10\times5\%)=15\ 000$（元）

通过计算可知，10 年后的本利和为 15 000 元。

以上是根据现值求终值，也可以反过来，知道终值求现值。

【例 6-2】某人打算 5 年后购买一辆 100 000 元的小汽车，若年利率为 5%，按单利制计息，求现在一次应存入银行多少钱。

解：已知终值 $F_5=100\ 000$ 元，年利息率 $i=5\%$，存款期限 $n=5$，则

$$P=\frac{F_n}{1+ni}=\frac{100\ 000}{1+5\times 5\%}=80\ 000(\text{元})$$

2. 复利制

复利制是指以前期的本利和作为本期期末计算利息的基础，即前期的利息计入本期的本金。采用复利计算时，计算的各期利息额是递增的，也叫“利滚利”。

(1) 复利终值计算

复利终值是指本金按复利计算的在未来某一时点上的价值，俗称本利和。计算公式为：

$$F=P\ (1+i)^n$$

式中 $(1+i)^n$ 称做复利终值系数，记作 $(F/P,\ i,\ n)$，其含义为当利率为 i 时，经过 n 期后，1 元本金的最终价值。式中的计息期 n 可以以年计算，也可以以季或月等计算，只要式中的 i 是同期的利率即可。在实际应用中，可直接查阅事先编制好的复利终值系数表（参阅本书附表一）。该表的作用不仅是在已知利率 i 和计息期 n 的情况下，查找 1 元的复利终值，也可以在已知利率 i 和 1 元复利终值 F 时，查找计息期 n，或在已知 n 和 F 时，查找利率 i。

【例 6-3】假如某人将 1 000 元钱存入银行，银行按复利率 $i=10\%$ 计算利息，那么 5 年后的本利和为多少？

解：$F=1\ 000\times(1+10\%)^5$

$=1\ 000\times(F/P,\ 10\%,\ 5)$

$=1\ 000\times 1.611=1\ 611$（元）

(2) 复利现值计算

复利现值是指未来某一时期一定数额的款项折合成现在的价值，即本金。可见，复利现值计算实际上是复利终值计算的逆运算，计算公式为：

$$P=\frac{F}{(1+i)^n}=F\times(1+i)^{-n}$$

式中 $(1+i)^{-n}$ 是复利终值系数的倒数，称为复利现值系数，记作 $(P/F,\ i,\ n)$，其含义是当利率为 i 时，为取得 n 期后的 1 元，现在需要多少本金。为便于计算，同样也可直接查阅事先编制好的复利现值系数表（参阅本书附表二）。该表的使用方法与复利终值系数表相同。

【例 6-4】某企业三年后进行技术改造需要 100 000 元，在利率为 10%，银行按复利计算的情况下，该企业现在应存入银行多少钱？

解：$P=100\ 000\times(1+10\%)^{-3}$

$=100\ 000\times(P/F,\ 10\%,\ 3)$

$=100\ 000\times0.751=75\ 100$ 元

(3) 名义利率与实际利率

前面我们提到复利的计息期不一定是一年，也可以是季、月或者是日，即在一年内可以复利若干（m）次，此时给出的年利率就叫做名义利率（r）。实际利率（i）则是指复利期为一年时的复利率。

实际利率与名义利率的关系是：

$$1+i=\left(1+\frac{r}{m}\right)^m$$

即：

$$i=\left(1+\frac{r}{m}\right)^m-1$$

【例 6-5】已知年利率为 8%，一年复利 4 次，求实际利率为多少？

解：$i=\left(1+\frac{r}{m}\right)^m-1$

$=\left(1+\frac{8\%}{4}\right)^4-1$

$=1.0824-1$

$=8.24\%$

3. 年金的计算

年金是指在一定时期内每隔相同的时间发生的相同数额的系列收付款项，通常用 A 表示。年金一般应同时满足以下条件：等额性、连续性、同方向性、时间间隔相等性。

根据年金收支的时间不同，年金可以分为普通年金、预付年金、递延年金和永续年金。

(1) 普通年金

普通年金是指每期期末收入或支付的年金，又称后付年金。

①普通年金终值的计算（已知年金 A，求年金终值 F）：

普通年金终值是指每期期末等额收付款项的终值的总和。例如年金相当于零存整取储蓄存款的零存数，那么年金终值就是零存整取的整取数。

各期年金终值的和为：

$$F=A+A(1+i)+A(1+i)^2+A(1+i)^3+\cdots+A(1+i)^{n-1}$$

上式是一个等比数列的求和，利用等比数列求和公式，得普通年金终值的计算公式为：

$$F=A\times\frac{(1+i)^n-1}{i}$$

式中的 $\frac{(1+i)^n-1}{i}$ 称做普通年金终值系数，记作（F/A，i，n），其含义为当每期期末投资 1 元，经过 n 期后且利率为 i 时的最终价值。为便于计算，同样也可直接查阅事先编制好的一元年金终值系数表（参阅本书附表三）。利用该表，便可在已知利率 i，复利期 n 和年金 A 的情况下，计算年金的终值；也可以在已知 i，n 及终值 F 时，计算年金 A，此时 A 称为年偿债基金，它是年金终值的逆运算。如零存整取问题。

年偿债基金=年金终值/年金终值系数

【例 6-6】假设某项目在 5 年建设期内每年年末从银行借款 100 万元，借款年利率为 10%，则该项目竣工时应付的本息总额为多少？

解：$F=100\times\frac{(1+10\%)^5-1}{10\%}$

$=100\times(F/A,\ 10\%,\ 5)$

$=100\times6.105=610.5$（万元）

【例 6-7】某企业准备 3 年后进行一项投资，投资额 150 万元。该企业打算今后 3 年每年年末等额存入银行一笔资金，恰好第 3 年年末一次取出本利和 150 万元。银行存款利息率 4%，每年计一次复利。要求：计算今后 3 年每年年末应等额存入银行的资金。

解：此例是已知年金终值求年金，也就是求年偿债基金。

$A=\frac{150}{(F/A,\ 4\%,\ 3)}=\frac{150}{3.121\ 60}=48.05$（万元）

②普通年金现值计算（已知年金 A，求年金现值 P）：

普通年金的现值是指需在将来若干期内每期支取相同的金额，按复利计算现在所需要的本金数。例如把年金看成每期期末等额的取款额，年金现值就相当于现在需要存入的本金。

各期年金现值的和为：

$$P=A\times(1+i)^{-1}+A\times(1+i)^{-2}+A\times(1+i)^{-3}+\cdots\times(1+i)^{-n}$$

上式是一个等比数列求和，利用等比数列求和公式，得普通年金现值的计算公式为：

$$P=A\times\frac{1-(1+i)^{-n}}{i}$$

式中的$\frac{1-(1+i)^{-n}}{i}$称做普通年金现值系数，记作（P/A，i，n），为便于计算，同样也可直接查阅事先编制好的一元年金现值系数表（参阅本书附表四）。也可以在已知 i，n 及现值 F 时，计算年金 A，此时 A 称为年等额回收额。它是年金现值的逆运算。

年等额回收额 A=年金现值/年金现值系数

【例 6-8】某人欲在银行存入一笔钱，使得其在今后 5 年每年年末都可以取出 1 000 元，银行年利率为 10%，他现在应该存入多少钱？

解：$P=1\ 000\times\frac{1-(1+10\%)^{-5}}{10\%}=1\ 000\times(P/A,\ 10\%,\ 5)=1\ 000\times3.791=$ 3 761（元）

【例 6-9】已知：某企业拟投资 100 万元建设一个预计寿命期 10 年的更新改造项目。若企业期望的资金报酬率为 10%。要求：计算该企业每年年末至少要从这个项目获得多少报酬才是合算的？

解：依题意，这是个已知年金现值 P/A，求年等额回收额 A 的问题。

$A=\frac{100}{(P/A,\ 10\%,\ 10)}=\frac{100}{6.14457}\approx16.275$（万元）

(2) 先付年金

先付年金是指每期期初收入或支付的年金，它与普通年金的区别在于其收付期较普通年金提前了一期。

①先付年金终值的计算：

$$F = A\times(1+i)+A\times(1+i)^2+A\times(1+i)^3+\cdots+A\times(1+i)^n$$
$$=(1+i)\left[A+A\times(1+i)+A\times(1+i)^2+\cdots+A\times(1+i)^{n-1}\right]$$
$$=(1+i)A(F/A, i, n)$$
$$=A(F/A, i, n)(1+i)$$

可见，先付年金终值的计算只要在普通年金终值计算公式的基础上乘以 $(1+i)$ 即可。

【例 6-10】某公司决定连续 5 年于每年年初存入 100 万元作为住房基金，银行存款利率为 10%，则该公司在第 5 年末能一次取出的本利和为多少？

解：$F = A\times[(F/A, i, n+1)-1]$

$=100\times[(F/A, 10\%, 6)-1]$

$=100\times(7.7156-1)$

$=671.56$（万元）

②先付年金现值计算：

$$P = A+A(1+i)^{-1}+A(1+i)^{-2}+A(1+i)^{-3}+\cdots+A(1+i)^{-(n-1)}$$
$$=(1+i)\left[A(1+i)^{-1}+A(1+i)^{-2}+A(1+i)^{-3}+\cdots+A(1+i)^{-n}\right]$$
$$=(1+i)A(P/A, i, n)$$
$$=A(P/A, i, n)(1+i)$$

可见，先付年金现值的计算也是在普通年金现值计算公式的基础上乘以 $(1+i)$ 即可。

【例 6-11】某企业租赁一座办公楼，租期 5 年，从现在起每年年初支付 1 年的租金 20 000 元，年利率为 6%，问 5 年租金的现值一共是多少？

解：$P = A\times[(P/A, i, n-1)+1]$

$=20\,000\times[(P/A, 6\%, 4)+1]$

$=20\,000\times(3.465+1)=86\,300$（元）

(3) 递延年金

递延年金是指首期支付发生在第 $m+1$ 期（$m\geqslant1$）的年金。与普通年金相比，前面的 m 期未发生过支付。

由于终值的计算与前期是否有没发生支付无关，因此递延年金的终值计算与普通年金的终值计算方法相同，只要按其实际支付期计算即可，即：

$$F=A\times(F/A, i, n)$$

递延年金的现值与普通年金现值相比，由于没有前 m 期的年金支付，因此递延年金的现值公式可表示为：

$$P=A\times[(P/A, i, m+n)-(P/A, i, m)]$$

或者先按普通年金的计算方法计算出第 m 期末的年金现值，再将其折算成第 1 期期初的现值，即：

$$P=A\times(P/A,\ i,\ n)\times(P/F,\ i,\ m)$$

【例 6-12】某人在年初存入一笔资金，存满 5 年后每年末取出 1 000 元，至第 10 年末取完，银行存款利率为 10%。则此人应在最初一次存入银行的钱数为：

解：$P=A\times[(P/A,\ 10\%,\ 10)-(P/A,\ 10\%,\ 5)]$

$=1\ 000\times(6.1446-3.7908)$

$=2354$（元）

或 $P=A\times(P/A,\ 10\%,\ 5)\times(P/F,\ 10\%,\ 5)$

$=1\ 000\times3.7908\times0.6209$

$=2\ 354$（元）

（4）永续年金

永续年金指的是无限期支付的年金。由于它没有终止支付的时间，因此也就没有终值。永续年金的现值可通过普通年金现值的计算公式求导来计算：

$$P=A\times\frac{1-(1+i)^{-n}}{i}$$

当 $n\to\infty$ 时，$(1+i)^{-n}\to0$，因此：$P=\frac{A}{i}$

【例 6-13】某人持有的某公司优先股，每年每股股利为 2 元，若此人想长期持有，在利率为 10%的情况下，请对该项股票投资进行估价。

解：计算出这些股利的现值之和即为该股票的估价。

$P=\frac{A}{i}=\frac{2}{10\%}=20$（元）

利用前面所描述的各种计算货币时间价值的方法，就可以将不同时间的货币统一在同一个时点上进行比较，排除了由于时间的不同而导致的不可比因素。这些方法在投资决策中都有着广泛的应用。

二、现金流量

（一）现金流量的概念

现金流量是指投资项目在其计算期内因资本循环而发生的各项现金流入量和现金流出量的总称。它是计算项目投资决策评价指标的主要根据和关键的价值信息之一。现金流量的计算是以收付实现制为基础的。必须注意的是，本章介绍的现金流量，不是指财务会计中的库存现金，而是指包括各种货币资金及与投资项目有关的非货币资产的变现价值；此外，它与编制财务会计的现金流量表所使用的现金流量相比，无论是具体构成内容还是计算口径可能都存在较大差异，不应将它们混为一谈。长期投资的现金流量主要是指该投资项目的现金流入量、现金流出量和现金净流量。

（二）现金流量的有关假定

1. 全投资假定

按投资项目的范围确定现金流量的内容，将整个投资项目的自有资金和借入资金（在计算固定资产原值和投资总额时，还需要考虑借款利息因素）都视为投资额，作为现金流出计算。

2. 项目计算期假定

投资项目从开始建设到最后报废清理的全部时间称为项目计算期。项目计算期 k 分为建设期 s 和生产经营期 n 两个阶段。项目计算期的第 1 年年初一般记为 0 年，称为建设起点，第 1 年年末记为 1，第 2 年年末记为 2，依此类推，最后 1 年年末称为终结点。假定项目最终报废清理均发生在终结点。

3. 时点假定

为便于进行货币时间价值的计算，不论时点指标还是时期指标，均假定为时点指标处理。

4. 现金流量符号的假定

假定现金流入用“+”表示，现金流出用“-”表示。

（三）现金流量的内容

1. 现金流入量的内容

（1）营业收入

是指项目投产后每年实现（增加）的全部销售收入或业务收入。在按总价法核算现金折扣和销售折让的情况下，营业收入应当是指剔除折扣和折让后的净额。一般纳税人企业在确定营业收入时，应当按不含增值税的净价计算。此外，作为经营期现金流入项目，原本应当按当期现销收入额与回收以前应收账款的合计数确认。但为简化核算，可假定正常经营年度内每期发生的赊销额与回收的应收账款大体相等，从而省略赊销额和应收账款的计算。营业收入是经营期主要的现金流入项目。

（2）回收固定资产残值

指投资项目所形成的固定资产在终结点报废清理或中途变卖转让处理时所回收的价值。此项现金流入一般发生在项目计算期的最后一年的年末，即发生在项目计算期的终结点。按规定，出售资产时价格高于账面价值，这部分差价属于资本利得，应缴纳资本利得税，多缴的税构成现金流出量；出售资产时发生的损失（出售价低于账面价值）可以抵减当年所得税支出，少缴的所得税构成现金流入量。

（3）回收流动资金

指生产经营期结束时回收的原垫付的全部流动资金投资额。我们假设在经营期内不发生提前回收流动资金的情况，而全部流动资金的回收均发生在项目计算期的终结点。

（4）其他现金流入量

指以上三项以外的现金流入项目。在多数情况下，不需要进行此项估算。也有人主张将一般纳税人企业在经营期内发生的增值税销项税额与进项税额之差列在本项目中。

2. 现金流出量

(1) 建设投资

指企业在建设期内按一定生产经营规模和建设内容所进行的固定资产、无形资产和开办费等各项投资的总和。它是建设期内发生的主要现金流出量。固定资产投资主要根据投资项目规模和投资计划所确定的各项建筑工程费用、设备购置成本、安装工程费用和其他费用来估算。固定资产投资加建设期资本化借款利息为固定资产原值，但建设期的利息并没支付，所以不作为现金流出。

(2) 流动资金投资

指在项目投产前后分次或一次投放于建设期、生产经营期周转使用的营运资金。垫支的流动资金一般假定发生在建设期的末期（或者说发生在生产经营期的期初）。

(3) 付现的营运成本

指项目投产后在经营期内为满足正常生产经营活动而用现实货币资金支付的成本费用，又称付现的营运成本或简称付现成本。它是生产经营期最主要的现金流出项目。它是当年的总成本费用（含期间费用）扣除该年折旧额、无形资产和开办费的摊销额，以及财务费用中的利息支出等费用后的差额。这是因为总成本费用中包含了一部分非现金流出的内容，这些内容虽然也是成本，但不需要动用现实的货币资金支出，所以不属于付现的营运成本。此外，经营成本的节约额虽然相当于本期现金流入的增加，但在实务中一般把它以负值列入现金流出项目。

(4) 各项税款

指项目投产后依法交纳的、单独列示的各种税款，包括营业税和所得税等。虽然这些税金也是企业投资所产生的价值的一部分，但是只有缴纳过税金之后的现金才是由企业掌握的，因此，税金支出也是现金流出中的一项重要内容。在进行新建项目投资决策时，一般只计算所得税，更新改造项目还需要估算因变卖旧设备而发生的营业税。

(5) 其他现金流出

其他现金流出是指不包括在以上各内容中的现金流出项目。如营业外净支出等。

3. 现金净流量

现金净流量是指现金流入量与现金流出量之间的差额（记作 NCF）。项目的现金净流量的基本计算公式为：

项目计算期内某年的现金净流量＝该年现金的流入量－该年现金的流出量

由上式可知，项目计算期内各年的现金净流量可能为正，可能为负，也可能为零。

建设期内发生的主要是投资支出，现金净流量一般为负值，在生产经营期内，现金净流量一般为正值。

(四) 现金净流量的计算

由于一个项目从准备投资到项目结束，经历了项目建设期、生产经营期及项目终止期三个阶段，所以有关项目的现金净流量的计算就包括建设期现金净流量、经营期现金净流量和项目终止时的现金净流量，各期现金净流量的简化计算公式如下：

1. 项目建设期现金净流量的计算公式

若完整长期投资项目的全部原始投资均在建设期内投入，则建设期现金净流量可按以下简化公式计算：

项目建设期内某年的现金净流量＝－该年发生的原始投资额

2. 项目经营期现金净流量的计算公式（项目终止期计算公式相同）

若长期投资项目在经营期内不追加投资，则其在经营期内的现金净流量可按以下简化公式计算：

经营期内某年的现金净流量

＝该年税后利润＋该年折旧＋该年摊销额＋该年利息费用＋该年回收额

＝（营业收入－营业成本）×（1－所得税率）＋该年折旧＋该年摊销额＋该年利息费用＋该年回收额

＝［营业收入－（付现成本＋折旧）］×（1－所得税率）＋该年折旧＋该年摊销额＋该年利息费用＋该年回收额

若不考虑税率影响时，上式可简化为：

经营期内某年的现金净流量＝营业收入－付现成本＋该年摊销额＋该年利息费用＋该年回收额

【例 6-14】某项目投产后，每年增加营业收入 600 000 元，增加付现成本 350 000 元，每年折旧额 50 000 元，求：

(1) 经营期内每年的现金净流量为多少？

(2) 若所得税率为 40%时，经营期内每年的现金净流量为多少？

解：

(1) 经营期内每年的现金净流量＝600 000－350 000＝250 000（元）

(2) 经营期内每年的现金净流量＝［600 000－（350 000＋50 000）］×（1－40%）＋50 000＝170 000（元）

【例 6-15】已知：某项长期投资项目需要投资 1 250 万元，其中固定资产投资 1 000 万元，开办费投资 50 万元，流动资金投资 200 万元。建设期为 1 年，建设期发生与购建固定资产有关的资本化利息为 100 万元。固定资产投资和开办费投资于建设起点投入，流动资金于完工时，即第 1 年末投入。该项目寿命期为 10 年，固定资产按直线法折旧，期满有 100 万元净残值，开办费于投产年一次摊销。预计投产后各年净利润分别为 12，120，170，220，270，310，360，410，460 和 500 万元。从经营期第 1 年起连续 5 年每年末归还借款利息 22 万元，流动资金于终结点一次回收。

要求：计算该投资项目各年现金净流量。

解：依题意计算有关指标如下：

(1) 项目计算期 $k=s+n=1+10=11$（年）

(2) 固定资产原值＝固定资产投资＋资本化利息

＝1 000＋100＝1 100（万元）

(3) 固定资产年折旧额＝$\dfrac{\text{固定资产原值－净残值}}{\text{使用年限}}$

$$=\frac{1\ 100-100}{10}$$

$$=100\text{（万元）}$$

（4）终结点年回收额＝ 固定资产的净残值＋流动资金

$=100+200=300$（万元）

（5）项目建设期内某年的现金净流量＝－该年发生的原始投资额

所以：$NCF_0=-(1\ 000+50)$

$=-1\ 050$（万元）

$NCF_1=-200$（万元）

（6）项目经营期内某年的现金净流量＝该年利润＋该年折旧＋该年摊销＋该年利息费用

$NCF_2=12+100+50+22=184$（万元）

$NCF_3=120+100+22=242$（万元）

$NCF_4=170+100+22=292$（万元）

$NCF_5=220+100+22=342$（万元）

$NCF_6=270+100+22=392$（万元）

$NCF_7=310+100=410$（万元）

$NCF_8=360+100=460$（万元）

$NCF_9=410+100=510$（万元）

$NCF_{10}=460+100=560$（万元）

（7）项目终结年的现金净流量＝该年利润＋该年折旧＋该年摊销＋该年利息费用＋该年投资回收额

$NCF_{11}=500+100+300=900$（万元）

画出现金流量图：

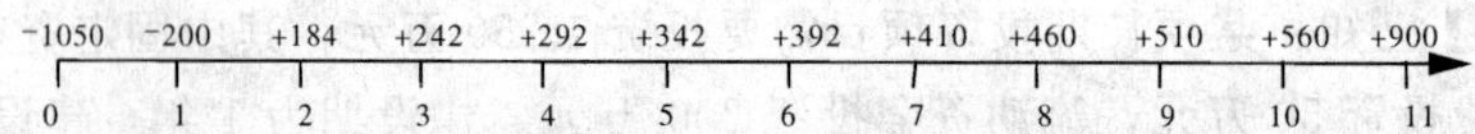

【例 6-16】某企业进行一项固定资产投资，在建设起点一次投入 800 万元，建设期为 1 年，该投资从银行贷款，建设期按 10%利息率计算的利息为 80 万元。该项目的生产经营期为 8 年，该固定资产报废时预计有残值 32 万元。生产经营期每年可获税后利润 130 万元。（该企业采用直线法折旧）

要求：计算该投资的项目计算期内各年的现金净流量。

解：项目计算期 $k=s+n=1+8=9$（年）

固定资产原值＝$800+80=880$（万元）

固定资产年折旧额＝$\frac{880-32}{8}=106$（万元）

项目计算期内各年现金净流量的计算如下：

$NCF_0=-800$（万元）

$NCF_1=0$

$NCF_{2-8}=130+106=236$（万元）

$NCF_9=130+106+32=268$（万元）

画出现金流量图：

−800　0　+236　+236　+236　+236　+236　+236　+236　+268

0　1　2　3　4　5　6　7　8　9

【例 6-17】某企业新建一条生产线，第 1 年年初利用贷款投资 80 万元，建设期为 1 年，建设期应计贷款利息 8 万元。该生产线使用期 8 年，期满有残值 4 万元。在生产经营期，该生产线每年可为企业增加营业收入 30 万元，每年增加付现营业成本 13 万元。该企业享受 15％的优惠所得税率。(该企业采用直线法折旧)。

要求：计算项目计算期内各年的现金净流量。

解：项目计算期 $k=s+n=1+8=9$（年）

固定资产原值＝80＋8＝88（万元）

年折旧额＝$\dfrac{88-4}{8}$＝10.5（万元）

年利润＝30－（13＋10.5）＝6.5（万元）

年税后利润＝6.5×（1－15％）＝5.525（万元）

项目计算期内各年现金净流量的计算见如下：

$NCF_0=-80$（万元）

$NCF_1=0$

$NCF_{2-8}=16.025$（万元）

$NCF_9=5.525+10.5+4=20.025$（万元）

画出现金流量图：

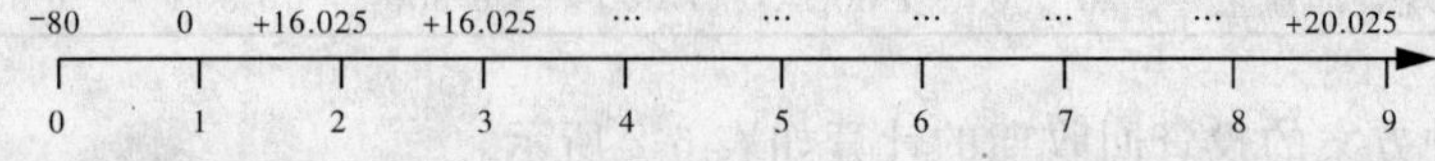

第三节　长期投资决策分析方法

企业对长期投资项目要经过一系列经济评价指标的计算、分析，评价其方案的经济可行性，筛选出最佳投资方案。经济评价指标按其计算方法一般分为两大类：

第一类，静态指标。它不考虑货币时间价值因素，直接按投资项目形成的现金流量进行计算的指标，包括静态投资回收期、投资报酬率等指标。计算简单，便于理解。

第二类，动态指标。它对投资项目所形成的现金流量考虑了货币时间价值因素而进行计算的指标，包括动态投资回收期、净现值、现值指数、内含报酬率等指标。虽然计算稍微复杂，但更贴近实际，更为科学合理。

一、静态指标（又称非贴现的长期投资决策分析方法）

（一）投资回收期

投资回收期指的是自投资方案实施起，至收回原始投入资本所需的时间。即能够使与此方案相关的累计现金流入量等于累计现金流出量的时间。投资回收期一般以年为单位。

1. 计算公式

①当每年现金净流量相等时

投资回收期＝原始总投资/年现金净流量

②当每年现金净流量不相等时

$$投资回收期=\frac{已收回多数投资}{的若干整年年数}+\frac{尚未收回的投资额}{若干整年数下一年的净现金流量}$$

考虑建设期的回收期＝上式＋建设期

【例 6-18】某企业现有两个投资机会，已知有关数据如表 6-1 所示。求各方案的投资回收期并进行评价。

表 6-1　资料　　单位：万元

时间（年）		0	1	2	3	4	5	6
方案 A	年利润		1 000	1 000	1 000	1 000	1 000	1 000
	现金净流量	－10 000	3 500	3 500	3 500	3 500	3 500	3 500
方案 B	年利润		2 000	2 000	1 500	1 500	1 500	1 500
	现金净流量	－20 000	7 000	7 000	6 500	6 500	6 500	6 500

解：各种方案的投资回收期的计算如表 6-2 所示。

表 6-2　投资回收期计算表　　单位：万元

	时间（年）	现金净流量	年回收额	尚未收回数	回收时间（年）
方案 A	0	－10 000		10 000	
	1	3 500	3 500	6 500	1
	2	3 500	3 500	3 000	1
	3	3 500	3 000	—	0.86
投资回收期＝1＋1＋3 000/3 500＝2.86 年					
方案 B	0	－20 000		20 000	
	1	7 000	7 000	13 000	1
	2	7 000	7 000	6 000	1
	3	6 500	6 000	—	0.923
投资回收期＝1＋1＋6 000/6 500＝2.923					

2. 方案评价原则

运用投资回收期指标进行方案评价时，首先应计算备选方案的投资回收期，然后将备选方案的投资回收期与企业主观上既定的期望回收期相比较，投资回收期越短，表明方案收回投资的速度越快，其投资风险越小。

①单一方案评价：方案投资回收期＜基准回收期，则方案可行；

方案投资回收期＞基准回收期，则方案不可行。

（一般说来，包括建设期的基准回收期为项目计算期的一半，不包括建设期的基准回收期为经营期的一半。）

由表 6-2 可见，A、B 两方案的预计投资回收期分别为 2.86 年和 2.923 年，都比基准回收期（6/2＝3 年）要短，均属可行。

②多方案评价：当投资额及经营期相同的多个可行方案比较时，应选择投资回收期最短的方案进行投资。

由表 6-2 可见，A、B 两方案的投资额不同，不能用投资回收期法进行两个方案的选择。

3. 优缺点

优点：计算简便，能较直观的反映原始投资的返本期限。易于广泛采用。

缺点：①未考虑货币的时间价值，所以，计算结果较粗略。一般适用于投资方案的初步评价。

②末考虑项目回收期满以后的现金净流量变化情况，所以，用该指标对多个方案进行比较时可能会得出错误的结论。

（二）年平均投资报酬率

1. 计算公式

年平均投资报酬率（ROI）＝年平均利润/投资总额×100％

年平均投资报酬率（ROI）＝年平均现金净流量/投资总额×100％

2. 方案评价原则

运用年平均投资报酬率指标进行方案评价时，只需将投资方案的年平均投资报酬率与预先确定的企业期望报酬率进行比较：

①单方案评价时，如果投资方案的报酬率≥期望报酬率，则该方案可行，反之则不可行。

②多方案决策时，如果有两个或两个以上方案都可行，则应选择年平均投资报酬率最高的方案进行投资。

【例 6-19】根据表 6-1 的资料，若企业期望的年平均投资报酬率为 5％，求方案 A、B 的投资报酬率并进行评价。

解：$$ROI_A=\frac{(1\,000+1\,000+1\,000+1\,000+1\,000+1\,000)\div 6}{10\,000}=10\%$$

$$ROI_B=\frac{(2\,000+2\,000+1\,500+1\,500+1\,500+1\,500)\div 6}{20\,000}=8.3\%$$

首先，两个方案的年平均投资报酬率均大于企业期望的年平均投资报酬率 5％，两个方案均可行。由于方案 A 的年平均投资报酬率高于方案 B，所以方案 A 较优。

3. 优缺点

优点：计算简便，并且使用的是普通会计学上的收益和成本的概念，容易被接受和掌握。

缺点：它与投资回收期指标相比，虽然考虑了投资回收期后的收益，但它仍然忽略了货币的时间价值。由于分母的计算有两种方法也影响其可比性。

二、动态指标（贴现的长期投资决策分析方法）

与静态投资决策分析法不同，动态投资决策分析法是在充分考虑货币时间价值的基础上，对方案的优劣取舍进行判断。动态投资决策分析法主要有净现值指标、现值指数指标和内含报酬率指标。

（一）净现值指标

净现值（NPV）是指投资项目生产经营期各年现金净流量的总现值与投资额的总现值的差额。它表明项目在整个寿命周期内考虑货币时间价值后，以现值表现的净收益。

对于一项长期投资，投资者总希望未来获得的报酬多于最初的投资额，但由于未来报酬是逐年获得，且投资额也并非一次性投入，则不同时期等量的货币其价值是不相等的，因此必须运用货币时间价值的概念将这两项现金流量统一到同一个时点上，才能进行比较。

1. 计算公式

净现值（NPV）＝生产经营期各年现金净流量的总现值－投资额的现值之和

净现值指标是投资决策评价指标中最重要的指标之一。

2. 方案评价原则

在使用净现值指标进行方案评价时，正确地选择折现率是至关重要的，因为它直接影响着方案评价的结论。一般情况下，可以采用两种选择方法：一种方法是根据资金成本率来确定；另一种方法是根据企业要求的最低投资报酬率来确定。

①单方案评价时，若净现值≥0，方案可行；反之，则方案不可行。

②多方案决策时，若几个方案都可行，应选择净现值最大的方案进行投资。但当几个方案原始投资额、项目计算期不相同时净现值指标就不具备可比性了。

【例 6-20】根据表 6-1 的资料，假设贴现率 $i=10\%$，求两个方案的净现值并进行评价。

解：$NPV_A = 3\,500\times(P/A, 10\%, 6) - 10\,000$

$= 3\,500\times 4.35526 - 10\,000$

$= 5\,243.41$（万元）

$NPV_B = 7\,000\times(P/A, 10\%, 2) + 6\,500\times(P/A, 10\%, 4)\times(P/F, 10\%, 2) - 20\,000$

$= 7\,000\times 1.73554 + 6\,500\times 3.16987\times 0.82645 - 20\,000$

$= 9\,177.08$（万元）

方案 A 和 B 的净现值均大于零，这两个方案都可行。但两方案的投资额不同，缺乏可比性。所以不能用净现值法来对方案 A 和 B 进行优劣比较。

3. 优缺点

优点：①考虑了资金的时间价值，使方案的现金流入与现金流出具有可比性，增强了投资经济性的评价。

②考虑了项目计算期的全部净现金流量，体现了流动性与收益性的统一。

③考虑了投资风险性，因为折现率的大小与风险大小有关，风险越大，折现率就越高。

缺点：①投资额不相同或项目计算期不等的多个互斥方案无法比较其投资收益率的高低。

②不能揭示投资方案本身可达到的报酬率。

（二）现值指数指标

现值指数指标（PI）是指整个方案生产经营期各年现金净流量的总现值与投资额的总现值的比值。

1. 计算公式

现值指数（PI）＝生产经营期各年现金净流量的总现值/投资额的总现值

现值指数与净现值的不同之处在于它是一个相对数，而不是绝对数，因此解决了投资额不相同或项目计算期不等的多方案间净现值缺乏可比性的问题。

2. 方案评价原则

①单方案评价时，若现值指数≥1，该方案可行；反之，方案不可行。

②多方案评价时，若多个投资方案的现值指数均可行，则应选择现值指数最大的方案进行投资。

【例 6-21】根据表 6-1 的资料，假定贴现率仍为 10%，求两个方案的现值指数并进行评价。

解：$PI_A=\dfrac{3\,500\times(P/A,10\%,6)}{10\,000}=\dfrac{3\,500\times4.35526}{10\,000}=1.524$

$$PI_B=\frac{7\,000\times(P/A,10\%,2)+6\,500\times(P/A,10\%,4)\times(P/F,10\%,2)}{20\,000}$$

$$=\frac{7\,000\times1.73554\times6\,500\times3.16987\times0.82645}{20\,000}=1.459$$

方案 A 和 B 的现值指数均大于 1，说明它们的投资报酬率均已超过预定的贴现率，两个方案都可行。但方案 A 的现值指数大于方案 B，则方案 A 较优。

3. 优缺点

优点：考虑了资金的时间价值，克服了净现值法对于投资额不同或项目计算期不等时决策不合理的缺陷。

缺点：它和净现值法一样，不能揭示投资方案本身可达到的报酬率。

(三) 内含报酬率指标

内含报酬率指标 (IRR) 是指生产经营期各年现金净流量的总现值与投资额的总现值相等时的贴现率，即能够使投资方案的净现值等于零时的贴现率。它反映的是方案本身实际达到的报酬率。

1. 计算公式

显然，内含报酬率 IRR 应满足下列等式：

$$NPV = \sum_{t=0}^{k} \times (P/F, IRR, t) = 0$$

根据各年现金净流量是否相等分为以下两种情况计算：

(1) 当经营期内各年现金净流量相等时，其计算步骤如下：

①计算年金现值系数

$$年金现值系数 = \frac{年金现值}{年金} = \frac{投资额}{年现金净流量}$$

②查年金现值系数表。

若能直接查到上面所计算的年金现值系数，其对应的折现率即为内含报酬率。若不能直接查到对应的折现率，则查其相邻两个年金现值系数，然后用插值法求得内含报酬率。

【例 6-22】如例 6-18 中的方案 A 和方案 B 均为此种情形。

解：方案 A 的内含报酬率的计算步骤如下：

①计算年金现值系数

$3\,500 \times (P/A, IRR_A, 6) = 10\,000$

$(P/A, IRR_A, 6) = 2.85714$

②查年金现值系数表，期数 $n=6$ 时，$(P/A, 28\%, 6) = 2.75938$，$(P/A, 26\%, 6) = 2.88498$。所以 IRR_A 介于 24% 与 26% 之间，具体数据用插值法计算如下：

$$\frac{2.88498 - 2.75938}{26\% - 28\%} = \frac{2.88498 - 2.85714}{26\% - IRR_A}$$

$IRR_A = 26.44\%$

(2) 当经营期内各年现金净流量不等时，则采用逐次测试法计算内含报酬率。其计算步骤如下：

①先估计一个贴现率，用它来计算净现值。如果净现值为正数，则表明方案的实际内含报酬率大于估计的贴现率，应提高贴现率再进一步测试；如果净现值为负数，应降低贴现率再进行测试。如此反复测试，寻找出净现值由正到负或由负到正且接近于 0 的两个相邻贴现率。

②根据正负相邻的两个贴现率，用插值法计算出该方案的内含报酬率。

【例 6-23】如例 6-18 的方案 B 即为此种情形，其内含报酬率的计算步骤如下：

解：①假设 B 方案的贴现率为 24%，此时它的净现值为：

$NPV_B = 7\,000 \times (P/A, 24\%, 2) + 6\,500 \times (P/A, 24\%, 4) \times (P/F, 24\%, 2) - 20\,000$

$=7\,000\times1.45682+6\,500\times2.40428\times0.65036-20\,000$

$=361.449$

再假设贴现率为 26%，此时它的净现值为：

$NPV_B=7\,000\times(P/A,26\%,2)+6\,500\times(P/A,26\%,4)\times(P/F,26\%,2)-20\,000$

$=7\,000\times1.42353+6\,500\times2.32019\times0.62988-20\,000$

$=-535.92$

②以上计算说明 B 方案的内含报酬率大于 24%，小于 26%。为了更精确地求得 B 方案的内含报酬率 IRR_B，可采用插值法求得：

$$\frac{24\%-IRR_B}{361.449-0}=\frac{24\%-26\%}{361.449+535.92}$$

$IRR_B=24.81\%$

2. 方案评价原则

①单方案评价时，若投资方案的内含报酬率≥资金成本，则该方案可行；反之，方案不可行。

②多方案决策时，若多个投资方案都可行，则应选内含报酬率较大的方案进行投资。

企业进行投资所需的资金如果是借入资金，其贷款利息就是资金成本。如果是企业自有资金进行投资，则机会成本就是投资方案的资金成本。

如【例 6-23】中 A、B 两方案的内含报酬率都大于资金成本 10%，方案都可行。由于 $IRR_A=26.44\%>IRR_B=24.81\%$，所以应选择方案 A 进行投资。

3. 优缺点

优点：它计算的是投资方案自身的报酬率，可以回避上述指标的不足。

缺点：投资方案在运行过程中，如果现金净流量不是持续地大于零，而是反复出现隔若干年就会有一个现金净流量小于零的阶段，此时根据内含报酬率的数学模型，就可能得出若干个内含报酬率都能够满足使方案的净现值等于零的条件。在这种情况下，一般就只能根据经验并结合其他指标进行判断了。

(四) 净现值、现值指数和内含报酬率之间的关系

三个指标都是贴现的投资决策的评价指标，它们之间有如下关系：

若净现值>0，则现值指数>1，内含报酬率>资金成本；

若净现值=0，则现值指数=1，内含报酬率=资金成本；

若净现值<0，则现值指数<1，内含报酬率<资金成本。

三、长期投资决策方法的运用

在企业的实际生产经营中，往往有些特殊的长期投资决策项目，这些项目的成败也会影响企业的生产经营水平，企业应该重视这些特殊的长期投资决策。

（一）固定资产更新的决策

设备的更新决策有以新设备代替老设备是否合算？采用哪个更新方案较好？几个互斥方案进行选择。这些方案的原始投资额和使用期限不一定相同，一般采用年平均成本法或年等额回收额法进行分析。在可行的方案中选择成本最低或收益最高的方案为最优方案。

1. 年平均成本法

一般说来，设备更新并不改变企业的生产能力，不增加企业的收入，即使有少量的残值变价收入，也属于支出抵减，而非实质上的流入增加。所以更新决策主要考虑现金流出，比较继续使用和更新的年平均成本进行决策，选择年平均成本小的方案。

$$年平均成本=\frac{未来使用年限内现金流出总现值}{年金现值系数}$$

【例 6-24】设某工厂的机器 A 是 5 年前购入的，购价 5 000 元，预计可使用 10 年，使用期满有残值 100 元，年运行成本 600 元；该厂拟购买新机器 B 进行设备更新，机器 B 购价 3 000 元，预计可用 10 年，使用期满尚有残值 600 元，年运行成本 400 元。机器 A 出售的变现价值为 500 元。该企业要求设备的报酬率至少达到 15%，是否应购入设备 B？

解：机器 A 的年平均成本 $=\frac{500+600\times(P/A,15\%,5)-100\times(P/F,15\%,5)}{(P/A,15\%,5)}$

$$=\frac{500+600\times3.3522-100\times0.4972}{3.322}$$

$$=734.32(元)$$

机器 B 的年平均成本

$$=\frac{3\,000+400\times(P/A,15\%,10)-600\times(P/F,15\%,10)}{(P/A,15\%,10)}$$

$$=\frac{3\,000+400\times5.0188-600\times0.2472}{5.0188}$$

$$=968.20(元)$$

因为机器 A 的平均年成本低于机器 B 的平均年成本，故企业不应购入机器 B。

2. 年平均净现值法

当各方案年现金流入不同时，应计算年平均净现值来比较。选年平均净现值最大的方案为最优方案。

年平均净现值＝净现值/年金现值系数

【例 6-25】某企业拟投资建设一条新生产线。现有三个方案可供选择：A 方案原始投资为 1 250 万元，项目计算期为 11 年，净现值为 958.7 万元；B 方案原始投资为 1 150万元，项目计算期为 10 年，净现值为 920 万元；C 方案的净现值为－12.5 万元。贴现率为 10%。要求：判断方案的可行性并作出投资决策。

解：

①C 方案的净现值小于零，不具有财务可行性；A、B 两方案的净现值均大于零，

具有财务可行性。

②计算年平均净现值进行决策

$$\text{A 方案的年平均净现值}=\frac{\text{A 方案的净现值}}{(P/A,\ 10\%,\ 11)}=\frac{958.7}{6.4951}=147.6\ \text{（万元）}$$

$$\text{B 方案的年平均净现值}=\frac{\text{B 方案的净现值}}{(P/A,\ 10\%,\ 10)}=\frac{920}{6.1446}=149.7\ \text{（万元）}$$

∵149.7（万元）>147.6（万元）∴B 方案优于 A 方案。

3. *设备更新项目评价（差量分析法）*

【例 6-26】某企业原有一台机器，是四年前购进的，原价为 100 000 元，可用 10 年，按直线法计提，预计没有残值。现已提折旧 40 000 元。使用该机器每年可获收入149 000 元，每年支付的使用费用为 113 000 元。该企业准备另行购买一台更新式的机器取代之，售价 150 000 元，估计可用 6 年，预计残值 7 500 元，购入新机器时，旧机器可作价35 000 元。新机器使用后，每年可增加销售收入 25 000 元，同时每年可节约使用费 10 000 元。该企业投资报酬率至少应达到 12%，试对该项设备的更新方案进行决策。

解：

①计算“以旧换新”形式购进新机器的现金流出量：

150 000－35 000＝115 000（元）

②计算机器更新后所形成的现金净流入量（只计算差量部分）。见表 6-3。

表 6-3　现金净流入量计算表

旧机器	新机器	差额	
销售收入	149 000	174 000	＋25 000
年使用费	113 000	103 000	－10 000
折旧	10 000	23 750	＋13 750
净利润	26 000	47 250	＋21 250
现金净流量（净利润＋折旧）	36 000	71 000	＋35 000

计算使用新机器增加的净现值

＝3 5000×（P/A，12%，6）＋7 500×（P/F，12%，6）－ 115 000

＝35 000×4.111＋7 500×0.507－115 000

＝32 687.50（元）

购买新式机器设备增加的净现值大于零，说明更新方案可行。

（二）固定资产购置与租赁的决策

【例 6-27】某企业因业务需要，需使用一台小型机床，每年可节约成本 12 000 元。若自行购置，其购入成本为 60 000 元，可使用 10 年，使用期满后残值为 2 000 元；若向外单位租用，则每年末支付租金 10 000 元，该企业的贴现率为 16%，要求：作出是购置还是租赁的决策。

解：购置该设备的现值指数

＝2 000×（P/F，16%，10）＋12 000×（P/A，16%，10）/60 000

=2 000×0.227+12 000×4.833/60 000

=58 450/60 000=0.9742（元）

租赁该设备的现值指数

=12000×（P/A，16%，10）/10000×（P/A，16%，10）

=12000×4.833/10000×4.833

=57996/48333=1.1999（元）

由于购置该设备的现值指数<1，因而舍弃；租赁该设备的现值指数>1，所以应选择租赁方案为最佳投资方案。

（三）所得税和折旧对现金流量的影响

营业现金流量=收入×（1-税率）-付现成本×（1-税率）+折旧×税率

【例 6-28】某厂两年前购入一台设备，原值为 42 000 元，预计净残值为 2 000 元，尚可使用年限为 8 年，且会计处理方法与税法规定一致。现在该厂准备购入一台新设备替换该旧设备。新设备买价为 52 000 元，使用年限为 8 年，预计净残值为 2 000 元。若购入新设备，可使该厂每年的现金净流量由现在的 36 000 元增加到 47 000 元。旧设备现在出售，可获得价款 12 000 元。该厂资本成本为 10%，所得税税率为 30%。

要求：采用年平均净现值法评价该项售旧购新方案是否可行。

解：(1) 继续使用旧设备

年折旧=（42 000-2 000）/10=4 000（元）

旧设备的账面净值：42 000-4 000×2=34 000（元）

继续使用旧设备初始现金流量=-［12 000+22 000×30%］=18 600（元）

继续使用旧设备的年平均净现值

=［36 000×（P/A，10%，8）+2 000×（P/F，10%，8）-18 600］/（P/A，10%，8）

=［36 000×5.3349+2 000×0.4665-18 600］/5.3349

=［192 056.40+933-18 600］/5.3349

=32 688.41（元）

(2) 购买新设备

购买新设备的年平均净现值

=［47 000×（P/A，10%，8）+2 000×（P/F，10%，8）-52 000］/（P/A，10%，8）

=［47 000×5.3349+2 000×0.4665-52 000］/5.3349

=［250 740.3+933-52 000］/5.3349

=37 427.75（元）

(3) 由于售旧购新的方案比继续使用旧设备的方案年平均净现值增加 4 739.34 元，故应当售旧购新。

【案例分析 1】

分期付款还是一次性付款？

华宇公司准备购置设备一台，价值 200 万元。售货方向该企业提供了两种还款方式：第一种方式是现在一次付清，且可得到 1%的折扣；第二种方式是分三年还清，每年末的还款金额为 90 万元，若资金成本率为 10%。请分析：

（1）哪种还款方式对购货企业更有利？

（2）在资金充裕的情况下，该企业应选择何种还款方式？

（3）如果企业资金紧张，而又急需该设备，考虑付现成本，该企业应选择何种还款方式？

【案例分析 2】

网球馆的陪练机应购置还是租赁？

活力网球馆的经营主管方杰正在考虑是否替换球场中正在使用的 30 台网球陪练机。这些陪练机已经使用了 5 年，已提足折旧，账面价值为零，且不能再投入使用。如果把这些陪练机拿到废品市场上出售，则可获得变现收入每台 112.5 元。

现有 A、B 两个公司都向方杰推销自己的新款陪练机。A 公司的开价是每台 12 000 元，预计可使用 5 年，期满残值为每台 150 元。B 公司则愿意以每台每年年末付租金 3 000元的方式向该网球馆出租陪练机 5 年，5 年结束时陪练机归还 B 公司。在上述两种情况下，每年付现成本预计为 18 万元，每年该网球馆的营业收入预计为 45 万元。

方杰粗略分析认为，若采用购买方式，即使设备不计残值，不到两年就可收回初始投资。若采取租赁方式，每台陪练机 5 年的总租金为 15 000 元，其金额不仅超过购买价格，且无残值收入。因此，方杰认为应采取购买方式而非租赁方式。

于是，方杰便在董事会上提出此方案，有一位董事反对方杰的粗略分析，他说：“即使不考虑通货膨胀，现在就付 12 000 元也不见得比 5 年每年年末支付 3 000 元有利。因为，若采取购买的方式，也许能得到利率为 6%的贷款，虽然每 1 元钱利息费用可以节省税金 0.30 元，实际利率可能更低，但租赁费用也有抵税效果，因此哪种方案比较有利，则要看公司目前的融资状况，也就是看公司的资本成本，所以我们应该请会计部门的人员进行具体的计算再作决定。”

假设该网球馆采用购买陪练机的方式，可以 6%的利率向银行贷款，发生资本化利息 21 600 元。公司目前的资本成本率为 10%，所得税税率为 30%。

要求：请采用合适的方法分析该网球馆的陪练机应从 A 公司购买还是向 B 公司租赁，并说明其理由。

复习思考题

1. 什么是货币的时间价值？它的表现形式是什么？
2. 年金的含义是什么？它分为哪几种类型？
3. 年金应同时满足哪些条件？
4. 复利终值系数与复利现值系数的关系？
5. 什么是年偿债基金和年回收额？
6. 现金流量包括哪些内容？现金净流量在投资决策分析中有何作用？

7. 确定现金流量的有关假定有哪些？

8. 在长期投资决策分析中，常用哪些指标进行决策？它们各有什么特点？

9. 简述净现值、现值指数、内含报酬率指标之间的关系？

10. 净现值指标和现值指数指标是否仅仅是表现为两种不同的数字？它们评价的结论是否一致？为什么？

11. 有两个投资项目，它们的原投资金额均为 100 万元。第一个项目有效期为 4 年，每年的现金净流量为 25 万元；第二个项目的有效期为 10 年，每年的现金净流量 15 万元。若用回收期法来进行决策，显然第一个项目优于第二个项目。事实果真如此吗？为什么？

12. 某公司以相同的投资额投资于以下两个不同的方案。两方案各年的现金净流量如下表所示。

年　限	A 方案 *NCF*	B 方案 *NCF*
第一年	1 000	5 000
第二年	2 000	4 000
第三年	3 000	3 000
第四年	4 000	2 000
第五年	5 000	1 000

若考虑货币时间价值，哪一个方案更好？为什么？(不用计算，思考后直接回答)

第三编

控制与责任会计

第⑦章

全面预算

【学习目标】

通过本章学习，了解全面预算的含义、作用、种类及体系，掌握全面预算的内容和编制方法，掌握弹性预算、零基预算、滚动预算的特点及编制方法。

【技能要求】

能进行全面预算的编制，清楚业务预算、专门决策预算、财务预算的勾稽关系。

【引导案例】

预算与计划有何不同?

万通公司领导每年初在公司全体员工大会上都会提出一个令人欢欣鼓舞的奋斗目标，并声称要保证在新的一年实现利润××万，可到了年底利润目标往往兑现不了。这样年复一年，公司的财务状况不仅得不到好转，员工对领导的信任度也越来越低，工作积极性也越来越小了。2000 年开始，万通公司实行了全面的预算管理，以利润目标为中心，以销售为起点，对企业全部经济活动的各个方面编制了一整套以数据说明的详细的计划，即全面预算。对销售、生产、原材料供应、人工成本、制造费用、销售费用及管理费用、经营成果、财务状况等方面预先提出了目标要求。企业上下目标明确并达成共识，对预算严格控制，确保预算执行的严肃性。这样年初提出的利润目标得到了很好的实现。公司领导深深体会到了预算对企业管理的重要性。

你能说出什么是预算吗？它与计划有何不同？

第一节　全面预算概述

一、全面预算的含义和作用

全面预算是以货币等形式展示未来一特定时期内企业全部经营活动的各项目标及其资源配置的定量说明。它是企业全面计划的数量说明。它不仅要有货币量度，而且必须包括销售量、制造量、材料消耗量、直接劳动时间、动力消耗量、废品率等实物指标。它确定了近期的目标和达到这些目标的方法。可以说全面预算是经营决策的具体化，是“计划”的具体形式。

编制全面预算的作用，主要有以下几点：

（一）明确今后的奋斗目标

全面预算把企业和各职能部门在计划期间的工作目标以及达到这一目标的方法和措施都详细列举出来，它有助于全体职工了解本部门的经济活动和整体企业经营目标之间的关系，明确今后工作中各方面应达到的水平和努力方向，并千方百计从各自的角度去完成企业总的战略目标。

（二）协调各职能部门的工作

编制全面预算可使各部门管理人员认清本部门的地位和作用，放眼全局，统筹兼顾，为促进全面发展作贡献。例如生产预算一定要以销售预算为前提，做到“以销定产”；采购预算必须与生产预算相衔接，做到保证生产需要但又不积压浪费。各部门都要重视产值、利润、品种、质量、成本、劳动生产率等指标，并使各指标之间具有均衡性，以最小的耗费取得尽可能大的经济效益。

（三）控制日常经济活动

预算是以估计数为基础的，在执行过程中不可盲从。全面预算是控制企业日常经济活动的主要依据，通过对比、分析来纠正实际工作中的偏差，挖掘潜力，巩固成绩，保证预定目标的完成。

（四）评定实际工作的成绩

预算不能自动实现，需要各部门付出很大的努力。故全面预算编制以后，必须发给各职能部门和全体职工以充分的研究讨论，力求预算结合实际，以取得最佳效果。

二、全面预算的编制程序

为了使预算工作能顺利地有条不紊地进行，编制全面预算工作一般应授权给一个预算委员会负责，小型的企业也可由财务主管部门负责，预算委员会通常由销售、生产、财务等职能部门的主管人员组成，总会计师或财务主管负责管理预算的规划以及有关预算资料的汇集和修订。全面预算的编制程序一般如下：

(一) 拟定和下达预算的编制方针

预算编制方针是企业在预算期内经济方针、政策、意图的具体体现，又是编制分项预算和综合预算的基准和大纲，它提出了企业在计划期内诸如利润额和资本利润率等生产经营活动的总目标和对各职能部门工作的总要求。

(二) 草拟分项预算

由最低层负责业务控制的人员自行编制其本身的分项预算，因为他们与具体业务直接接触，故编制的分项预算往往切合实际，经过努力之后可以达到。

(三) 编制总体预算

预算委员会组织有关人员对各部门送来的分项预算经过反复协调、平衡，然后汇总成为综合预算，报请企业最高层审查批准。

(四) 审批正式预算

企业最高层对全面预算进行审议、反复测算、综合平衡，然后正式用书面向下传达。

预算编制方针的基础资料主要有：(1) 历年本企业经营状况的分析资料；(2) 通过市场调查和经济预测所取得的行情；(3) 最高决策部门的最终目标、基本方针、长期计划和总的执行方针；(4) 预算期有关销售、制造、购买、财务等方面的重要业务计划；(5) 增加劳动力、电力、资金等供应的可能性；(6) 利润计划；(7) 资金计划对利润计划的保证程度等。

第二节　全面预算的内容和编制方法

全面预算实际上是一整套预计的财务报表和其他附表，主要用于规划期间的经济活动及其成果。其内容主要包括业务预算、专门决策预算和财务预算三大类。各种预算之间的主要关系可用图 7-1 列示如下：

现将其具体内容和编制方法简介如下：

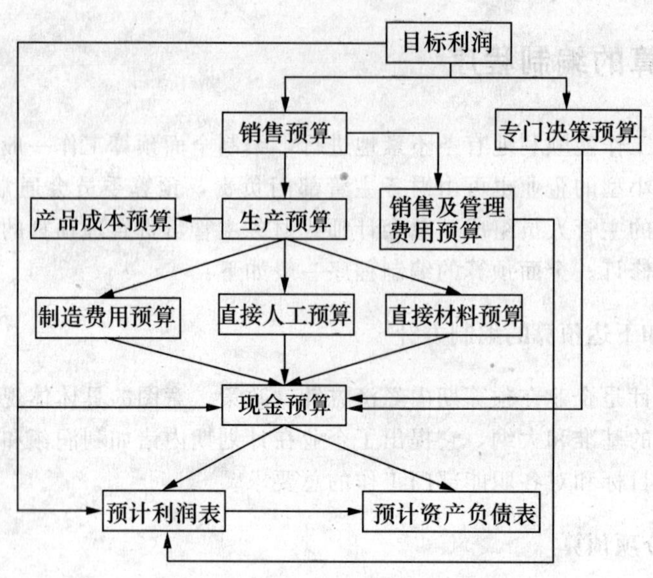

图 7-1　全面预算的主要相互关系

一、业务预算

业务预算是指企业日常发生的供应、生产、销售、管理等各项具有实质性活动的预算。它主要包括销售预算、制造费用预算、单位成本预算、推销及管理费用预算等等。

(一) 销售预算

销售预算是编制全面预算的关键，企业中产品的产量、材料、人工、设备和资金的需要量，推销及管理费用和其他财务支出等，都要受其决定。如果销售预算编制不当，则整个预算体系将毫无意义，并会给管理人员造成时间和精力上的极大浪费。

销售预算主要是确定预算期间的各种主要产品的销售量。实际工作中，往往附有计划期间的"预计现金收入计算表"，其中含前期应收账款的收回和本期销售货款的收入，为编制现金预算提供必要资料。

【例 7-1】假定华胜工厂计划年度（2005 年）只生产和销售一种产品，每年商品销售的 50%是现销，赊销的在下季度收账。2004 年末的应收账款余额为 10 000 元，根据资料编制该厂 2005 年的销售预算表，见表 7-1。

表 7-1　2005 年华胜工厂销售预算　　单位：元

摘　　要	一季度	二季度	三季度	四季度	全　　年
预计销售量（件）	600	700	800	900	3 000
预计销售金额 （销售单价 60 元/件）	36 000	42 000	48 000	54 000	180 000

续表

摘　要		一季度	二季度	三季度	四季度	全　年
预计现金收入计算表	期初应收款	10 000				10 000
	一季度销售收入	18 000	18 000			36 000
	二季度销售收入		21 000	21 000		42 000
	三季度销售收入			24 000	24 000	48 000
	四季度销售收入				27 000*	27 000
	现金收入合计	28 000	39 000	45 000	51 000	163 000

* 余下赊销的 27 000 元为 2005 年年末应收账款余额。

(二) 生产预算

销售预算确定以后就可以根据预计销售量按产品名称、数量分别编制生产预算。应该注意：计划期间除必须备有足够的产品以供销售外，还应考虑计划期初的存货和计划期末的预计存货水平，故生产预算中的预计产品生产数量可按下列公式计算：

预计生产量＝计划销售量＋计划期末预计存货量－计划期初存货量

考虑期初、期末存货并进行统一预计，是为了避免存货太多，形成资金积压、浪费；或存货太少，影响下一季度销售活动正常进行。

【例 7-2】假如上例华胜工厂各季度的期末存货按下一季度销售量的 40％计算，该厂上年末盘存产品 240 件，下年度预计销售为 1 000 件。编制该厂生产预算表，见表 7-2。

表 7-2　2005 年华胜工厂生产预算　　单位：件

摘　要	一季度	二季度	三季度	四季度	全　年
预计销售量	600	700	800	900	3 000
加：预计期末存货量	280	320	360	400*	400*
预计需要量合计	880	1 020	1 160	1 300	3 400
减：期初存货量	240	280	320	360	240
预计生产量	640	740	840	940	3 160

* 为估计数。

(三) 直接材料采购预算

生产规模一经确定，就要相应地编制直接材料采购预算。编制此预算与编制生产预算一样，也要考虑计划期间的期初与期末的存货水平。预计应购入材料的数量可按下列公式计算：

预计购货量＝生产需要量＋计划期末预计存货量－计划期初存货量

在实际工作中，材料预算下面往往还附有预计现金支出计算表，其中含前期应付购货款的偿还，以及本期购货款的支付。

【例 7-3】假如上例华胜工厂各季度的期末存货按下一季度生产需要量的 40%计算，上年末盘存材料 720 千克，各季期初存货与上季期末相等，2004 年应付账款为 3000 元，根据生产预算中有关资料以及单位产品的材料消耗定额和材料单价等数据，编制计划年度的分季采购预算（每季度购货款 50%付现，其余下季度付清），见表 7-3。

表 7-3　2005 年华胜工厂直接材料预算

摘　要		一季度	二季度	三季度	四季度	全　年
预计生产量（件）		640	740	840	940	3 160
单位产品材料消耗定额（千克）		3	3	3	3	3
预计需要量合计（千克）		1 920	2 220	2 520	2 820	9 480
加：期末存货量（千克）		888	1 008	1 128	1 200*	1 200*
预计需要量合计（千克）		2 808	3 228	3 648	4 020	10 680
减：期初存货量（千克）		720	888	1 008	1 128	720
预计购货量（千克）		2 088	2 340	2 640	2 892	9 960
材料计划单价（元）		4	4	4	4	4
预计购货金额（元）		8 352	9 360	10 560	11 568	39 840
预计现金支出计算表（元）	期初应付款	3 000				3 000
	一季度购货	4 176	4 176			8 352
	二季度购货		4 680	4 680		9 360
	三季度购货			5 280	5 280	10 560
	四季度购货				5 784	5 784
	现金支出合计	7 176	8 856	9 960	11 064	37 056

* 为估计数。

（四）直接人工预算

根据生产预算中规定的生产数量和每单位所需的直接人工小时，可得出直接人工工时的预计数，直接人工工时的预计数乘以小时工资率则得直接人工总成本，构成生产成本预算的三要素之一。应注意，如雇佣不同的人工，则必须按工种类别分别计算。每种产品所需的直接人工时数，可以根据过去的经验或规定的劳动定额资料作为估算的基础。

【例 7-4】假定上例华胜工厂计划期间所需直接人工只一个工种，现根据生产预算的预计产量，按有关直接人工的工时定额和工资率的资料，编制直接人工预算表，见表 7-4。

表 7-4　2005 年华胜工厂直接人工预算

摘　要	一季度	二季度	三季度	四季度	全　年
预计生产量（件）	640	740	840	940	3 160
单位产品工时定额（工时）	3	3	3	3	3
直接人工小时总数（工时）	1 920	2 220	2 520	2 820	9 480
单位工时的工资率（元）	4	4	4	4	4
预计直接人工成本总额（元）	7 680	8 880	10 080	11 280	37 920

（五）制造费用预算

制造费用预算也称“间接费用预算”，它包括生产成本中除直接材料、直接人工以外的一切费用，这些费用必须按成本习性划分为变动费用和固定费用两类。编制制造费用预算时，应以计划期的一定业务量（产量和销售量）的水平为基础来规划各个费用项目的具体预算数字。这项预算通常比编制直接材料或直接人工困难，因为其中有些费用，如间接材料、间接人工，趋向于直接随产量成比例的增减；而有些费用，如管理人员工资、保险费、折旧则不管其产量多少，在一个时期趋向保持不变；还有一些工厂费用，如维护与修理费，在一定程度上随产量的变化而变化，但不成比例，所以应考虑如何正确分摊的问题。

另外，在预算表下面，还要附有预算现金支出表，但应将不属于现金支出项目的固定资产折旧剔除。

【例 7-5】据前例，假设华胜工厂按 2005 年产量所需直接人工小时总数编制如下四季支出相等的制造费用项目，见表 7-5。

表 7-5　2005 年华胜工厂制造费用预算

成本明细项目		金额（元）	费用分配率计算
变动费用	间接人工	5 000	变动费用分配率 ＝变动费用预算合计÷标准总工时 ＝18 960÷9 480 ＝2（元/工时）
	间接材料	6 000	
	维护费	1 500	
	水电费	5 000	
	公用事业费	1 460	
	合　计	18 960	
固定费用	修理费	4 000	固定费用分配率 ＝固定费用预算合计÷标准总工时 ＝18 960÷9 480 ＝2（元/工时）
	折旧费	5 000	
	保险费	1 960	
	财产税	1 000	
	管理费	7 000	
	合　计	18 960	

（续表）

成本明细项目		金额（元）	费用分配率计算
预计现金支出计算表	变动费用指出总数		18 960
	固定费用合计		18 960
	减：折旧		－5 000
	固定费用支出总数		13 960
	制造费用全年现金支出总额		32 920
	制造费用每季现金支出总额		8 230（3 920÷4）

（六）单位产品生产成本预算

单位产品生产成本预算，是根据前面料、工、费各项生产成本要素预算来编制的。需注意：其中材料耗用预算是根据各项预算期生产所需材料总数和材料单位成本计算而不是按材料采购成本计算；直接人工预算是根据直接人工工时总数和单位工时的工资率计算；制造费用预算是根据各项预算期制造费用合计数计算。

【例 7-6】据前例，假定华胜工厂计算成本采用直接成本计算法，即单位产品生产成本只包括直接材料、直接人工和制造费用的变动部分，至于固定费用部分纳入损益表列为期间费用，由当期净利来负担。现根据前面几项预算中料、工、费三大项目的价格因素和用量资料编制单位产品生产成本预算如下，见表 7-6。

表 7-6　2005 年华胜工厂单位产品生产成本预算

成本项目	价格标准	用量标准	合　计
直接材料	4 元/千克	3 千克	12 元
直接人工	4 元/工时	3 工时	12 元
变动制造费用	2 元/工时	3 工时	6 元
	单位产品变动生产成本		30 元
期末存货预算	期末存货数量（生产预算）		400 件
	单位产品变动生产成本		30 元
	期末存货金额		12 000 元

如华胜工厂采购全部成本法，则其单位产品生产成本应增加单位固定制造费用（18 960/3 160）6 元，合计为 30＋6＝36（元）。

（七）销售及管理费用预算

这项预算包括制造业务范围以外预计发生的各种费用明细项目，主要包括销货佣金或薪金、运输费用、广告费、办公费、管理人员薪金、保险费、财产税、杂项开支等。通常应由负责推销及管理成本控制人员分别编制，如费用明细项目不多，可合并列在一张预算表上，但变动费用与固定费用应分别列示。

在这项预算下面也应附列计划期间预计销售及管理费用的现金支出计算表。

【例 7-7】据前例，假定华胜工厂根据计划期间的具体情况，销售佣金按销售收入 3%计付，运输费用按销售收入的 2%计付，其他费用：办公费 1 000 元，广告费 4 000 元，管理人员薪金 12 000 元，保险费 3 000 元，财产税 1 000 元，根据上列有关资料，编制销售及管理费用预算表，见表 7-7。

表 7-7　2005 年华胜工厂销售及管理费用预算

费用明细项目		预算金额（元）
变动费用	销货佣金（3%）	5 400
	办公费	1 000
	运输费（2%）	3 600
	变动费用合计	10 000
固定费用	广告费	4 000
	管理人员薪金	12 000
	保险费	3 000
	财产税	1 000
	固定费用合计	20 000
预计现金支出计算表	销售及管理费用全年现金支出总额	30 000（10 000＋20 000）
	销售及管理费用每季现金支出总额	7 500（30 000÷4）

二、专门决策预算

专门决策预算是企业不经常发生的、一次性业务的投资决策。它一般需要投入大量资金，并在较长时期内（一年以上）对企业持续影响。如企业对一切固定资产的购置、扩建、更新等，都必须从市场上、技术上、经济上、财务上对影响投资效益的各项因素进行全面的、细致的预测，再据以编制出切实可行的专门决策预算。具体反映何时投资，怎样投资，投资多少，资金从何处取得，何时可获得收益，每年的现金净流量是多少，投资回收期多长等。又如企业为了筹措资金、发放股利或将闲散资金向外界投放，事先也要根据盈利情况编制预算，具体反映筹措、发放、投放的金额、日期、利率等等。以上都叫专门决策预算。由于这类预算的具体情况各不相同，没有统一的预算表格，可按需要自行设计。

例如：假定对振兴机械厂某一投资方案作现金流量的预计。有关资料如下：在固定资产上投资 100 000 元，3 年建成，价款分 5 年付给承包商，建成投产后，每年可生产、销售产品 200 000 元，税前净利 10 000 元。运用所建成的固定资产进行正常的生产经营，需在流动资金各项目上（不含应收账款）投入资金 20 000 元。销售收入正常的付款期限为 3 个月，因而在应收账款上经常投入的资金是 50 000 元（3 个月的销售额），固定资产的使用年限为5年，采用直线计提折旧（平均分摊到各年）。由这一方案所形成的现金流动，其现金流出包括固定资产和流动资金（区分为应收账款其他两部分）上的投资；现金流入则包括营业利润、固定资产折旧、应收账款的收回和流动资金其他项目（见表7-8），表内括号里的数字表现为现金流出，无括号者为现金流入（流动资金其他项目于第8年收回，第9年收回全部应收账款）。

表7-8 振兴机械厂某投资方案现金流量预算　　单位：元

项目＼年份	0	1	2	3	4	5	6	7	8	9	总计
固定资产	(20 000)	(20 000)	(20 000)	(20 000)	(20 000)						(100 000)
固定资产折旧					20 000	20 000	20 000	20 000	20 000		100 000
税前净利					10 000	10 000	10 000	10 000	10 000		50 000
应收账款					(50 000)					50 000	
流动资金其他项目				(20 000)				20 000			
现金净流量	(20 000)	(20 000)	(20 000)	(40 000)	(40 000)	30 000	30 000	30 000	50 000	50 000	50 000

三、财务预算

财务预算是指企业在计划期内，反映有关预计现金收支、经营成果和财务状况的预算。它主要包括“现金预算表”“预计利润表”“预计资产负债表”，有的企业还要编制“预计财务状况变动表”。财务预算实际上是各项经济业务和专门决策的整体计划，故也称“总预算”，各项业务预算和专门决策预算则可称为“分预算”，下面简介一下财务预算的主要内容和编制方法。

（一）现金预算

现金预算主要反映预计期间的现金收支的详细情况，其编制目的在于规划企业关于现金、存货、应收账款、投资以及其他财产可转变成现金的状况和企业在债务到期时的清偿能力。其编制的依据是：业务预算的表7-1、表7-3、表7-4、表7-5、表7-7以及有关的专门决策预算中的资料。

现金预算通常应包括以下部分：

（1）现金收入：包括计划期间的期初余额加上本期预计可能发生的现金收入，其主要来源是销售收入和应收账款。

（2）现金支出：包括计划期间预计可能发生的一切现金支出，如支付购货款，支付直接人工，支付制造费用，支付税金，支付股利，交纳所得税，购置固定资产等事项。

（3）现金余缺与融通资金：将现金收入总额减现金支出总额，若收入大于支出，出现剩余，可用来归还以前的借款或进行短期投资；若收入小于支出，出现短缺，则应向银行贷款或向其他单位借款或通过商业信用来筹措资金。

一个企业所需周转资金的数额，与营业的范围和循环速度有密切联系。一般说来，营业范围越大，则其所需周转资金数额也大，资金循环加速，则可以相应地节约资金。

为了有计划地安排和筹措资金，现金预算的编制期间愈短愈好，但是常见的现金预算是以年度分季或季度分月编制的。

【例 7-8】据前例，假设华胜工厂是按年度分季编制现金预算的，该厂规定计划期间现金的最低库存余额为 5 000 元，另根据专门决策预算决定在第三季度购置固定设备 8 000元，又每季交纳所得税 2 000 元，据以上资料编制现金预算表（见表 7-9）。

表 7-9　2005 年华胜工厂现金预算表　　单位：元

摘　要	资料来源	一季度	二季度	三季度	四季度	全　年
期初现金余额	表 7-11	5 052*	5 066	4 820	5 050	5 052
加：收回应收账款及销货收入	表 7-1	28 000	39 000	45 000	51 000	163 000
可动用现金合计		33 052	44 066	49 820	56 050	168 052
减：现金支出						
采购直接材料	表 7-3	7 176	8 856	9 960	11 064	37 056
支付直接人工	表 7-4	7 680	8 880	10 080	11 280	37 920
支付制造费用	表 7-5	8 230	8 230	8 230	8 230	32 920
支付销售及管理费	表 7-7	7 500	7 500	7 500	7 500	30 000
缴纳税金		2 000	2 000	2 000	2 000	8 000
购置固定资产		—	—	8 000	—	8 000
现金支出合计		32 586	35 466	45 770	40 074	153 896
收支轧抵现金结余或不足		466	8 600	4 050	15 976	14 156
融通资金：						
向银行借款①		4 600	—	1 000		5 600
归还借款②		—	(3 600)		(2 000)	(5 600)
支付利息（年利率 10%）		—	(180)	—	(150)	(330)
融通资金合计		4 600	(3 780)	1 000	(2 150)	(330)
期末现金余额		5 066	4 820	5 050	13 826	13 826

* 为年初现金余额。

说明：①向银行借款数除需抵补现金收支相抵的不足数外，还要保证期末最低现金余额为 5 000 元，因季度不足 5 000 余额，故借入。

②二季度归还 3 600 元借款，6 个月利息的计算＝3 600×10%×6÷12＝180（元）；四季度归还 2 000 元利息的计算，其中 1 000 元按 12 个月计算，另 1000 元按 6 个月计算：(1 000×10%×1) ＋ (1 000×10%×6÷12) ＝150（元）。

（二）预计利润表

预计利润表是用来综合反映企业在计划期间生产经营的财务状况，并作为预计企业经营活动最终成果的依据，是一张主要的预算表，全年的营业利润可与目标利润相比较，如有差距，应进行调整。

编制的根据是：业务预算的表 7-1、表 7-3、表 7-4、表 7-5、表 7-7 和有关的专门决策表 7-8、表 7-9。

【例 7-9】据前例，华胜工厂根据以上预算图表的有关资料，编制 2005 年度分季的预计利润表 7-10。

表 7-10　2005 年华胜工厂预计损益表　　单位：元

摘　要	资源来源	一季度	二季度	三季度	四季度	全　年
销售收入（60 元×销售量）	表 7-1	36 000	42 000	48 000	54 000	180 000
减：变动成本：						
变动生产成本（30 元×销售量）	表 7-6	18 000	21 000	24 000	27 000	90 000
变动销售及管理费用（10 000÷4）	表 7-7	2 500	2 500	2 500	2 500	10 000
边际贡献		15 500	18 500	21 500	24 500	80 000
减：期间成本：						
固定制造费用（18 960÷4）	表 7-5	4 740	4 740	4 740	4 740	18 960
固定销售及管理费用（20 000÷4）	表 7-7	5 000	5 000	5 000	5 000	20 000
利息	表 7-9	——	180	——	150	330
税前净利		5 760	8 580	11 760	14 610	40 710
减：所得税	表 7-9	2 000	2 000	2 000	2 000	8 000
税后净利		3 760	6 580	9 760	12 610	32 710

（三）预计资产负债表

预计资产负债表主要用来反映企业在计划期末那一天预计的财务状况，它的编制需以计划期间开始日的资产负债表为基础，然后根据计划期间各项预算的有关资料作出必要的调整。

【例 7-10】据前例，假定华胜工厂计划年度期初的资产负债表见表 7-11。

表 7-11　2004 年 12 月 31 日华胜工厂资产负债表　单位：元

资　　产		负债及股东权益	
流动资产：			
1. 货币资金	5 052	流动负债：	
2. 应收账款	10 000	8. 应付账款	3 000
3. 材料存货（720 千克×4 元）	2 880	股东权益：	
4. 产成品存货（240 件×30 元）	7 200	9. 普通股股本	30 000
合计：	25 132	10. 未分配利润	22 132
固定资产：			
5. 土地	20 000		
6. 房屋及设备	30 000		
7. 累计折旧	(20 000)		
合计：	30 000	合计：	52 132
资产总计：	55 132	负债及股东权益总计：	55 132

现根据以上期初资产负债表及计划期间各项预算中的有关资料进行调整，编制出计划期末 2005 年 12 月 31 日预计资产负债表，见表 7 12。

表 7-12　2005 年 12 月 31 日华胜工厂预计资产负债表　单位：元

资　　产		负债及股东权益	
流动资产：		流动负债：	
1. 货币资金	13 826	8. 应付账款（材料）	5 784
2. 应收账款	27 000	股东权益：	
3. 材料存货（1 200 千克×4 元）	4 800	9. 普通股股本	30 000
4. 产成品存货（400 件×30 元）	12 000	10. 保留盈利	54 842
合计：	57 626		
固定资产：			
5. 土地	20 000		
6. 房屋及设备	38 000		
7. 累计折旧	(25 000)		
合计：	33 000	合计：	84 842
资产总计：	90 626	负债及股东权益总计：	90 626

说明：

1. 见表 7-9，第四季度末现金余额；
2. 见表 7-1，第四季度销货的 50%；
3. 见表 7-3，第四季末存料为 1 200 千克；
4. 见表 7-6，期末存货金额为 12 000 元；
5. 见期初资产负债表，计划期未动；
6. 见表 7-9，计划期购置固定设备 8 000 元，与期初资产负债表上原金额 30 000 元相加即 38 000 元；

7. 见表 7-5，计划期内计提折旧 5 000 元，与期初资产负债表上原有累计数字 20 000元相加即 25 000 元；

8. 见表 7-3，第四季度购料款的 50%；

9. 见期初资产负债表，原数字在计划期未动；

10. 期初资产负债表上的盈余金额加计划期间所获净利。

综上所述，可见全面预算实际上是包括业务预算、专门决策预算和财务预算三大类各种不同的个别预算所组成的预算体系。

第三节　弹性预算、零基预算和滚动预算

一、弹性预算

（一）弹性预算的概念

上一节编制的各种预算是根据计划期某一特定业务量（生产量或销售量）水平为基础来确定各种费用明细项目的金额，这种传统方法通称静态预算或固定预算。实际工作中，企业的经营活动往往受一定的条件而变化，如饮料工业受天气条件和消费水平条件而变化，服装工业受服装式样翻新条件而变化，造船工业受新订单多少而变化，其他一般工业受新产品投入市场条件而变化。条件起了变化，往往会使各月份的实际业务量水平起伏波动，致使实际的月份费用开支与预算的平均每月费用开支可比性差。为了弥补固定预算的缺点，充分发挥预算的控制作用，于是产生了弹性预算。所谓弹性预算是指考虑到预算期内业务量可能发生的变动，编出一套能适应多种业务量（一般是每间隔 5%～10%）的费用预算，以便反映在各个业务量的情况下所应开支的费用水平。由于这种预算是随着业务量的变化做机动调整，故称弹性预算。弹性预算比固定预算更便于落实任务，区别责任，并使预算执行情况的评价和考核建立在更加客观而可比的基础上，故它在预算管理工作中，能发挥更大的作用。

（二）弹性预算的编制方法

弹性预算是在掌握固定成本、半变动成本和变动成本之间的差别的基础上进行编制的。因此要求把所有的成本都划分为固定成本和变动成本两大类。如有半变动成本，也应当采用一定的分解方法，分解为固定成本和变动成本。然后根据企业的业务量计算所需的弹性成本。

弹性成本的计算公式如下：

弹性变动成本＝预算期内实际业务量×单位业务量的变动成本

弹性成本＝固定成本＋弹性变动成本

至于企业预算期内的业务量情况，可用机器工作小时、人工小时、机器或厂房利用率等来表示。

【例7-11】假定红旗机械厂第一车间，正常业务量10 000机器工作小时，2005年三月份费用分析如表7-14。

表7-14 红旗机械厂第一车间2005年三月份费用分析表

费用项目	固定成本总量（元）	每机器工作小时变动成本率（元/小时）
工厂物料	300	0.05
管理人员	2 400	
间接人工	600	0.1
维修	450	0.075
电力	900	0.25
照明	150	0.05
水费	300	0.025
电话费	600	0.025
保险	750	
租金	450	
折旧	1 950	
其他	150	0.025
合计	9 000	0.6

从上例资料中，列示出正常业务量预期的固定成本和变动成本是：

变动成本　10 000机器工时，每小时0.6元　6 000元

固定成本　9 000元

　　总计　15 000元

每机器工作小时成本率＝15 000/10 000＝1.50（元）

假定业务量预计变化范围为8 000～11 000机器工作小时，根据上列资料，编制弹性预算，见表7-15。

表7-15 红旗机械厂第一车间2005年三月份弹性预算表

业务量 费用项目	8 000	9 000	10 000	11 000
工厂物料	700*	750	800	850
管理人员	2 400	2 400	2 400	2 400
间接人工	1 400	1 500	1 600	1 700
加班奖金	—	—	—	—
维修	1 050	1 125	1 200	1 275
电力	2 900	3 150	3 400	3 650
照明	550	600	650	700
水费	500	525	550	575
电话费	800	825	850	875

续表

费用项目＼业务量	8 000	9 000	10 000	11 000
保险	750	750	750	750
租金	450	450	450	450
折旧	1 950	1 950	1 950	1 950
其他	350	375	400	425
合计	13 800	14 400	15 000	15 600
每机器工时成本率	1.725	1.60	1.50	1.48

*700＝8 000（业务量）×0.05（变动成本率）＋300（固定成本），其他项目同。

从上列弹性预算可看出，当在正常业务量时，每机器工时成本率为 1.50 元。当产量下降时，机器工时成本率将上升；另一方面，当产量增加到 11 000 机器工时，机器工时成本率下降到 1.418 元。这是个较乐观的估计，说明车间有潜力，只要产品有销路，可向此目标努力。

二、零基预算

“零基预算”全称为“以零为基础编制计划和预算的方法”。是指在编制预算时，对所有预算支出均以零为基点，从实际需要与可能出发，逐项审议各种费用开支的必要性、合理性及开支数额的大小，从而确定预算成本。它是美国德州仪器公司的彼得·派尔于 1970 年最先推出的。

过去预算总是由专职部门编制的，各个基层单位并不参与其事，往往与实际相脱节。一般都在当前经费开支的基础估计通货膨胀和业务项目的增添情况，再来匡算计划年度预算额，预算以当前开支数为基础，实际上就是承认现实是合理的，因循沿袭下去。零基预算对传统预算的这些缺点进行改革，它要求从基层业务单位开始，到各级人员都能各抒己见，进行充分讨论，从上而下地提出切合实际的预算草案，对各个业务项目需要多少人力、物力、财力逐个进行估算，并说明其经济效果。在这个基础上，把经费拨给最重要的，经济效果最大的业务项目。预算不再是对现行开支水平做若干调整而编制的，而是如同新创办的一个企业那样，就各个业务项目重新进行分析，即不是以“当前实际”为基础，修修补补，而是以零为起点，推倒重来，故称“零基预算”。

零基预算的作用并不在于压缩经费开支，而是把有限的经费用到最需要的地方。

下面，按照零基预算的编制步骤，简介其编制方法：

【例 7-12】假定华胜工厂在编制下年度推销及管理费用预算时，拟采用零基预算法。

1. 由销售及管理部门全体职工，根据下年度企业的战略目标和本部门的任务，反复研究讨论协商，一致认为计划期间需发生以下一些费用项目及预计的开支水平：

（1）广告费　　9 000 元

（2）培训费　　8 000 元

（3）房屋租金　　4 000 元

(4) 旅差费　　　　　　1 000 元

(5) 办公费　　　　　　2 000 元

2. 将以上的广告费和培训费根据历史资料进行“成本——效益”的分析，其结果见表 7-16。

表 7-16　　　　单位：元

明细项目	成本金额	收益金额	成本收益率
广告费	1	20	20
培训费	1	30	30

又通过讨论研究，一致认为房屋租金、差旅费及办公费是计划期必不可少的费用开支，需全额得到保证。

3. 将上述五项费用按其具体性质和轻重缓急，排出如下层次与顺序：

第一层次：后三项属于约束性固定成本，需全额保证，应排在第一位。

第二层次：培训费属于选择性固定成本，可根据计划期间企业财力情况，酌情增减，同时其收益率大于广告费，可排在第二位。

第三层次：广告费也属选择性固定成本，可根据计划期间企业财力负担的情况，酌情增减，但其收益率小于培训费，故放在第三位。

假定华胜工厂在计划期间对于销售及管理费可动用财力只有 15 000 元，那么就应根据以上排列层次和顺序，分配资金，落实预算。

(1) 房屋租金　4 000 元

(2) 旅差费　1 000 元　　合计 7 000 元，必须全部得以保证。

(3) 办公费　2 000 元

那么，尚可分配的资金＝15 000—7 000＝8 000（元）。此数应按成本收益率的比例分配给培训费和广告费：

(4) 培训费可分配的资金＝8 000×30/（20＋30）＝4 800（元）

(5) 广告费可分配的资金＝8 000×20/（20＋30）＝3 200（元）

零基预算是以零点为起点来观察分析一切生产经营活动，它不存在现存的预算开支项目，因此，编制零基预算的业务量是相当繁重的。但它没有框框，不受现行预算的束缚，能充分发挥各级管理人员的积极性和创造性，而且还能促使各基层单位精打细算，量力而行，合理使用资金，提高资金的使用效果，如能采用此法编制预算，是大有好处的。

三、滚动预算

前述各种全面预算通常都是定期编制并与会计年度保持一致。

滚动预算又称永续预算，是指预算随着时间的推移而不断延伸并始终保持预算期限恒定（通常为 1 年）的一种连续预算。不需与会计年度保持一致。

滚动预算的编制一般采取长计划短安排的方式进行，即年度预算中第一个季度的预算可详尽一点，编制各月的预算数，其他三个季度的预算可以粗一点，只编制各季的预算数。到第一季度（月）即将结束时，再根据影响预算的各种现实因素调整后几个季度（月）的预算，同时立即增补下一年度第一季度（月）的预算，依此类推，滚动预算如图 7-2 所示。

某企业2005年度预算

第一季度			第二季度	第三季度	第四季度
一月	二月	三月	总额	总额	总额

↓

增列2006年度部分预算

第二季度			第三季度	第四季度	第一季度
四月	五月	六月	总额	总额	总额

图 7-2　编制滚动预算示意图

滚动预算的优点在于它有利于保证预算的完整性和连续性，在动态中把握企业的未来；有利于企业始终从全年的角度来考虑和规划经营活动；预算不断根据实际情况进行调整，有利于预算编制的可靠性和适应性，更好地发挥其控制的功能；有利于外界有关人员对企业状况的一贯了解。滚动预算的缺陷在于预算编制的工作较繁重。

【案例分析 1】

管理会计的预算控制职能

灵通公司的经营目标是力争在较短的时间内达到同行业先进水平。公司年年都制定利润目标，却年年都没能实现。可是在奖金发放、员工职位晋升时，没有哪位说自己差的，谁都能滔滔不绝地说出一大堆自己的“英雄事迹”。结果，每次奖金发放还是采用“大锅饭”式方法，职位晋升也是论资排辈。所以公司的各职能部门成了官僚机构，任何事情能拖就拖，实在拖不了就应付了事，不同部门之间难以协调工作，许多员工缺乏一种责任感和进取心。公司早就很想建立起一种行之有效的奖惩机制，可是始终没有找到一种合理评价部门、员工工作业绩的有效方法。

一天，公司总经理与会计专业陈教授共进晚餐，老总向陈教授咨询这些问题的解决办法。

陈教授说：“我认为公司的当务之急是要自上而下，为每个部门、科室、班组，甚至每个人制定一套切实可行的具体目标，然后提出相应的奖惩措施。公司定期将各方面执行情况与所定目标进行对比，对目标完成情况较好的给予奖励，而对目标完成情况较差的予以处罚。这样，公司上上下下的积极性就会被调动起来，您所说的上述问题就会迎刃而解了。”“你这话可说点子上了。但虽然你说的是头头是道，难道这与会计有关系？”总经理疑惑地问道。

“太有关系啦！这就是所谓的预算控制，它包括全面预算的编制与实施整个过程，是管理会计的核心内容。”陈教授说道。

针对这个案例，请分析如下问题：

(1) 灵通公司在管理中存在着哪些主要问题?

(2) 这些问题可以分别用管理会计中的哪些方法来加以解决？你能提出实施方案吗?

(3) 计划与预算有何不同?

【案例分析 2】

弹性预算的制定

江苏省淮安市清江电机厂股份有限公司制造费用的明细表如下所示：

①物料费：每工时负担 0.5 元。

②间接人工：基本工资为 5 000 元，另加每工时的津贴 1.00 元。

③折旧费：10 000 元。

④维护费：当生产工时在 2 000～4 000 工时范围内，基数为 3 000 元，另加每工时负担 0.80 元。

⑤水电费：基数为 1 000 元，另加每工时负担 0.30 元。

试为该公司编制一套在生产处于 2 000～4 000 工时的相关范围内，能够适应多种业务量（间隔 1 000 工时）的制造费用预算。

复习思考题

1. 为什么要编制全面预算？它包括哪些主要内容？它们之间的相互关系怎样?
2. 为什么编制全面预算要以销售预算为起点？怎样编制销售预算?
3. 编制现金预算有何目的？它一般应包括哪几个组成部分?
4. 为什么要编制弹性预算？怎样编制弹性预算?
5. 为什么要编制零基预算？怎样编制零基预算?

第 8 章

成本控制

【学习指导】

通过本章的学习，了解成本控制的概念、原则、程序，了解标准成本的概念、作用及种类，掌握直接材料、直接人工及制造费用的标准成本制定方法，成本差异的计算与分析，成本差异的账务处理。

【技能要求】

具有正确计算成本差异的能力，能找出成本差异的原因，并提出解决措施。

【引导案例】

如何进行成本控制？

星火企业主要生产 A 产品，7 月份计划产量 800 件，单位标准成本为每件 171 元，预算总成本为 136 800 元。实际执行的结果超过了预计范围，实际产量 780 件，实际总成本高达 148 000 元。为此，厂长要求会计小张深入各部门了解情况，找出成本上升的原因，分析成本差异，提出改进方案。

在深入各部门的过程中，小张听到这样一些反映：有的认为标准成本制定不合理；有的则认为标准成本是合理的，主要是执行的原因；也有的认为由于原材料价格上涨，工人完不成生产定额等原因而使加班工资增加等，偏离标准是正常的。了解这些情况后，小张应从哪些方面去分析成本差异产生的原因？成本差异又如何计算呢？如要修改标准成本，应根据什么水平来制定？

第一节　成本控制概述

要实现企业的经营目标，就必须对企业的各项经营活动加以控制。成本涉及到企业经营活动的各个方面，因此成本控制是现代化企业管理的核心环节。

一、成本控制的定义

成本控制是指企业在生产经营活动中采用一定的控制标准和手段，使构成成本的一切耗费控制在预算范围内，及时发现偏差，找出原因，采取有效措施加以调节和干预，以保证成本目标得以实现的一种管理活动。

成本控制包括事前、事中、事后成本控制三个阶段。它强调对企业生产经营的各个方面、各个环节以及各个阶段的所有成本的控制。它不仅要控制产品生产阶段的成本，而且还要控制产品的设计试制阶段的成本和销售及售后阶段的成本；不仅要控制产品成本，而且要控制产品成本以外的成本，如质量成本和使用寿命周期成本。

二、成本控制的原则

1. 全面控制的原则

由于成本涉及企业的所有部门与全体职工的工作业绩和企业与各方面的利益关系，并且贯穿于其形成的全过程，因此成本控制应从全员、全过程、全方位三个方面来控制。全员控制是指要让企业领导、管理人员、技术人员和职工建立成本意识，参与成本的控制；全过程控制是对产品的设计、试制、生产、销售阶段直至产品售后的全部过程进行成本控制；全方位控制是指对产品生产的全部费用加以控制。

2. 例外管理原则

成本控制应重点关注异常的情况。因为企业发生的各种实际费用与其预算数不可能完全一致，因此成本差异总是客观存在的，如发生的差异不大就没有必要去一一查明原因，企业管理人员只要把精力集中在非正常的差异上，及时查明原因，采取有效措施，加以纠正即可。这样，既可保证成本控制的目的得以实现，又可大大降低进行成本控制的耗费。

3. 经济效益原则

经济效益原则要求成本控制最终应能获取最大的经济效益。因此成本控制不单是降低成本的绝对数，更重要的是实现相对的节约。

4. 可控性原则

凡属管理人员无法控制的成本项目，即使差异达到重要性标准，也不应视为例外，否则会挫伤责任人的积极性。例如，税率的变化引起成本差异是企业不能控制的。

三、成本控制的程序

1. 确定成本控制的目标或标准

成本控制的第一步是企业应根据具体情况，制定切实可行的成本控制标准。成本标准是对各项开支和资源消耗规定的数量界限，是成本控制和考核的依据。

2. 分解落实成本控制的目标

根据归口分组管理的原则，将成本控制目标分解到各有关部门、车间、工段和班组，由其对各自的可控成本进行严格控制与监督，使成本、费用的发生额控制在预算范围内。

3. 计算成本差异并分析成本差异

建立健全的成本核算体系，对实际发生的成本费用，要经常与相应的标准成本及预算对比，揭示两者之间存在的差异并进行分析，找出差异产生的原因。

4. 考核奖惩

建立健全奖惩制度。考核成本执行的结果，并根据成本控制的业绩对有关责任人员进行奖惩，以调动全体职工的工作主动性和积极性。

第二节　标准成本法

一、标准成本法

标准成本法是为了克服实际成本核算法不能及时提供有效成本控制信息的缺点，于20世纪20年代在英、美等国首先提出来的。标准成本法是指将标准成本与实际成本比较，找出差异，并分析和控制成本差异，借以衡量生产效率高低的一种成本控制方法。

二、标准成本的种类

标准成本是指按单位产品的成本项目事先制定的，在已经达到的生产技术水平和有效经营管理条件下应当达到的目标成本。标准成本一般分为以下三种：

（一）基本标准成本

基本标准成本是根据过去一段时期内实际成本的平均值，剔除其中生产经营活动中的不正常因素，并考虑未来的变动趋势而制定的标准成本。这种标准成本实际上是企业在生产经营能力得到正常发挥的条件下，就可以实现的成本目标。标准成本一经制定，只要产品的物理结构、价格水平和生产技术等条件无重大变化，一般几年保持不变。主要用以衡量产品在以后各个年度的成本水平及变动趋势。但随着科技发展，劳动生产率的不断提高，原有标准成本将逐渐过时，有必要进行修改。所以这种标准成本在实际工作中除分析成本的变动趋势外很少采用。

（二）理想标准成本

理想标准成本是指以现有生产技术和经营管理处于最佳状态为基础所确定的标准成

本。这种标准成本是在假定没有浪费、故障和耽搁的基础上制定的，是最乐观的成本水平。由于这种标准难于达到，所以，在实际工作中也很少采用，它只作为企业努力奋斗的目标。

（三）现实标准成本

现实标准成本又称期望可达到的标准成本，它是指在有效的生产条件下根据平均先进水平而制定的应该可以达到的成本。这种标准成本是在考虑了正常的损耗、故障和耽搁的基础上制定的，经过努力可以实现的成本目标。它与实际成本最为接近，最切实可行，在实际工作中被广泛采用。

三、标准成本法的作用

（一）为成本控制提供依据

标准成本是事先经过仔细研究而制定的，在有效生产条件下应达到的成本。在日常经济活动中，企业管理者通过标准成本来考核和评价生产经营各部门的工作质量，以标准成本为依据，将实际成本与标准成本比较，对差异进行分析，找到成本升降的真正原因，以便进行成本控制。

（二）为经营决策提供依据

标准成本作为一项目标成本，它是在经济活动发生之前就按照成本项目制定出来的，剔除了各种不合理的因素，因而在评价经济效果及进行经营决策时，它都是衡量经济效益的重要参考依据。

（三）便于编制预算与考核

标准成本是一种预计成本，因而可以作为编制预算的依据。同时又由于标准成本的各成本项目是按单独的价格标准和数量标准制定的，因而，管理者可通过确定各成本项目实际与标准成本的差异及其责任归属，分清各部门的责任，考核各部门的工作业绩。

（四）简化了成本核算

在标准成本法下，将标准成本和成本差异分别反映。原材料、生产成本、库存商品和产品销售成本可直接按标准成本入账，实际成本脱离标准成本的差异单独列示为产品成本差异，期末汇总后一次性地对确定出的产品标准成本进行调整，以求得所需的实际成本，成本差异额较小时可作为期间费用处理，从而大大简化了成本核算和日常账务处理。

四、标准成本的制定

产品成本是由直接材料、直接人工和制造费用三个成本项目组成的，所以在制定标准成本时，首先确定直接材料和直接人工的标准成本，其次确定制造费用的标准成本，最后确定单位产品的标准成本。

在实际工作中，为了明确责任，分清实际成本与标准成本之间的差异及产生的原因，制定产品标准成本时一般以“数量标准”和“价格标准”的乘积形式来表示各成本项目的标准成本。数量标准一般有直接材料的数量标准、直接人工的数量标准和制造费用的数量标准；价格标准一般有直接材料价格标准、直接人工的工资率标准和制造费用的分配率标准。因此，在制定产品的标准成本时应同时制定数量和价格两方面的标准。

（一）直接材料标准成本的制定

1. 直接材料数量标准

直接材料数量标准是指在现有生产技术条件下生产单位产品所需的材料数量，它包括构成产品实体的材料、生产过程中必要的损耗和不可避免的废品所耗用的材料数量。在制定时，应按产品所需耗用的各种材料分别计算。

2. 直接材料价格标准

直接材料价格标准是指取得各种直接材料而预计的标准价格。包括材料的购买价格和运杂费等。制定材料价格标准需要财务部门同采购部门合作，按材料的品种分别制定。

3. 直接材料的标准成本

直接材料的标准成本即为直接材料的用量标准与直接材料的价格标准之乘积。其计算公式如下：

$$\begin{matrix}\text{某单位产品的直}\\\text{接材料标准成本}\end{matrix}=\sum\left(\begin{matrix}\text{某种直接材}\\\text{料价格标准}\end{matrix}\times\begin{matrix}\text{该种直接材}\\\text{料用量标准}\end{matrix}\right)$$

现举例说明直接材料标准成本的计算方法。

【例 8-1】恒通公司生产甲产品，需耗用 A、B 两种材料，A、B 两种材料的有关资料见表 8-1：

表 8-1 资料

项　　目	A材料	B材料
预计购买价格（元/千克）	10	5
预计运杂费（元/千克）	0.5	0.2
材料需用数量（千克/件）	8	6
材料正常损耗（千克/件）	0.2	0.1

解：根据表 8-1 的资料，计算甲产品的直接材料标准成本：

A 材料的标准数量＝8＋0.2＝8.2（千克/件）

B 材料的标准数量＝6＋0.1＝6.1（千克/件）

A 材料的标准价格＝10＋0.5＝10.5（元/千克）

B 材料的标准价格＝5＋0.2＝5.2（元/千克）

甲产品直接材料标准成本＝8.2×10.5＋6.1×5.2＝117.82（元/件）

(二) 直接人工标准成本的制定

1. 直接人工数量标准

直接人工数量标准是指在现有生产条件下，生产单位产品所需耗用的工时数。包括对产品直接加工所用工时、必要的休闲时间和停工损失时间以及不可避免的废品所用工时等。制定时先按产品的加工步骤分别计算，然后按产品加以汇总。

2. 直接人工价格标准

直接人工价格标准即指直接人工的工资率标准。在采用计件工资制度下，就是单位产品应付的计价工资单价。在计时工资制度下，即为每一标准工时应分配的工资，又称为小时工资率标准。其计算公式如下：

$$\begin{array}{c}\text{计时工资制度下的}\\\text{直接人工工资率标准}\end{array}=\frac{\text{预计支付直接人工计时工资总额}}{\text{标准工时总数}}$$

3. 直接人工标准成本

直接人工标准成本即为直接人工数量标准与直接人工价格标准之乘积。其计算公式如下：

$$\begin{array}{c}\text{单位产品直接}\\\text{人工标准成本}\end{array}=\sum\left(\begin{array}{c}\text{直接人工}\\\text{数量标准}\end{array}\times\begin{array}{c}\text{直接人工}\\\text{价格标准}\end{array}\right)$$

现举例说明直接人工标准成本的计算方法。

【例 8-2】恒通公司生产甲产品需经两个加工步骤加工完成，各步骤有关资料见表 8-2：

表 8-2　资料

项　目	第一步	第二步
直接生产工人人数（人）	30	35
每人每月标准工时（小时/人）	200	200
每月直接人工工资总额（元）	18 000	24 500
单位产品标准工时数量（小时/件）	3	2.8

解：根据表 8-2 的资料，计算甲产品的直接人工标准成本：

第一步骤每月标准加工工时总量＝30×200＝6 000（小时）

第二步骤每月标准加工工时总量＝35×200＝7 000（小时）

第一加工步骤直接人工价格标准＝18 000÷6 000＝3.00（元/小时）

第二加工步骤直接人工价格标准＝24 500÷7 000＝3.50（元/小时）

甲产品直接人工标准成本＝3×3＋2.8×3.5＝18.80（元/件）

(三) 制造费用标准成本的制定

1. 制造费用数量标准

制造费用数量标准是指在现有生产条件下生产单位产品所耗用的工时，即直接人工标准小时或机器工作标准小时。

2. 制造费用价格标准

制造费用价格标准即制造费用的分配率标准，是指每一标准工时应分配的制造费用。因制造费用按成本性态分为固定制造费用和变动制造费用，所以费用分配率应分别计算。其计算公式如下：

$$\text{变动制造费用分配率标准}=\frac{\text{变动制造费用预算总额}}{\text{标准总工时（直接人工工时或机器工时）}}$$

$$\text{固定制造费用分配率标准}=\frac{\text{固定制造费用预算总额}}{\text{标准总工时（直接人工工时或机器工时）}}$$

3. 制造费用标准成本

制造费用标准成本即为制造费用数量标准（工时标准）与制造费用价格标准（制造费用分配率）之乘积，其计算公式如下：

制造费用标准成本＝工时标准×制造费用分配率

其中：变动制造费用的标准成本＝工时标准×变动制造费用分配率标准

固定制造费用的标准成本＝工时标准×固定制造费用分配率标准

现举例说明制造费用标准成本的计算方法。

【例 8-3】接【例 8-2】，恒通公司甲产品某年度的制造费用中变动制造费用预算数额为 67 172.40 元，固定制造费用预算数额为 32 486.40 元，标准加工总工时为 8 460 小时。单位产品标准工时为 5.8 小时。

解：根据上述资料，计算甲产品的制造费用标准成本：

变动制造费用分配率标准＝67 172.40÷8 460＝7.94（元/小时）

固定制造费用分配率标准＝32 486.40÷8 460＝3.84（元/小时）

甲产品制造费用标准成本＝5.8×（7.94＋3.84）＝68.32（元/件）

其中：变动制造费用的标准成本＝5.8×7.94＝46.05（元/件）

固定制造费用的标准成本＝5.8×3.84＝22.27（元/件）

(四) 单位产品标准成本的制定

在实际工作中，单位产品标准成本的制定通常是编制标准成本卡。每一产品设置一张标准成本卡，其内容与核算方法有关，在变动成本法下，标准成本卡包括直接材料、直接人工和变动制造费用三项。在完全成本法下，标准成本卡还包括固定制造费用。在卡中逐项列明各成本项目的价格标准、用量标准和标准成本，通过逐项汇总就可求得单位产品的标准成本。

现举例说明标准成本卡的编制方法。

【例 8-4】恒通公司生产甲产品的标准成本资料见【例 8-1】、【例 8-2】、【例 8-3】，

2003 年初按完全成本法编制甲产品标准成本卡。

解：根据上述资料，编制甲产品的标准成本卡见表 8-3：

表 8-3　甲产品标准成本卡

项　　目	价格标准	用量标准	标准成本
直接材料：			
A 材料	10.50 元/千克	8.2 千克/件	86.10 元/件
B 材料	5.20 元/千克	6.1 千克/件	31.72 元/件
小　计			117.82 元/件
直接人工：			
第一步	3.00 元/小时	3.0 小时/件	9.00 元/件
第二步	3.50 元/小时	2.8 小时/件	9.80 元/件
小　计			18.80 元/件
制造费用：			
变动制造费用	7.94 元/小时	5.8 小时/件	46.05 元/件
固定制造费用	3.84 元/小时	5.8 小时/件	22.27 元/件
小　计			68.32 元/件
单位甲产品标准成本			204.94 元/件

第三节　成本差异分析

一、成本差异的种类

成本差异是指产品的实际成本与预定的标准成本之间的差额。标准成本的制定为成本控制提供了依据，但在日常经济活动过程中，由于种种原因会使实际成本与标准成本不一致，其差异种类主要有：

（一）有利差异与不利差异

成本差异按其性质分为有利差异与不利差异。

1. 有利差异是指因实际成本低于标准成本所产生的节约差，也称顺差。通常在账户的贷方反映，故又称为贷差。

2. 不利差异是指因实际成本高于标准成本所产生的超支差，也称逆差。通常在账户的借方反映，故又称为借差。

在实际工作中，管理者应采取相应的措施，消除不利差异，发展有利差异，对成本进行有效控制。

（二）价格差异与数量差异

由于变动成本项目即直接材料、直接人工和变动制造费用各项的成本可以表示为数量因素与价格因素之乘积，其成本差异可细分为价格差异与数量差异两部分。

1. 价格差异是指实际价格与标准价格不一致而产生的成本差异。具体是指直接材料成本差异中的材料价格差异（即材料的实际单价与标准单价之差）、直接人工成本差异中的工资率差异（即实际工资率与标准工资率之差）、变动制造费用成本差异中的变动制造费用耗费差异（即变动制造费用实际分配率与标准分配率之差）。其计算公式如下：

价格差异＝（实际价格－标准价格）×实际产量下的实际用量

＝价格差×实际产量下的实际用量

2. 数量差异是指实际用量与标准用量不一致而产生的成本差异。具体是指直接材料成本差异中的材料用量差异（即在实际产量下材料的实际用量与标准用量之差）、直接人工成本差异中的人工效率差异（即在实际产量下工时的实际用量与标准用量之差）、变动制造费用成本差异中的变动制造费用效率差异（即在实际产量下工时的实际用量与标准用量之差）。其计算公式如下：

数量差异＝标准价格×（实际产量下的实际用量－实际产量下的标准用量）

＝标准价格×实际产量下的用量差

（三）预算差异与能量差异

固定制造费用成本差异因其特殊性分为预算差异与能量差异。

1. 预算差异指固定制造费用是一项不随业务量变动而变动的费用，其实际发生额与预算额不一致而产生的成本差异。

2. 能量差异是指预算产量标准工时与实际产量标准工时不一致而产生的成本差异。又可细分为生产能力差异与效率差异。生产能力差异是指预算产量标准工时与实际产量实际工时不一致而产生的成本差异。效率差异是指实际耗用总工时与实际产量应耗用的标准工时不一致而产生的成本差异。

二、成本差异的计算与分析

成本差异虽是管理上的重要信息，但不管是有利差异还是不利差异，只能作为发现问题的信号，而不能作为经营决策的依据，因企业的经济活动情况复杂，如果不深入地进行分析研究，就很难找出差异的原因，做出正确的判断。假如购买了质次材料，减少了加工时间，表面上看材料价差和人工效率差异对企业有利，实质上可能降低产品质量或增加废品率，从而给企业带来更大的损失。所以，对成本差异的计算与分析也是成本控制的一个重要方面，找出差异形成的原因和责任，能更有效的对成本进行控制。

（一）直接材料成本差异的计算与分析

1. 直接材料成本差异的计算

直接材料成本差异是指在实际产量下直接材料的实际成本与其预定的标准成本之间的差额。它由直接材料用量差异和直接材料价格差异两部分组成。其计算公式如下：

$$\text{直接材料成本差异}=\text{实际产量下的直接材料实际成本}-\text{实际产量下的直接材料标准成本}$$

$$=\text{直接材料实际价格}\times\text{实际产量下的直接材料实际用量}-\text{直接材料标准价格}\times\text{实际产量下的直接材料标准用量}$$

$$=\text{直接材料用量差异}+\text{直接材料价格差异}$$

其中：

$$\text{直接材料用量差异}=\text{直接材料标准价格}\times\left(\text{实际产量下的直接材料实际用量}-\text{实际产量下的直接材料标准用量}\right)$$

$$\text{直接材料价格差异}=\left(\text{直接材料实际价格}-\text{直接材料标准价格}\right)\times\text{实际产量下的直接材料实际用量}$$

现举例说明直接材料成本差异的计算方法。

【例 8-5】恒通公司生产乙产品 200 件，只使用一种材料，该材料实际耗用量 9.3 千克/件，材料实际价格 11.40 元/千克。该材料标准耗用量 9.2 千克/件，材料标准价格 11.50 元/千克。

解：根据上述资料，计算直接材料成本差异：

直接材料成本差异＝11.40×9.3×200－11.50×9.2×200

＝11.40×1 860－11.50×1 840

＝44（元）

其中：直接材料用量差异＝11.50×（1 860－1 840）

＝230（元）

直接材料价格差异＝（11.40－11.50）×1 860

＝－186（元）

由计算可知：

直接材料成本差异（44 元）＝直接材料用量差异（230 元）＋直接材料价格差异（－186 元）

2. 直接材料成本差异分析

直接材料成本差异计算出来后，还要分析差异产生的原因。直接材料用量差异形成的原因很多，如工人操作疏忽而造成质量事故而增加材料消耗，工人不注意合理、节约用料，不重视操作技术改进，生产工人技术水平高低以及机器设备的完好程度等原因将影响材料用量，其责任应由生产部门负责。但由于采购部门购入质次、规格不符的材料或由于保管不善而使材料变质而造成的材料用量差异应分别由采购部门和仓储部门负责。

直接材料价格差异形成的原因亦很多，如采购批量，交货方式，运输工具，采购地点的远近，材料质量等原因将影响材料价格，其责任应由采购部门负责。但由于市场价格变动，供应厂家变更，或生产方面的原因而造成采购批量、运输工具、采购点的改变等原因而造成的价格差异应由其他相关部门负责。

（二）直接人工成本差异的计算与分析

1. 直接人工成本差异的计算

直接人工成本差异是指在实际产量下直接人工的实际成本与其预定的标准成本之间的差额。它由直接人工效率差异和直接人工工资率差异两部分组成。其计算公式如下：

$$\begin{aligned}\text{直接人工成本差异} &= \text{实际产量下的直接人工实际成本} - \text{实际产量下的直接人工标准成本}\\ &= \text{直接人工实际工资率} \times \text{实际产量下的直接人工实际工时} - \text{直接人工标准工资率} \times \text{实际产量下的直接人工标准工时}\\ &= \text{直接人工效率差异} + \text{直接人工工资率差异}\end{aligned}$$

其中：

$$\text{直接人工效率差异} = \text{直接人工标准工资率} \times \left(\text{实际产量下的直接人工实际工时} - \text{实际产量下的直接人工标准工时}\right)$$

$$\text{直接人工工资率差异} = \left(\text{直接人工实际工资率} - \text{直接人工标准工资率}\right) \times \text{实际产量下的直接人工实际工时}$$

现举例说明直接人工成本差异的计算方法。

【例 8-6】恒通公司生产乙产品 200 件，实际耗用工时 1 000 小时，实际工资率 3.00 元/小时，工时标准耗用量 4.8 小时/件，标准工资率 3.20 元/小时。

解：根据上述资料，计算直接人工成本差异：

直接人工成本差异＝3.00×1 000－3.20×4.8×200

＝－72（元）

其中：直接人工效率差异＝3.20×（1 000－4.8×200）

＝128（元）

直接人工工资率差异＝（3.00－3.20）×1 000

＝－200（元）

由计算可知：

直接人工成本差异（－72 元）＝直接人工效率差异（128 元）＋直接人工工资率差异（－200 元）

2. 直接人工成本差异分析

直接人工成本差异计算出来后，还要分析差异产生的原因。直接人工工时差异也称人工效率差异，因为生产一定数量的产品，耗用的工时少，说明生产效率高，耗用的工时多，说明生产效率低。其差异形成的原因很多，如材料传递方法不当，加工设备的完好程度，安排技术水平低、劳动熟练程度低的工人从事技术等级高、劳动熟练程度要求较高的工作，作业计划安排不当等原因将会影响实际工时，其责任应由生产部门负责。但由于采购部门购进了质量较次的材料，技术部门、设计部门调整工艺流程、改变加工方法等原因形成的效率差异，这不是生产部门所能控制的因素，应由有关部门负责。

直接人工工资率差异形成的原因，一般包括：企业与雇员、职工签订的工资合同的改变，工资制度和工资级别的调整，员工职位的升降，生产中升级或降级使用不同工资等级的工人，如给高级工人安排低级工种等原因将产生工资率差异。其责任除由生产部门负责外，劳动人事部门等其他部门也负有责任。

（三）变动制造费用成本差异的计算与分析

1. 变动制造费用成本差异的计算

变动制造费用成本差异是指在实际产量下变动制造费用的实际发生额与其预定的标准发生额之间的差额。它由变动制造费用效率差异和变动制造费用耗费差异两部分组成。其计算公式如下：

$$\begin{aligned}\text{变动制造费用成本差异} &= \text{实际产量下的实际变动制造费用} - \text{实际产量下的标准变动制造费用} \\ &= \text{变动制造费用实际分配率} \times \text{实际产量下的实际工时} - \text{变动制造费用标准分配率} \times \text{实际产量下的标准工时} \\ &= \text{变动制造费用效率差异} + \text{变动制造费用耗费差异}\end{aligned}$$

其中：

$$\text{变动制造费用效率差异} = \text{变动制造费用标准分配率} \times \left(\text{实际产量下的实际工时} - \text{实际产量下的标准工时}\right)$$

$$\text{变动制造费用耗费差异} = \left(\text{变动制造费用实际分配率} - \text{变动制造费用标准分配率}\right) \times \text{实际产量下的实际工时}$$

现举例说明变动制造费用成本差异的计算方法。

【例 8-7】恒通公司生产乙产品 200 件，实际耗用工时 1 000 小时，变动制造费用实际分配率为 1.00 元/小时，工时标准耗用量 4.8 小时/件，变动制造费用标准分配率 0.90 元/小时。

解：根据上述资料，计算变动制造费用成本差异：

变动制造费用成本差异＝1.00×1 000－0.90×4.8×200

＝136（元）

其中：变动制造费用效率差异＝0.90×（1 000－4.8×200）

＝36（元）

变动制造费用耗费差异＝（1.00－0.90）×1 000

＝100（元）

由计算可知：

变动制造费用成本差异（136 元）＝变动制造费用效率差异（36 元）＋变动制造费用耗费差异（100 元）

2. 变动制造费用成本差异分析

变动制造费用成本差异计算出来之后，还应结合实际情况，按构成变动制造费用的具体明细项目逐项分析差异形成的原因。影响变动制造费用耗费差异的原因有：间接材料价格变化或质量低劣，间接人工工资的调整，间接人员过多，其他各项变动制造费用控制不当等。而变动制造费用效率差异实际是反映了工时的运用效率，其形成原因与人工效率差异相同。

(四) 固定制造费用成本差异的计算与分析

1. 固定制造费用成本差异的计算

固定制造费用与变动制造费用不同，它在一定的相关范围内不随业务量的变动而变动，但单位产品成本中负担的固定制造费用，却与业务量的增减成反比例变动，因此固定制造费用中存在产量差异问题，其控制的方法也与变动制造费用不同。

固定制造费用成本差异是指在实际产量下固定制造费用的实际发生额与其预定的标准发生额之间的差额。其计算公式如下：

$$\text{固定制造费用成本差异}=\text{实际产量下的实际固定制造费用}-\text{实际产量下的标准固定制造费用}$$

$$=\text{固定制造费用实际分配率}\times\text{实际产量下的实际工时}-\text{固定制造费用标准分配率}\times\text{实际产量下的标准工时}$$

对固定制造费用成本差异的分解通常有两种方法，一种是两差异法，另一种是三差异法。

①两差异法

两差异法是指将固定制造费用成本差异分解为预算差异和能量差异两部分。其计算公式如下：

$$\text{固定制造费用预算差异}=\text{实际产量下的实际固定制造费用（即实际总额）}-\text{预算产量下的标准固定制造费用（即预算总额）}$$

$$\text{固定制造费用能量差异}=\text{固定制造费用标准分配率}\times\left(\text{预算产量下的标准工时}-\text{实际产量下的标准工时}\right)$$

②三差异法

三差异法是指将固定制造费用成本差异分解为预算差异、生产能力差异和效率差异三部分。其计算公式如下：

$$\text{固定制造费用预算差异}=\text{实际产量下的实际固定制造费用（即实际总额）}-\text{预算产量下的标准固定制造费用（即预算总额）}$$

$$\text{固定制造费用生产能力差异}=\text{固定制造费用标准分配率}\times\left(\text{预算产量下的标准工时}-\text{实际产量下的实际工时}\right)$$

$$\text{固定制造费用效率差异}=\text{固定制造费用标准分配率}\times\left(\text{实际产量下的实际工时}-\text{实际产量下的标准工时}\right)$$

很明显，三差异法实际上是在两差异法的基础上，将其中固定制造费用能量差异进一步细分为固定制造费用生产能力差异和固定制造费用效率差异。

现举例说明固定制造费用成本差异的计算方法。

【例 8-8】恒通公司生产乙产品 200 件，实际耗用工时 1 000 小时，预算产量 210 件，固定制造费用预算总额 8 568 元，固定制造费用实际支付 8 200 元，固定制造费用标准分配率为 8.50 元/小时，工时标准耗用量 4.8 小时/件。

解：根据上述资料，计算固定制造费用成本差异：

二差异法：

固定制造费用成本差异＝8 200－8.50×200×4.8

=40（元）

其中：固定制造费用预算差异=8 200−8.50×210×4.8

=8 200−8 568

=−368（元）

固定制造费用能量差异=8.50×（210×4.8−200×4.8）

=408（元）

由计算可知：

固定制造费用成本差异（40 元）=固定制造费用预算差异（−368 元）+固定制造费用能量差异（408 元）

三差异法：

固定制造费用成本差异=8 200−8.50×200×4.8

=40（元）

其中：固定制造费用预算差异=8 200−8.50×210×4.8

=8 200−8 568

=−368（元）

固定制造费用生产能力差异=8.50×（210×4.8−1 000）

=68（元）

固定制造费用效率差异=8.50×（1 000−200×4.8）

=340（元）

由计算可知：

固定制造费用成本差异（40 元）=固定制造费用预算差异（−368 元）+固定制造费用生产能力差异（68 元）+固定制造费用效率差异（340 元）

2. 固定制造费用成本差异的分析

固定制造费用成本差异计算出来之后，同样应结合企业实际情况，按构成固定制造费用的具体明细项目逐项分析差异形成的原因。影响固定制造费用预算差异的原因有：管理人员工资率变动，税率变动，折旧率变动，利率变动，酌量性固定成本的增减（如培训费、广告费、差旅费等），修理费用开支的变化以及租赁费、保险费的调整等。而影响固定制造费用能量差异（生产能力差异和效率差异）的原因主要有：设备能力利用不善，机械发生故障，停工待修，停工待料，生产批量变化，人员技术水平有限，不能充分发挥设备能力等。管理者应根据这些具体情况采取相应的措施。

第四节　成本差异的账务处理

标准成本的日常核算可按变动成本法，也可按完全成本法进行。在核算过程中，首先应设置“原材料”、“生产成本”、“库存商品”、“销售成本”等几个主要账户，其借方贷方都按标准成本入账。

其次成本差异核算还应按成本差异的种类设置各种成本差异账户，在完全成本法下，设置的会计账户包括“直接材料价格差异”、“直接材料用量差异”、“直接人工工资率差异”、“直接人工效率差异”、“变动制造费用耗费差异”、“变动制造费效率差异”、“固定制造费用预算差异”、“固定制造费用生产能力差异”、“固定制造费用效率差异”等。在变动成本下，可以不设“固定制造费用预算差异”、“固定制造费用生产能力差异”、“固定制造费用效率差异”账户。成本差异账户借方登记不利差异（超支差）、贷方登记有利差异（节约差）。

最后期末按各成本差异账户的借贷方余额编制“成本差异汇总表”，将各成本差异相互抵减后的净额列入当期损益表作为销售成本的调整项目。同时，期末各成本差异账户应予以结清，如果差异不大，可全部记入本期销售成本，如果差异大，则可以在“生产成本”、“库存商品”和本期销售产品之间进行分配，以便把它们的年终余额由标准成本调整为实际成本。

现举例说明成本差异的账务处理。

【例 8-9】恒通公司生产乙产品 200 件，当期全部完工，本期期初、期末无存货，销售单价 300 元/件。假定恒通公司本期推销及管理费为 4 800 元（全部为固定费用）。其他有关成本资料见上节成本差异分析的【例 8-5】、【例 8-6】、【例 8-7】、【例 8-8】。

解：据上述资料成本差异的计算结果，各成本差异的账务处理如下：

1. 直接材料成本差异的结转

（1）购入材料验收入库时

购入材料实际成本＝9.3×11.4×200＝21 204（元）

购入材料计划成本（标准成本）＝9.3×11.5×200＝21 390（元）

材料成本价格差异＝21 204－21 390＝－186（元）

借：原材料（标准成本）　　21 390

　贷：应付账款（或银行存款）（实际成本）　　21 204

　　直接材料价格差异　　186

（2）领用材料时

借：生产成本　　21 160

　　直接材料用量差异　　230

　贷：原材料　　21 390

2. 直接人工成本差异的结转

借：生产成本　　3 072

　　直接人工效率差异　　128

　贷：应付职工薪酬　　3 000

　　直接人工工资率差异　　200

3. 变动制造费用差异的结转

借：生产成本　　864

　　变动制造费用效率差异　　36

　　变动制造费用耗费差异　　100

贷：变动制造费用 1 000

4. 固定制造费用差异的结转（按完全成本法）

借：生产成本 8 160

固定制造费用效率差异 340

固定制造费用生产能力差异 68

贷：固定制造费用 8 200

固定制造费用预算差异 368

若按变动成本法则将固定制造费用转入期间成本。

5. 结转完工产品成本

(1) 按完全成本法：

借：库存商品 33 256

贷：生产成本 33 256

(2) 按变动成本法：

借：库存商品 25 096

贷：生产成本 25 096

6. 结转销售收入

借：应收账款（或银行存款） 60 000

贷：主营业务收入 60 000

7. 结转已销产品成本及成本差异

(1) 结转已销产品标准成本

a. 完全成本法：

借：主营业务成本 33 256

贷：库存商品 33 256

b. 变动成本法：

借：主营业务成本 25 096

贷：库存商品 25 096

(2) 据上述分录中各成本差异性质及数额，编制成本差异汇总表见表 8-4：

表 8-4 成本差异汇总表

账户名称	借方（超支）	贷方（节约）
直接材料价格差异		186
直接材料用量差异	230	
直接人工效率差异	128	
直接人工工资率差异		200
变动制造费用效率差异	36	
变动制造费用耗费差异	100	
固定制造费用效率差异	340	
固定制造费用生产能力差异	68	
固定制造费用预算差异		368
合　　计	902	754
差异净额	148	

（3）结转各成本差异至销售成本账户

借：主营业务成本　148
　　直接材料价格差异　186
　　直接人工工资率差异　200
　　固定制造费用预算差异　368
　贷：直接材料用量差异　230
　　　直接人工效率差异　128
　　　变动制造费用效率差异　36
　　　变动制造费用耗费差异　100
　　　固定制造费用效率差异　340
　　　固定制造费用生产能力差异　68

8. 根据上述资料，分别按完全成本法和变动成本法为该公司编制利润表。

（1）按完全成本法编制利润表，见表 8-5：

表 8-5　2005 年×月损益表　　单位：元

销售收入（200×300）	60 000
减：销售成本（标准成本）	33 256
加：成本差异净额	148
销售成本（实际成本）	33 404
销售毛利	26 596
减：销售及管理费用	4 800
税前净利	21 796

（2）按变动成本法编制利润表，见表 8-6：

表 8-6　2005 年×月损益表　　单位：元

销售收入（200×300）	60 000
减：变动成本	25 096
边际贡献	34 904
减：期间成本：	
固定制造费用	8 160
固定销售及管理费用	4 800
税前净利（标准）	21 944
减：成本差异净额	148
税前净利（实际）	21 796

由于该公司本期期初、期末无存货，按完全成本法与按变动成本法计算的营业利润相等。

【案例分析 1】

2006 年初，某公司采用下列标准成本：

项　目	价格标准	用量标准	标准成本
直接材料	2.50 元/千克	3 千克/件	7.50 元/件
直接人工	7.50 元/小时	5 小时/件	37.50 元/件
制造费用：			
变动	3.00 元/小时	5 小时/件	15.00 元/件
固定	4.00 元/小时	5 小时/件	20.00 元/件
单位标准成本			80.00 元/件

该公司 2006 年的预算是根据正常数量进行编制的，假设每月正常数量为 50 000 标准人工小时。1 月份，该公司生产 8 000 件产品，实际采购材料 30 000 千克，单价 2.60 元/千克，实耗材料 23 800 千克，产品实际加工工时总数 40 300 小时，直接人工费用分配率为 7.30 元/小时，实际制造费用 310 000 元（其中变动制造费用 116 870 元）。

另外，从供应部了解到，材料按采购计划执行，但由于物价上涨，供应单位提高了材料价格，每千克提高了 0.1 元。

从生产部了解到，因有两名高级技术工人辞职，安排了两名普通工人去顶岗。有一台设备出故障，停工检修两天。

从营销部了解到，原计划做电子牌广告的，经过调查分析发现影响不大，已经取消了。

从人事部了解到，有两名高级技术工人辞职，暂时还没有招聘到合适的技术工。

要求：(1) 根据实际产量 8 000 件，编制 2006 年 1 月份预计生产成本表。

(2) 根据资料为该公司 2006 年 1 月份计算下列差异，说明每项差异为有利或不利，并分析不利差异产生的原因，提出改进措施。

① 以进货计算直接材料价格差异；

② 直接材料用量差异；

③ 直接人工工资率差异；

④ 直接人工效率差异；

⑤ 变动制造费用效率差异；

⑥ 变动制造费用耗费差异；

⑦ 固定制造费用预算差异；

⑧ 固定制造费用能量差异。

【案例分析 2】

假定某公司采用标准成本会计制度对产品成本进行规划、核算与控制。本年度只生产一种产品，其单位产品的标准成本为 20 元/件（其中：直接材料 10 元/件，直接人工 6 元/件，变动制造费用 2 元/件，固定制造费用预算总额 20 000 元，按标准产量10 000 件计算）。若本年度该公司共生产产品 10 000 件，销售 8 000 件，期初无存货，销售单价 50 元/件，本年发生推销及管理费用 35 000 元（全部为固定费用）。记录显示本年发生的各种成本差异如下：

直接材料价格差异	—188 元（节约）
直接材料用量差异	235 元（超支）
直接人工工资率差异	—198 元（节约）
直接人工效率差异	123 元（超支）
变动制造费用效率差异	38 元（超支）
变动制造费用耗费差异	98 元（超支）
固定制造费用预算差异	—368 元（节约）
固定制造费用效率差异	338 元（超支）
固定制造费用生产能力差异	70 元（超支）

要求：（1）编制成本差异汇总表。

（2）编制结转各成本差异至销售成本的会计分录。

（3）分别按完全成本法和变动成本法编制利润表。

复习思考题

1. 什么是标准成本？制定标准成本有哪些作用？
2. 如何制定直接材料、直接人工和制造费用的标准成本？
3. 什么是成本差异？如何通过各项成本差异的计算与分析对成本进行日常控制？
4. 为什么把成本差异分为数量差异和价格差异两大类？哪些是数量差异？哪些是价格差异？
5. “材料价格差异应由采购部门负责，材料数量差异应由生产部门负责”，这种说法对不对？为什么？
6. 在标准成本制度下，其成本差异是如何进行账务处理的？
7. 成本控制的原则有哪些？
8. 成本控制的程序是什么？

第9章

责任会计

【学习指导】

通过本章的学习，了解责任会计的意义、内容及建立责任会计应遵循的原则，掌握责任中心的划分、各责任中心的考核指标、内部转移价格的类型和确定方法。

【技能要求】

能正确划分责任中心并进行责任预算的编制与考核。

【引导案例】

生产与销售部门如何负起责任?

华荣药业股份有限公司的主要产品为蜂王浆和人参素，市场旺销，特别在春节前后，市场上常常脱销，供不应求。今年春节期间，该公司销售部门要求进行突击生产，加班加点，生产更多的产品以增加销售，提高利润。然而公司生产部门却反对这一做法，认为这样做要打乱全年生产计划，花费的代价太大。另外，由于节假日加班加点往往要支付双倍甚至三倍的工资，因此产品成本很高，在进行一系列成本指标考核时，显然对生产部门十分不利，甚至要影响奖金。

但销售部门马上提出，生产部门是否愿意承担失去大量客户的责任，是否考虑到销售收入和企业利润等各项经济指标。当然，生产部门是不愿承担这些责任的。但双方互争不休，最后矛盾上交总经理室。总经理请财务部门提出意见，是否接受加班加点生产的提议?怎样处理生产部门和销售部门之间的矛盾?

请问：假如你是财务部经理，应该怎样回答这两个问题?

第一节　责任会计概述

一、责任会计的意义

责任会计是指以企业内部建立的各个责任中心为主体，以责、权、利相统一的机制为基础，对各责任中心的经济责任和工作业绩进行计量、评价和考核的一种内部会计制度。

责任会计是在20世纪中叶产生并逐渐发展起来的，它的产生基于西方当代管理科学的“分权”理论。第二次世界大战后，科学技术进步推动了生产力的发展，使企业规模愈来愈大，出现了大型跨国公司，分支机构遍及世界各地，管理层次增多，组织机构复杂，使集中决策效率很低，在这种情况下，许多关键问题的决策应由接触这些问题的经理们做出，因而决策权不可避免地要在各级管理人员之间进行分配，分权的实质就是决策的自由化。即将决策权随同相应的经济责任下放给不同层次的管理人员，使其能对日常的经营活动做出及时有效的决策，以迅速适应市场变化的需求。

实行分权管理，使分权管理单位具有相对的独立性和决策自主权，一方面调动了各级管理人员的积极性和创造性，不断提高工作效率和工作质量；但另一方面也可能使某些分权管理单位以牺牲企业整体利益或其他分权单位的利益为代价，来使自己的业绩达到最大。为了解决这方面的问题，就必须加强企业内部控制，而责任会计正是适应这种管理要求而不断发展和完善起来的一种行之有效的控制制度。

责任会计是社会化大生产和企业实行分权管理、推行内部经济责任制的产物。它在保证经济责任制的贯彻执行、加强企业内部管理、增强企业活力等方面都具有重要的现实意义。

（一）有利于贯彻经济责任制，使各级管理人员目标明确，责任清楚

任何一个企业的生产经营管理系统，都是由不同层次的若干部门组成的。为了实现企业的总目标，必须实行分级管理，分工负责。企业内部经济责任制就是要求企业根据分权管理的需要，确定各个内部单位及各级管理人员的经济责任，并赋予相应的管理权力，同时将经营成果与职工的经济利益相挂钩。责任会计是贯彻经济责任制的有效工具，通过责任会计可以明确分清企业内部各责任单位的权力和责任，使各责任单位明确任务，在其责任范围内努力完成任务。同时责任会计还须建立一套考核的方法和指标，来评价和考核各责任单位的工作完成情况，将各责任单位的工作与经济利益挂钩，做到责、权、利相结合。

（二）有利于实现经营活动的全面协调，保证完成整个企业的经营目标

为了保证企业总目标的实现，责任会计将总目标在不同责任单位间进行分解，形成责任预算。同时又必须把企业组织成为一个有机整体，使各部门、各层次的经济活动保持协调一致。在评价与考核各责任单位的工作业绩时，必须注意它们的经营目标是否符合企业的总目标，若不一致，应及时协商调整。这样，各责任单位就能从企业的全局需要出发，通过分析比较有关会计数据，来调节控制自身的生产经营活动，保证完成整个企业的经营目标。

（三）有利于调动企业全体员工的积极性

责任会计是一种为经济责任制服务的会计制度，它使经济责任制严格地建立在有关数据的基础上，正确反映各责任单位的工作业绩及其差异，做到责任清楚，奖罚分明，从而可激发各责任单位的主管人员和全体员工的积极性。

（四）促使企业完善各项会计基础工作

实施责任会计，要求有一套完整的会计基础工作与之相配套，如原始记录的整理，归类，各项定额、标准的测定，厂内内部转移价格的制定，各项规章制度的建立等等，否则责任会计就无法推行。因此，责任会计的实施促进了有关会计基础工作的建立和健全。

二、责任会计的内容

责任会计的内容主要有以下四个方面：

（一）划分责任中心，明确权责范围

根据企业的具体情况和内部管理的需要，将企业所属各部门、各单位划分为若干个责任中心，并规定这些责任中心的责权范围。

（二）编制责任预算，确定考核标准

责任中心建立后，把全面预算所规定的总目标在各责任中心之间进行层层分解，为每个责任中心编制责任预算，作为考核、评价各责任中心工作业绩的依据。

（三）编制责任报告，实施责任控制

责任预算确定后，对预算执行情况建立一套跟踪考核系统，定期编制责任报告，分析预算执行的差异及产生的原因，通过信息反馈，控制并调节经营活动。

（四）考评责任业绩，实施奖惩制度

根据各责任中心责任报告的预算数和实际数的对比，计算差异数并分析形成原因，揭示各责任中心的工作业绩及存在的问题，并对责任人实施相应的奖惩。

三、实施责任会计的基本原则

建立责任会计制度应符合以下几条基本原则：

（一）责权利相结合的原则

建立责任会计制度必须使责任中心的责任与其权力和利益相结合。首先是明确每一责任中心的职责范围；其次，必须赋予履行职责相应的权力；最后，依据各责任中心业绩明确奖惩措施，并切实执行。否则，各责任中心的负责人便失去了承担其责任的积极性，责任会计也就无法实施。

（二）责任可控性原则

责任可控性原则是指各责任中心只对其职责范围内可以控制的经济活动负责，对其不能控制的因素应排除在外，使责权利保持一致。

（三）目标一致性原则

目标一致性原则是要求各责任中心的责任目标与企业的总目标一致，各项指标计算的口径一致，考核评比的业绩标准一致，各责任中心的局部利益应服从于企业的总体利益。

（四）信息反馈原则

信息反馈性原则是要求按责任层次自下而上地建立一套信息反馈系统，及时、准确、可靠地反馈经济活动信息，以便对预算执行过程中发现的问题及时做出决策。

第二节　责任中心及考核

责任中心是指具有一定管理权限，承担相应经济责任的企业内部责任单位。其特征是一个责、权、利相结合的统一体，凡是企业中能够承担一定的经济责任，享有相应权力并能够单独进行业绩考核的内部单位，不论大小都可以成为责任中心。

责任中心按照控制范围和责任的大小，一般可分为成本中心、利润中心和投资中心三类。

一、成本中心及考核

(一) 成本中心与责任成本

成本中心是指只对成本负责的责任中心，也称费用中心。通常成本中心只发生成本，没有收入，因此，它无需对收入、利润和投资负责。

成本中心应用范围较广，任何对成本负有责任的单位都是成本中心，企业里的每一个分公司、分厂、车间、部门、工段、班组甚至个人都可以成为成本中心。至于企业中不进行生产而从事行政管理的服务部门（如财会、人事、总务等部门），则可称为费用中心，费用中心实质上也属于广义的成本中心。

成本中心的主要任务是控制和降低其责任成本，而责任成本应按责任中心进行计算，计算的原则是：哪个中心负责，就由哪个中心负担。可见责任成本是由成本中心控制并承担相应责任的成本。也就是说，责任成本同产品成本是不一样的，后者的计算原则是：哪种产品受益，就由哪种产品负担。因此，产品成本是以产品为对象而计算出来的成本。

既然责任会计以成本中心计算责任成本，那么，只能要求各个成本中心对其所能控制的成本负责。因此，实行责任会计，还必须将成本按其可控性区分为可控成本和不可控成本。

可控成本是指责任单位可以预计、准确计量并能直接调节和控制的成本。从可控成本定义可以看出，作为可控成本必须同时具备以下条件：

(1) 责任中心能够预知将要发生的成本；

(2) 责任中心能够准确计量所发生的成本；

(3) 责任中心能够调节和控制成本耗费。

凡不能同时满足上述条件的成本就是不可控成本。对于某个特定成本中心来说，它不应当承担不可控成本的相应责任。

可控成本总是针对特定责任中心来说的。一项成本，对某个责任中心来说是可控的，对另外的责任中心则是不可控的。如材料的进货成本，采购部门可以控制，生产耗用部门则不能控制。有些成本，对于下级单位来说是不可控的，而对于上级单位来说则是可控的。如车间折旧费对生产车间是可控的，但对其下属的班组是不可控的。一般情况下，各成本中心直接发生的直接成本大多是可控的，而由其他部门分配来的间接成本大多是不可控成本；变动成本大多是可控成本，而固定成本大多是不可控成本。但实际上也并不完全如此，需要结合有关情况具体分析。

(二) 成本中心的考核

1. 成本中心的考核指标

责任成本除包括成本中心发生的直接可控成本外，还应当包括分摊给本中心并由本中心负责的间接可控成本。所以成本中心的责任成本一般按其不同的责任层次进行划分。比如，总厂下属分厂、车间、班组三个层次，则这三个不同层次的责任成本的构成如下：

分厂责任成本＝各车间责任成本之和＋分厂应分摊的可控间接成本

车间责任成本＝各班组责任成本之和＋车间应分摊的可控间接成本

班组责任成本＝可控直接材料成本＋可控人工成本＋应分摊的可控间接成本

分厂责任成本由分厂厂长负责，车间责任成本由车间主任负责，班组责任成本由班组长负责。

成本中心的考核指标：

成本降低额＝预算的责任成本－实际发生的责任成本

$$成本降低率=\frac{成本降低额}{预算的责任成本}\times 100\%$$

2. 成本中心的考核

由于成本中心只对其可控成本负责，因而对成本中心的业绩评价与考核应以责任成本为重点。即以业绩报告为依据，将责任成本实际数与预算数比较，分析差异大小及产生的原因，评价成本中心的业绩好坏。

成本中心的业绩报告，主要列示其可控成本的各明细项目的预算数、实际数和差异数，至于不可控成本可不予列示，也可单独列示作为业绩报告的参考资料，供管理阶层了解成本中心所发生的全部费用。成本中心的业绩报告的格式见表 9-1：

表 9-1　某车间（成本中心）业绩报告　　单位：元

项　　目	预算数	实际数	差异数
可控成本：			
直接材料	17 000	18 800	1 800
直接人工	5 800	5 000	－800
管理人员工资	970	800	－170
间接人工	800	700	－100
物　　料	500	600	100
其　　他	400	400	0
合　　计	25 470	26 300	830
不可控成本：			
设备折旧		2 600	
其　　他		900	
合　　计		3 500	

二、利润中心及考核

（一）利润中心及其分类

利润中心是指既要对成本负责，又要对收入和利润负责的责任中心。利润中心既要控制成本的发生，又要控制其收入和利润的取得。它适用于企业中具有独立收入来源的较高责任层次，是拥有产品或劳务生产经营决策权的部门，如独立核算的分厂、分公司等。利润中心分为自然形成的利润中心和人为划分的利润中心。

自然形成的利润中心是指能够直接对外销售产品或提供劳务获得收入并赚取利润的责任单位。如独立经营和核算的企业一般都有外来业务收入，为自然形成的利润中心。企业内部较大的责任单位（如分公司、分厂等）若有外来业务收入也可成为自然形成的利润中心。

人为划分的利润中心是指不对外销售产品或提供劳务，只能在企业内部各责任中心之间按照内部转移价格相互提供产品或劳务而形成的利润中心。如一个纺织企业，纺纱车间将棉纱用内部转移价格提供给织布车间，织布车间将布用内部转移价格提供给印染车间。又如，动力、维修等部门为生产部门或其他部门提供的劳务按内部转移价格进行结算。那么这几个生产部门都可以成为人为的利润中心。因此，为了便于衡量各部门的绩效，通过内部转移价格的相互结算，使某些成本中心转化为利润中心。

（二）利润中心的考核

利润中心既对成本负责，又对收入和利润负责，因而利润中心的考核指标主要是责任利润。这里的成本和收入，对利润中心来说都必须是可控的。以可控收入减去可控成本后的可控净收入就是利润中心的可控利润，即责任利润。

利润中心的工作业绩可通过编制利润中心业绩报告显示。主要是通过成本目标、销售目标同实际销售成本和实际销售收入的对比，分析实际实现的利润与目标利润的差异，并对差异形成的原因和责任进行具体分析，对经营管理上的功过做出全面的评价。

利润中心的业绩报告，通常应分列出利润中心的收入、成本和利润的预算数、实际数和差异数。利润中心的业绩报告的格式见表 9-2：

表 9-2　某利润中心业绩报告　　单位：元

项　目	实　际	预　算	差　异
营业收入	185 000	165 000	20 000
变动成本：			
变动生产成本	88 000	80 000	8 000
变动推销成本	28 000	27 000	1 000
变动管理成本	14 000	16 000	－2 000
变动成本合计	130 000	123 000	7 000
边际贡献	55 000	42 000	13 000
减：期间成本			
直接发生的固定成本	9 500	9 000	500
上级分配的固定成本	6 100	6 500	－400
期间成本合计	15 600	15 500	100
营业利润	39 400	26 500	12 900

三、投资中心及考核

（一）投资中心及其适用范围

投资中心是指既要对成本、利润负责，又要对投资效果负责的责任中心。投资中心不仅能控制成本和收益，而且也能够控制资金的占用。因此，投资中心包括成本中心和利润中心。投资中心一般适用于规模和经营管理权力较大的责任单位，一般是企业的最高层次，如事业部、分公司、分厂等。投资中心拥有充分的经营决策权和投资决策权，并对其投资的经济效益负责。

（二）投资中心的考核

投资中心是最高层次的责任中心，因而对投资中心的评价与考核除成本、收入和利润外，还要重点考核投资的利用效果，通常以“投资报酬率”和“剩余收益”作为评价和考核的主要指标。

1. 投资报酬率指标

投资报酬率是指投资中心的利润与投资额的比率。它是全面评价投资中心各项经营活动的综合指标，既能反映投资中心的销售利润水平，又能反映投资中心的资产使用效果。其计算公式如下：

$$
\begin{aligned}
\text{投资报酬率} &= \frac{\text{利润额}}{\text{投资额}} \times 100\% \\
&= \frac{\text{利润额}}{\text{销售收入}} \times \frac{\text{销售收入}}{\text{投资额}} \times 100\% \\
&= \text{销售利润率} \times \text{投资周转率（资产周转率）}
\end{aligned}
$$

上述公式中：利润额是指税前净利，投资额是指经营中占用的固定资产和流动资产期初与期末的平均余额。从上述公式可以看出，为了提高投资报酬率，不仅要降低成本，增加销售，提高销售利润率，同时还要经济有效地使用资产，提高投资（资产）周转率。

【例 9-1】假设某投资中心本年度有关数据如下：

销售收入	115 000 元
税前净利	15 000 元
资产总额（期初余额）	65 000 元
资产总额（期末余额）	55 000 元
资产总额平均余额	60 000 元

要求：根据上述资料计算该投资中心的投资报酬率。

$$
\begin{aligned}
\text{解：投资报酬率} &= \frac{15\ 000}{60\ 000} \times 100\% \\
&= \frac{15\ 000}{115\ 000} \times \frac{115\ 000}{60\ 000} \times 100\% \\
&= 25\%
\end{aligned}
$$

投资报酬率指标可以使不同经营规模、不同投资项目的责任中心的工作业绩具有可比性，从而对各责任中心的工作业绩做出公正客观的评价。但使用这一指标对投资中心考核有一个缺点，那就是，当一个投资项目的投资报酬率高于某投资中心的投资报酬率而低于整个企业的投资报酬率时，或低于某投资中心的投资报酬率而高于整个企业的投资报酬率时，容易导致该投资中心只顾自身利益接受或拒绝该项目，而忽视企业整体利益的现象，从而违背一致性的原则。

因此，为了使投资中心的局部目标与企业的总体目标保持一致，弥补投资报酬率这一指标的缺点，还可以采用剩余收益指标来评价、考核投资中心的业绩。

2. 剩余收益指标

剩余收益是指投资中心获得的利润扣减其投资额按预期最低投资报酬率计算的投资报酬后的余额。其计算公式如下：

剩余收益＝利润－投资额×预期最低投资报酬率

上式中的预期最低投资报酬率，通常可按整个企业的平均投资报酬率计算，也可以是企业为该投资中心所规定的预期投资报酬率。

【例 9-2】假设某投资中心有关的数据如下：

营业利润　　　　　　　　25 000 元

资产总额平均余额　　　　125 000 元

预期最低投资报酬率 10％

则：剩余收益＝25 000－125 000×10％

＝12 500（元）

投资报酬率＝（25 000/125 000）×100％

＝20％

假如现在该投资中心接到一项投资报酬率为 15％的新投资项目，如果用投资报酬率指标作为考核该项目业绩标准的话，尽管这个项目对企业来讲是有益的（高于企业的平均投资报酬率 10％），但投资中心的经理也有可能拒绝，因为该项目的投资报酬率只有 15％，低于该投资中心的投资报酬率 20％。相反，如果用剩余收益指标作为考核它业绩标准的话，那么这个 15％的投资报酬率超过了预期最低投资报酬率 10％，还是能够给投资中心带来剩余收益，该投资中心会乐于接受这个新投资项目。由此可见，用剩余收益指标来考核投资中心的业绩，有利于防止各个投资中心的本位主义，它们就不会拒绝对整个企业有利的投资项目，也不会接受对整个企业不利的投资项目，促使它们从整体出发，乐于接受比较有利的投资，从而使各投资中心的局部目标同整个企业的总体目标保持一致。

当然，上面的情况并非说明采用剩余收益作为考核指标一定比投资报酬率好，要视具体情况而定。当资金比较宽裕时，一般采用剩余收益较好，因为资金较难找到市场，只要有利可图即可。而当资金比较短缺时，应尽可能充分利用资金，将其投入到最有利的项目中去，即投资报酬率最高的项目，力求获得尽可能多的报酬。

投资中心的业绩评价同样以其业绩报告为依据。投资中心的业绩报告，应列出营业收入、营业成本、营业利润、投资额、投资报酬率及剩余收益等指标的预算数、实际数和差异数，以便对投资中心的业绩进行全面的评价与考核。投资中心的业绩报告的格式见表 9-3：

表 9-3　某投资中心业绩报告　　单位：元

项　　目	实　　际	预　　算	差　　异
1. 营业收入	510 000	465 000	45 000
2. 营业成本	480 000	450 000	30 000
3. 营业利润（1－2）	30 000	15 000	15 000
4. 投　　资	200 000	150 000	50 000
5. 销售利润率（3÷1）	5.88％	3.23％	
6. 投资周转率（1÷4）	2.55 次	3.1 次	－0.55 次
7. 投资报酬率（5×6）	15％	10％	5％
		2.65％	
8. 最低报酬额（4）×8％	16 000	12 000	4 000
9. 剩余收益（3－8）	14 000	3 000	11 000

第三节　内部转移价格

一、内部转移价格的含义与作用

内部转移价格亦称内部结算价格。它是指企业内部各责任中心之间提供产品或劳务的相互结算而采用的一种内部价格标准。

企业内部各责任中心之间发生中间产品的转移或劳务的供应。如纺织企业中纺纱车间为织布车间提供棉纱，或维修车间为纺纱、织布车间提供劳务，其纺纱车间、织布车间和维修车间在责任会计制度下属于不同的责任中心，要进行各自独立的责任核算。为了明确区分经济责任，便于评价和考核这些车间的工作业绩，有必要按一定的价格对棉纱的转移、修理劳务的提供进行内部结转。内部转移价格采取了“价格”的形式，使两个责任中心处于交易的“买”、“卖”双方，具有与外部的市场价格相类似的作用，促使双方降低成本，提高经济效益。正确制定企业内部转移价格，在建立和实施责任会计制度中起到了很重要的作用。

（一）有利于明确划分各责任中心的经济责任

实行经济责任制，建立责任会计制度，都需要明确划分企业内部的各单位的经济责任。而制定合理的内部转移价格是划分经济责任不可缺少的手段。只有合理地确定了各责任中心进行经济往来时使用的结算价格，才能较好地维护各责任中心的经济权益，明确划清其经济责任，从而充分调动各责任中心的工作积极性。

（二）有利于评价和考核各责任中心的工作业绩

制定了合理的内部转移价格，就能使各责任中心在相互提供产品或劳务时必须进行结算，分清各自的责任和利益，从而对各责任中心的工作业绩做出公正、客观、准确的评价。

（三）有利于为管理当局和各责任中心进行正确的经营决策

由于企业内部采用统一的内部转移价格来进行各产品或劳务的结算或转账，使各责任中心的会计资料客观、可比，企业管理当局就能根据各责任中心的有关会计信息，正确地进行经营决策。

二、内部转移价格制定原则

（一）制定的内部转移价格必须有助于评价各责任中心的业绩，防止责任的转移

凡成本中心相互之间提供产品或劳务，以及有关成本中心的责任成本转账，一般以标准成本或预计分配率作为内部转移价格。这样便于分清责任，不会把供应单位的浪费或无效劳动转嫁给耗用单位去负担，能激励双方降低成本的积极性。但内部转移价格不能用实际成本，因为那样将会使供应单位的全部功过转嫁给耗用单位，从而削弱了双方控制成本和降低成本的积极性。

企业内部产品或劳务的转移，凡有一方涉及到利润中心或投资中心，则应尽可能采用市场价格为基础，制定内部转移价格。此外还可选用协商价格、双重价格、成本加成或其他标准。

（二）制定的内部转移价格要为供求双方自愿接受

在统一于企业整体利益的前提下，各责任中心具有相对独立的经营权，因此，制定内部转移价格时必须尊重各责任中心的主权，必须为各方所能接受。

（三）制定的内部转移价格符合整个企业与责任中心目标一致的原则

由于内部转移价格的高低直接关系到各责任中心经济利益的大小，每个责任中心必然会为本责任中心争取最大的利益，在利益发生冲突的情况下，企业应从全局利益出发制定内部转移价格，实现责任中心与企业整体的目标一致。

三、内部转移价格的类型

内部转移价格主要包括市场价格、协商价格、双重价格、成本加成等类型。

（一）市场价格

市场价格是指根据产品或劳务的市场交易价格作为内部转移价格。它适用于独立经济核算的利润中心之间相互提供产品或劳务时采用。从考评责任中心的业绩看，市场价格最为客观，对交易双方均无偏袒，这样既可以使有关责任中心保持相对独立性，又可以在企业内部形成一种竞争性的市场态势，从而能有效地调动各个责任中心的积极性，切实保障它们各自的经济权益。

采用市场价格作为内部转移价格时，企业内部的买卖双方，一般应遵循以下几条原则：

（1）若卖方愿意对内销售，且售价不高于市价时，买方有购买的义务，不得拒绝。

（2）若卖方售价高于市价时，买方有权拒绝购买，改向市场购入的自由。

（3）若卖方宁愿对外界销售，则应有不对内销售的权利。

但是，采用市场价格也受到一定限制。有些内部提供的产品或劳务，往往是专门生产的，或具有某种特定的规格，很可能没有市价作为准绳，在这种情况下，不宜采用市场价格为内部转移价格。

（二）协商价格

协商价格是指买卖双方以正常的市场价格为基础，定期共同协商，确定出的一个双方都愿意接受的价格作为内部转移价格。它适用于某种产品或劳务没有现成的市场价格或有不止一种市场价格的情况。通常，协商价格要比市场价格稍低一些，这是因为：

（1）内部转移价格中所包含的推销及管理费用低于市场上出售的商品。

（2）内部转移的数量一般较大，因而其单位成本就比较低。

（3）售出单位拥有多余的生产能量，因而协商价格只需略高于单位变动成本即可。

由此可见，市场价格一般只宜作为制定内部转移价格的上限，至于具体价格应由买卖双方参考市场价格，协商议订。另外，当产品或劳务在没有市场价格的情况下，也只能采用协议价格的方式来确定，也就是通过双方定期协商，确定出的一个双方都愿意接受的价格作为内部转移价格。

（三）双重价格

双重价格是指买卖双方采用不同的转移价格作为内部转移价格。

双重价格通常有两种形式：

（1）双重市场价格，即当某种产品或劳务在市场上出现不同价格时，买方可采用较低的市场价格进行结算，卖方则采用较高的市场价格进行结算。它适用于中间产品有外界市场、供应部门的生产能力不受限制的情况下采用。

（2）双重内部转移价格，即卖方按市场价格或协商价格进行结算，而买方则按卖方的单位变动成本进行结算。它适用于中间产品有外界市场、供应部门的生产能力不受限制，且单位变动成本低于市场价格的情况下采用。

双重价格的区别对待，有助于调动买卖双方的工作积极性。

（四）成本加成法

成本加成是指在产品或劳务的全部成本的基础上，加上按合理的利润率计算的利润作为内部转移价格。成本加成按采用的成本基础资料不同，又分为按实际成本加成和按标准成本加成两种。

1. 实际成本加成法

实际成本加成法是根据产品或劳务的实际成本，再加上按一定的合理利润率计算的利润作为内部转移价格。它主要适用于产品或劳务的转移涉及到利润中心或投资中心时采用。它的优点是能保证供应部门有利可图，可调动他们的工作积极性。但这种转移价格包含了实际成本，必然会将供应单位的功过转嫁给耗用单位，从而削弱了双方控制成本和降低成本的责任感。同时确定加成的利润率带有很大程度的主观随意性，给责任中心的考核工作带来困难。

2. 标准成本加成法

标准成本加成法是根据产品或劳务的标准成本，再加上按一定的合理利润率计算的利润作为内部转移价格。它主要适用于产品或劳务的转移涉及到利润中心或投资中心时采用。这种转移价格不仅能避免功过的转嫁现象，便于分清双方的经济责任，而且能调动供应部门的积极性。但确定加成的利润率仍带有很强的主观随意性，需要审慎研究、妥善制订。

（五）变动成本法

以变动成本作为内部转移价格的方法即为变动成本法。它适用于采用变动成本法计算产品成本的成本中心之间的往来结算。这种方法的优点是符合成本性态，能够明确揭示成本与产量的关系，便于考核各责任中心的工作业绩，有利于企业和责任中心进行生产经营决策。

但以变动成本作内部转移价格，对供应产品的责任中心是不利的，因为在这种转移价格下，供应产品的责任中心不能获得利润，甚至连固定成本都收不回来。所以，将变动成本作为内部转移价格的并不多。

四、运用机会成本法指导内部转移价格的制定

在制定转移价格方面的政策时，必须同时考虑买卖责任中心双方。机会成本法通过确认卖方责任中心愿意接受的最低价格和买方责任中心愿意接受的最高价格来满足双方的要求。最低价格和最高价格相当于内部转移的机会成本。

（一）最低价格

最低价格是指这样一种转移价格，若卖方责任中心将产品以该价格销售给其他责任中心而不是外部单位，其利益不会受到损失。

（二）最高价格

最高价格是指这样一种转移价格，若买方责任中心以该价格从其他责任中心而不是从外部单位购入产品，其利益不会受到损失。

在发生内部转移时，机会成本法能给责任中心之间就转移价格的协商制定提供指导。特别应当指出的是，只要卖方的机会成本（最低价格）低于买方的机会成本（最高价格），就应该进行产品的内部转移。通过这一方法，能确保双方均不会因产品的内部转移而受损（即降低利润）。

【案例分析 1】

华北公司内部责任中心的建立

华北公司准备按照分权管理的要求建立责任会计制度，设立内部责任中心。该企业是一个规模较大的机器制造企业，主要有五个生产制造车间和三个辅助性部门。三个辅助性部门分别是维修部门、供电供暖部门和行政管理部门。以上各部门都具有较大的独立性。该公司在建立责任会计制度的过程中，业务经理提出以下主要设想供参考：

（1）董事长主持讨论责任会计制度的建立方案，责成总经理具体实施。

（2）建立责任会计制度的宗旨是把它看作是企业全面质量管理的有效途径。

（3）该企业内部各机构、部门都可以被确认成为一个责任中心，指定专人承担相应的经济责任。

（4）根据分权的原则，企业只要求在执行预算过程中将信息迅速地反馈给各责任中心，而无须再向上级报告。

（5）内部转移价格属于短期决策中的价格决策内容，可由企业的业务部门具体操作，与责任中心无关。

（6）在确保原有组织机构的基础上，可以根据责任会计的要求对企业机构进行适当的调整。

（7）各成本中心为有效地管理该中心而发生的成本应被确定为责任成本。

（8）在未来 5 年的长远计划中，该公司准备再设立三个分部，并将他们设计成利润中心和投资中心，以加大管理力度。

（9）对于利润中心的考核，可以采用投资报酬率和剩余收益两种指标来衡量，但要注意前一指标可能导致职能失调的行为。

（10）要求责任中心进行系统地记录和计量，并定期编制业绩报告。

要求：根据建立责任会计制度和责任中心的原则，指出以上的设想在实际中是否可操作，哪些设想有明显的错误。

【案例分析 2】

企业产品内部转移时的价格问题

某公司有甲、乙两个分部，均为投资中心。甲中心生产的一种零件可供乙中心用以生产某产品。甲中心的单位生产成本为：

直接材料	10元/件
直接人工	2元/件
变动制造费用	3元/件
固定制造费用（按产量200 000件计算）	5元/件
合　计	20元/件

甲中心的其他费用为：

固定销售及管理费用	500 000元
单位变动销售费用	1元/件

甲中心所生产零件的外部市场单价在28元至30元之间。目前，甲中心以29元的单价将产品出售给公司外部的客户。甲中心的生产能力是一年200 000件，但由于经济不景气，预计在明年仅能售出150 000件。如果该零件在内部销售，可以节省变动销售费用。

乙中心一直以28元的单价向外部供货商购买该零件，预计明年需要50 000件。乙中心愿以18元的单价向甲中心购买50 000件该零件。要求：

(1) 确定甲中心愿意接受的最低价格是多少。

(2) 确定乙中心愿意支付的最高转移价格是多少。

(3) 是否应进行产品的内部转移？为什么？如果你是甲中心的经理，你愿意以18元的单价出售50 000件产品吗？请说明原因。

(4) 假设甲中心的平均营业资产是1 000万元。如果这50 000件产品以每件21元的价格出售给乙中心，试计算甲中心明年的投资报酬率。

复习思考题

1. 什么是责任会计？建立责任会计有哪些作用？
2. 建立责任会计应遵循哪些基本原则？
3. 责任会计的基本内容有哪些？
4. 什么是责任中心？责任中心分哪几类？它们之间有什么区别？
5. 责任成本与产品成本的区别是什么？
6. 如何评价投资中心的经营业绩？
7. 什么是内部转移价格？制定内部转移价格有哪些作用？
8. 制定内部转移价格应遵循哪些原则？
9. 内部转移价格有哪几种？它们的适用条件是什么？

第四编

管理会计领域的新发展

第10章

作业成本法

【学习目标】

通过本章学习，了解作业成本计算法的产生背景、原理、优缺点，了解作业成本管理的意义，掌握作业成本计算法的基本概念和计算程序，作业成本管理的概念、分析思路及实施步骤。

【技能要求】

能正确确定作业与作业中心、成本动因，正确计算并分配各产品的作业成本，具有作业成本分析及管理的能力。

【引导案例】

你知道什么叫作业成本法吗?

朝阳农机厂是一家多品种小批量生产模式的国有企业，制造费用超过人工费用的200％，传统成本法下成本扭曲，最大差异率达到46.5％。成本控制不力。为此，企业决定实施作业成本法。根据企业的工艺流程，确定了32个作业，以及各作业的作业动因，作业动因主要是人工工时，其他作业动因有运输距离、准备次数、零件种类数、订单数、机器小时，客户数等。通过作业分析，发现生产协调、检测、修理和运输作业不增加顾客价值，可以裁减一半的人员，并减少相关的资源支出。分析还显示，运输作业由各个车间分别提供，但是都存在能力剩余，将运输作业集中管理，可以减少三四台叉车。

根据作业成本法提供的信息，企业针对每个作业制定目标成本并细化到班组，增加了成本控制的有效性。此外，正确的成本信息对于销售的决策也有重要的影响。根据作业成本信息以及市场行情，企业修订了部分产品的价格。修订后的产品价格更加真实地反映了产品的成本，具有更强的竞争力。

你想知道什么是作业成本法吗？它与传统成本法有什么不同呢？

第一节　作业成本法基本理论

作业成本法（Activity-Based Costing，简称 ABC），也称为作业成本会计或作业成本核算制度。它是以成本动因理论为基础，通过对作业（Activity）进行动态追踪，反映、计量作业和成本对象的成本，评价作业业绩和资源利用情况的方法。

一、作业成本法的产生

作业成本法的研究最早可追溯到 20 世纪 40 年代初。当时最早提出的概念是“作业会计”（Activity-Based accounting）。最早从理论和实践上探讨作业会计的是美国会计学家埃里克·科勒教授。1941 年，科勒在《会计论坛》杂志上发表的一篇文章中指出：“作业就是一个组织单位对一项工程、一个大型建设项目、一项规划以及一项重要经营的各个具体活动所做出的贡献。”在设计作业会计制度时，科勒认为，“每项作业都应设置一个账户”，这也就是说作业账户的设置应从最低层预算单位开始，一层一层地设置到最高层，从而使作业会计应用于企业的每一层次，并实现预算与会计制度的协调一致。

1971 年美国的乔治·斯托布斯在其具有重大影响的著作《作业成本计算和投入产出会计》一书中，对“作业”、“成本”、“作业成本计算”等概念作了全面阐述，并提出：“作业会计”是一种和决策有用性目标相联系的会计。引发了 20 世纪 80 年代以后西方会计学者对传统的成本会计系统的全面反思。

20 世纪 80 年代末期，由于传统成本计算的弱点暴露更加充分，ABC 才引起广泛注意：为什么会产生 ABC？ABC 的基本思想和方法及其实际运用效果如何？

（一）高新技术的发展和应用，为 ABC 的产生提供了直接推动力

20 世纪 70 年代以来，发达国家企业面对日益激烈的全球市场竞争，纷纷将高新技术应用于生产领域。其基本特征为建立在电子技术革命基础上的生产高度计算机化、自动化，从产品订货开始，直到设计、制造、销售等所有阶段，所使用的各种自动化系统综合成一个整体，由计算机统一进行调控。高新技术在生产领域的广泛应用改变了企业产品成本结构，使得直接材料成本和直接人工成本比重下降，而制造费用比重却大幅度上升。在新的制造环境下，变动成本法的重要性在日趋减弱，一是在总制造成本中，变动成本的比重越来越小，特别是那些技术先进的组织，变动成本的比重低于 10%；二是把各个固定费用项目按期间归集处理，并不能为控制日益增长的固定成本提供良策。如何科学合理地分配制造费用成为一个重要问题。

（二）客户需求的多样化，破坏了传统成本计算法赖以存在的社会环境

高新技术在生产领域的广泛应用，极大地提高了社会生产力，促进了社会经济的发展，人们可以支配的收入大大增加，他们对消费提出越来越高的要求，从而使消费者的行为变得更具有选择性。这种社会需求的多元化使产品的淘汰更新速度加快，生命周期大大缩短。产品生命周期的缩短又使生产设备淘汰更快，企业经营风险加大，必然要求企业以市场为导向，从传统的以追求“规模经济”为目标的大批量专业化生产方式转变为能对顾客多样化需求迅速作出反应的“拉动式”小批量生产方式，以适应消费者多样化和快速多变的需求。这一趋势使得诸如产品设计、自动化技术设备等间接费用在产品成本中所占的比重越来越大。因此，在新的制造环境下，为了给企业决策提供正确、详细的信息，必须改进传统的计算方法。

（三）管理观念的变化为作业成本法的实施提供了条件

以计算机技术为代表的信息技术的发展和客户需求多样化趋势迫使企业更新管理理念。适时生产系统（JIT）与全面质量管理（TQM）的兴起为作业成本法的实施提供了条件。

适时生产系统和全面质量管理的管理理念在制造组织中的应用，要求企业通过改进产品设计和生产过程，减少产品零部件的数量，减少超量过时的存货及产品返工等浪费问题，也就是企业必须时刻检查并消除其不增值作业，传统的成本会计制度显然无法满足这样的要求，因而客观上催生出了作业成本计算与管理的思想与方法。

（四）传统成本计算方法的缺陷为作业成本法推广应用提供了机会

20 世纪 80 年代，美国哈佛商学院的卡普兰教授发现，业界普遍认可的 80/20 法则，即 80％的利润由 20％的产品产生的理念，掩盖了令人惊讶的事实：20％的产品事实上可以产生 225％的利润！大大被侵蚀掉的利润，并非被其他产品所消耗，而是不恰当的成本核算方法所致。

传统的完全成本法与变动成本法均有先天不足之处。它们都属于以数量为基础的成本计算系统，其共同点就是重视对直接材料、直接人工等直接成本的计算与控制，而对间接的制造费用或固定成本的计算与控制则没有给予应有的重视。表现在具体方法上，完全成本法对间接费用多采用以直接人工工时或机器小时为基础进行分摊，这种分摊法只有在产品品种很少或间接费用数额不大的大批量生产条件下才有其适用性。如果间接费用数额较大，仍以一个或几个标准来分配间接费用，必将导致成本信息失真，从而引起成本控制失效、经营决策失误。变动成本法也是以产品数量作为区分固定成本和变动成本的基础，这就使得管理当局很难弄清楚日益增长的固定成本到底是怎样变化的，在决策时亦就无法考虑它所定义的固定成本，从而难以达到决策的科学化。20 世纪 70 年代以前，间接费用仅占人工成本的 50％～60％，而现在很多企业的间接费用已上升为人工成本的 400％～500％。以少量的直接人工为基础分配大量的制造费用，必然带来成本分配的偏差。导致产量大、技术含量较低的产品成本偏高，而产量小、技术含量较

高的产品成本偏低，严重地扭曲了产品成本，由此可能导致生产经营决策的失误。传统成本核算方法已经不适应时代的需要，企业迫切需要新的成本核算方法，在此情况下，作业成本法应运而生。作业成本计算与传统成本计算不同的是，分配基础（成本动因）不仅发生了量变，而且发生了质变，它不只限于传统成本计算所采用的单一数量分配基准，而是采用多元分配基准，而且集财务变量与非财务变量于一体，并且特别强调非财务变量（产品的零部件数量、调整准备次数、运输距离、质量检测时间等）。这种量变和质变、财务变量与非财务变量相结合的分配基准，由于提高了其与产品实际消耗费用的相关性，能使作业成本会计提供“相对准确”的产品成本信息。

二、作业成本法的基本原理

作业成本法的基本原理是：根据“作业耗用资源，产品耗用作业；生产导致作业的产生，作业导致成本的发生”的指导思想，以作业为成本计算对象，首先依据资源动因将资源的成本追踪到作业，形成作业成本，再依据作业动因将作业的成本追踪到产品，最终形成产品的成本。其原理见图 10-1。

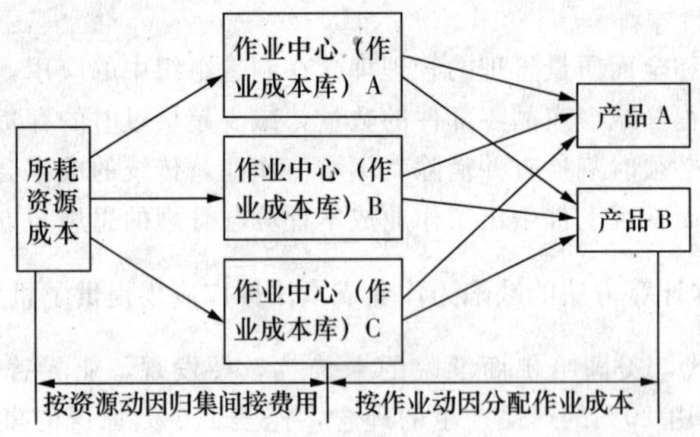

图 10-1　作业成本法的基本原理图

作业成本计算法，试图用成本动因来解释成本性态。根据成本与成本动因的关系，可以将成本分为：短期变动成本、长期变动成本和固定成本三类。短期变动成本在短期内随产品产量的变动而变动，所以，仍然以数量为基础如直接人工小时、机器小时、原材料用量等来归属这些成本。长期变动成本通常随作业的变动而变动，且变动所需要的时间也较长。因此，应以作业基础如检测小时、订购次数、整备次数等作为成本动因来归属之，而不像短期变动成本那样以数量基础作为成本动因。这样，在作业成本计算法下，管理当局的决策就应考虑短期变动成本和长期变动成本的数量，从而提高决策的科学性。

三、作业成本法的基本概念

（一）作业

所谓作业，是指组织内为了某种目的而进行的消耗资源的活动。如创业构想、筹划、产品设计、设备安装及材料搬运等。作业是连接资源与产品成本的桥梁。

1. 作业的基本特征

作业有以下几方面的特征：

（1）作业是一种资源的投入和另一种效果产出的过程

即作业既是一种狭义的、具体的交易活动，又是一种动态活动，在这种活动过程中它既需要投入资源，耗费资源，但在投入或耗费资源的同时，它又产生一定的效果，实现活动目的。如设计产品，投入的是智慧、技术、仪器等，产出的是产品设计图纸。

（2）作业活动贯穿于生产经营过程的全部

产品从设计到最终销售出去是由各作业的实施而完成的，没有作业的实施，经营活动就无法实现。

（3）作业是可以量化的

即作业可以采用一定的计量标准进行计量，这是作业重要的特性。

2. 作业的分类

作业有多种分类，如杰弗·米勒和汤姆·沃尔曼将作业分为逻辑性作业、平衡性作业、质量作业、变化作业；库珀将作业分为单位作业、批别作业、产品作业、工序作业；特尼教授将作业分为目标作业和维持性作业。下面主要说明单位水平作业、批量水平作业、产品水平作业及能力水平作业分类的具体含义。

（1）单位水平作业

单位水平作业是指作用于每一个产品单位或每一个顾客的作业。它使每一个单位产品或顾客受益，其成本与产品产量或服务量成比例变动，如对每件产品的加工作业或对每个顾客提供服务的作业（如对每一个产品所进行的质量检查消耗的间接人工成本明显与生产数量有关，机器运转消耗的润滑油、电力以及对机器的定期维修都与机器小时成比例）。

（2）批量水平作业

批量水平作业是指使一批产品或顾客受益的作业。如对每批产品的检验、机器准备、销售运送、原料处理、生产计划等作业，其成本与产品的批数成比例变动。批量水平作业的成本通常与处理的批数有关，不受产销数量或其他数量基准所影响。例如，为新的生产批别准备机器，一旦机器被准备好，每批无论是生产 100 单位还是 1 000 单位，准备成本都不变。因此，批量水平作业的成本取决于批数而非各批次的数量。

（3）产品水平作业

产品水平作业是指与某种产品的生产和销售有关的作业，即使某种产品的每个单位都受益的作业。其成本与产品产量及批数无关，但与产品种类数或产品线数量成比例变动。如对每种产品编制数控计划、制图、工艺设计、编制材料需求清单、产品改良、技术支持等，其作用在于支援该产品品种的生产，因此，与其他产品品种无关。

（4）能力水平作业

能力水平作业是使企业生产经营正常运转的作业，即使某个机构或某个部门受益的作业。其成本与产品的种类、生产的批次、每种产品的生产数量无关，但与企业生产能力占用的资源成比例变动。能力水平作业包括机器设备的租金、折旧费、保险费和税金、房屋维修费、绿化费等。此外，能力水平作业还包括企业管理、会计、人力资源管理费用等。

（二）作业链与价值链

现代企业是一个为了满足顾客需要而建立的一系列有序的作业集合体，这个有序的作业集合体，分布于从产品设计到产品售出的整个生产经营过程，由一系列前后有序的作业构成。例如，某零件制造厂的整个生产系统可以划分为若干个作业：原材料、辅助材料的投入→切削→打磨→装配→待检入库→出售。从这个过程可以看出，一项产品的完成依赖于一系列作业的完成，由这些作业的内在联系就形成了一条作业链。

作业与顾客价值观相联系。顾客价值是顾客实现的价值与顾客付出的代价之差。顾客实现的价值是顾客对得到的产品或劳务的性能、质量、品牌和售后服务等因素满足程度的综合表现，其数量是以上述诸因素效用函数值加权平均数为基础的顾客期望值。顾客付出的代价是指顾客付出的买价与顾客发生的附加成本（如学习如何使用产品花费的时间）。顾客价值越高，产品或劳务的市场越大，其盈利能力越强，企业的经营业绩就越好。

由价值来表现的作业链或作业链的价值表现称为价值链。按照ABC的原理，产品消耗作业，作业消耗资源。企业每项作业的产出均形成一定的价值，作业的转移伴随着其价值的转移，因而作业链的形成过程同时也是价值链的形成过程。

（三）作业成本

作业成本是指各项作业所消耗的资源。这里的资源，是指企业付出代价而获得的能为其带来收入的一切事物，如资金、原材料、机器设备及人力资源等。

（四）成本动因

成本动因是指导致企业成本发生的各种因素，又称成本驱动因素。它是引起成本发生和变动的原因，如采购订单便是采购作业的成本动因。成本动因具有隐蔽性，不易识别，需要对成本行为进行仔细分析才能找到。每一项作业，都有与其相对应的作业成本动因。

表 10-1　四种作业类型及相关作业成本动因

种类	代表性作业	作业成本动因
能力水平作业	机器设备的管理、会计和人力资源管理、房屋修理、照明、租金、折旧费	场地面积、设施设备数量
产品水平作业	产品设计、零部件管理、工艺设计、修改产品特性	产品种类、零部件数量、工艺改变单
批量水平作业	机器准备、首件产品检查、处理顾客订单、材料搬运、生产计划	准备小时、检查小时、订单数量、材料移动次数、产品生产
单位水平作业	产品检查、直接人工监督、直接动力、燃料费用	产品数量、直接人工小时、机器小时

成本动因按其对作业成本的形成及其在成本分配中的作用可分为资源动因和作业动因。

1. 资源动因

即作业成本计算的第一阶段动因，主要用于在各作业中心内部成本库之间分配资源。按照作业会计的规则：作业量的多少决定着资源的耗用量，资源耗用量的高低与最终的产品量没有直接关系。资源消耗量与作业量的这种关系称为资源动因。

资源动因反映着资源被各种作业消耗的原因和方式，它反映某项作业或某组作业对资源的消耗情况，是将资源成本分配到作业中去的基础。例如，搬运设备所消耗的燃料，直接与搬运设备的工作时间、搬运次数或搬运量有关，那么设备的工作时间、搬运次数或搬运量即为该项作业成本的资源动因。

2. 作业动因

即作业成本计算的第二阶段动因，主要用于将各成本库中的成本在各产品之间进行分配。它是各项作业被最终产品消耗的原因和方式。它反映的是产品消耗作业的情况，是将作业中心的成本分配到产品、劳务或顾客中的标准，是资源消耗转化为最终产出成本的中介。

（五）作业中心与作业成本库

作业中心是成本归集和分配的基本单位，它由一项作业或一组性质相似的作业所组成。一个作业中心，就是生产流程的一个组成部分。根据管理上的要求，企业可以设置若干个不同的作业中心，其设立方式与成本责任单位相似。但作业中心与成本责任单位的不同之处在于：作业中心的设立是以同质作业为原则，是相同的成本动因引起的作业的集合。

由于作业消耗资源，所以伴随作业的发生，作业中心也就成为一个资源成本库，也称为作业成本库，成本库的建立把制造费用的分配与产生这些费用的原因（成本动因）联系起来，不同的成本库选择不同的成本动因作为分配标准。

（六）作业成本分配率

作业成本分配率是指某成本库成本（作业成本）和相应成本动因的作业量的比率，也叫成本库分配率。其计算公式为：

$$某项作业成本分配率=\frac{某项作业成本总额}{某项作业成本动因的作业量}$$

$$\begin{matrix}某产品应承担的某项\\作业成本分配额\end{matrix}=\begin{matrix}该产品消耗的某项作业\\成本动因的作业量\end{matrix}\times\begin{matrix}该项作业\\成本分配率\end{matrix}$$

四、作业成本法计算程序

作业成本法是以作业为核算对象，首先根据作业对资源的消耗情况将资源的成本分配到作业，其次由作业依成本动因追踪到产品成本的形成和积累过程，由此得出最终产品的成本。这个过程如图 10-2 所示。

资　源 → 作　业 → 产　品

图 10-2　作业成本法的成本分配

作业成本法计算步骤如下：

（一）确认作业和作业中心，建立作业成本库

首先，确认与企业制造费用发生有关的作业。不同类型的企业，不同产品的生产，其作业活动的领域不同，选择的成本基础也就不同。例如，企业可以把作业活动分为生产准备、购货订单、设备维修、材料处理、材料采购、质量监督、生产计划、工程设计变更、材料搬运、生产调度、包装和运输等。服务于最终产品的作业往往非常之多，而选用的作业种数越多，计量成本就越高。因此，一个企业初次建立作业成本计算制度时，不妨先选用典型作业，一般 20～30 种即可。随后可适当增加，但不管何种行业，为 ABC 所设置的作业种数都不宜超过 100 种。

其次，在确认作业的基础上，对作业进行筛选与整合。在一个企业内部，其作业种数的多少取决于其经营的复杂程度，生产经营的规模与范围越大，复杂程度越高，导致成本产生的作业种数也就越多。事实上，如果列示全部的作业种数，会增大信息采集的成本。因此有必要对这些作业作必要的筛选与整合，确保最后可设计出特定而有效的作业中心。为了有效筛选，必须了解：

1. 每项作业的有关成本的重要性

以便评价它们是否值得单独列示为一独立的成本归集库。

2. 影响每项作业成本的因素（成本动因）

以便评价个别作业的成本性态是否同质，从而考虑它们是否可能被合并为一个成本归集库。

（二）将作业活动所消耗的资源成本分配给各种作业

在确定企业作业的前提下，按不同的作业领域追踪所消耗的各种资源，这些资源构

成了产品的制造费用。例如，对于材料搬运，应追踪到其搬运的物资，是原材料还是零部件；对于生产调度，应追踪到其生产调度的依据上去，即生产订单；对于自动化设备操作，应追踪到其机器工时等等。

（三）确认各作业的成本动因并统计作业量

确认各作业的作业成本动因，并统计各作业活动所消耗的作业量。例如，材料搬运作业所消耗的作业量是搬运的零件数量；生产调度作业所消耗的作业量是生产订单数量；自动化设备操作所消耗的作业量是机器工时数。据此分别计算各项作业的作业成本分配率。

（四）将各项作业成本分配到产品中

按每个成本库各自不同的作业成本分配率将其成本分配计入产品中，计算出各种产品的总成本和单位产品成本。

可以用图 10-3 表示作业成本法的成本计算过程。

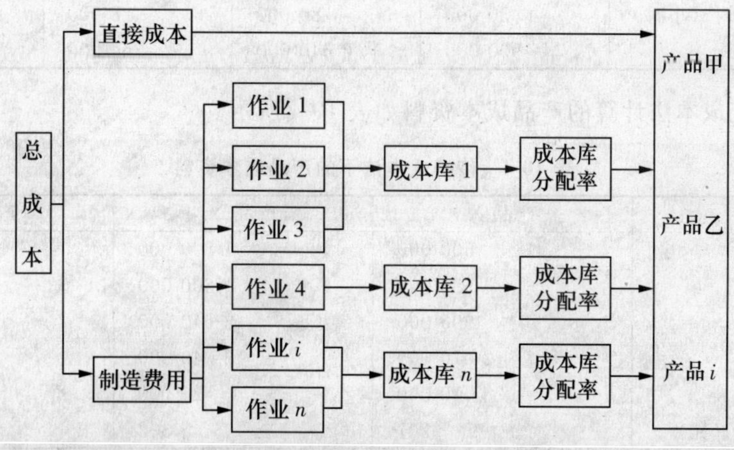

图 10-3 作业成本法计算过程

五、作业成本计算法应用举例

【例 10-1】海通公司生产 X、Y、Z 三种电子产品。产品 X 是三种产品中工艺最简单的一种，公司每年销售 10 000 件；产品 Y 工艺相对复杂一些，公司每年销售 20 000 件，在三种产品中销量最大；产品 Z 是三种产品中工艺最复杂的一种，公司每年销售 4 000件。公司设一个生产车间，主要工序包括零部件排序准备、自动插件、手工插件、压焊、技术冲洗及烘干、质量检测和包装。原材料和零部件均外购。海通公司一直采用传统成本计算方法计算产品成本。公司有关的成本资料，如表 10-2 所示。

表 10-2 成本资料

	产品 X	产品 Y	产品 Z	合 计
产量（件）	10 000	20 000	4 000	
直接材料（元）	500 000	1 800 000	80 000	2 380 000
直接人工（元）	580 000	1 600 000	160 000	2 340 000
制造费用（元）				3 894 000
年直接人工工时（小时）	30 000	80 000	8 000	118 000

（一）采用传统成本计算方法

在传统成本计算法下，海通公司以直接人工工时为基础分配制造费用。

分配率＝3 894 000/118 000＝33（元/小时）。制造费用分配如表 10-3 所示。

表 10-3 传统成本计算法下的制造费用分配

	产品 X	产品 Y	产品 Z	合 计
年直接人工工时（小时）	30 000	80 000	8 000	118 000
制造费用（元）	990 000	2 640 000	264 000	3 894 000

采用传统成本法计算的产品成本资料如表 10-4 所示。

表 10-4 传统成本法下的产品成本资料

	产品 X	产品 Y	产品 Z
直接材料（元）	500 000	1 800 000	80 000
直接人工（元）	580 000	1 600 000	160 000
制造费用（元）	990 000	2 640 000	264 000
合计	2 070 000	6 040 000	504 000
产量（件）	10 000	20 000	4 000
单位产品成本（元）	207	302	126

（二）公司的定价策略和产品销售方面的困境

1. 公司定价策略

公司采用成本加成定价法作为定价策略，按照产品成本的 125％设定目标售价。如表 10-5 所示。

表 10-5 目标售价及实际售价 单位：元

	产品 X	产品 Y	产品 Z
产品成本	207.00	302.00	126.00
目标售价	258.75	377.50	157.50
实际售价	258.75	328.00	250.00

2. 销售方面的困境

近几年，公司在产品销售方面出现了一些问题。产品 X 按照目标售价正常出售。

来自外国公司的竞争迫使公司将产品 Y 的售价降低到 328 元，远远低于目标售价 377.5 元；产品 Z 的售价定于 157.5 元时，公司收到的订单数量非常多，超过其生产能力，因此公司将产品 Z 的售价提高到 250 元。即使在 250 元这一价格下，公司收到的订单依然很多，其他公司在产品 Z 的市场上无力与公司竞争。上述情况表明，产品 X 的销售及盈利情况正常，产品 Z 是一种高盈利低产量的优势产品，而产品 Y 是公司的主要产品，年销售量最高，但现在却面临困境，因此产品 Y 成为公司管理人员关注的焦点。在分析过程中，管理人员对传统成本计算法提供的成本资料的正确性产生了怀疑。他们决定用作业成本法重新计算产品成本。

（三）采用作业成本计算法

1. 确认作业和作业中心，建立作业成本库。管理人员经过分析，确认了公司发生的主要作业并将其划分为几个同质的作业成本库，然后将制造费用归集到各作业成本库中。归集的结果，如表 10-6 所示。

表 10-6　重新归集的成本库

制造费用	金额（元）
装配	1 212 600
材料采购	200 000
物料处理	600 000
启动准备	3 000
质量控制	421 000
产品包装	250 000
工程处理	700 000
管理	507 400
合计	3 894 000

2. 确认各作业成本库的成本动因。如表 10-7 所示。

表 10-7　各产品作业量

制造费用	成本动因	作业量			
		产品 X	产品 Y	产品 Z	合　计
装配	机器小时（小时）	10 000	25 000	8 000	43 000
材料采购	订单数量（张）	1 200	4 800	14 000	20 000
物料处理	材料移动（次数）	700	3 000	6 300	10 000
启动准备	准备次数（次数）	1 000	4 000	10 000	15 000
质量控制	检验小时（小时）	4 000	8 000	8 000	20 000
产品包装	包装次数（次数）	400	3 000	6 600	10 000
工程处理	工程处理时间（小时）	10 000	18 000	12 000	40 000
管理	直接人工（小时）	30 000	80 000	8 000	118 000

3. 计算各作业成本分配率。如表 10-8 所示。

某项作业成本分配率＝某项作业成本总额/某项作业成本动因的作业量

表 10-8　各作业成本

制造费用	成本动因	年制造费用	年作业量	单位作业成本
装配	机器小时（小时）	1 212 600	43 000	28.20
材料采购	订单数量（张）	200 000	20 000	10.00
物料处理	材料移动（次数）	600 000	10 000	60.00
启动准备	准备次数（次数）	3 000	15 000	0.20
质量控制	检验小时（小时）	421 000	20 000	21.05
产品包装	包装次数（次数）	250 000	10 000	25.00
工程处理	工程处理时间（小时）	700 000	40 000	17.50
管理	直接人工（小时）	507 400	118 000	4.30

4. 将各项作业成本分配到产品中。如表 10-9 所示。

表 10-9　各产品制造费用

制造费用	单位作业成本（元）	产品 X		产品 Y		产品 Z	
		作业量	作业成本（元）	作业量	作业成本（元）	作业量	作业成本（元）
装配	28.20	10 000	282 000	25 000	705 000	8 000	225 600
材料采购	10.00	1 200	12 000	4 800	48 000	14 000	140 000
物料处理	60.00	700	42 000	3 000	180 000	6 300	378 000
启动准备	0.20	1 000	200	4 000	800	10 000	2 000
质量控制	21.05	4 000	84 200	8 000	168 400	8 000	168 400
产品包装	25.00	400	10 000	3 000	75 000	6 600	165 000
工程处理	17.50	10 000	175 000	18 000	315 000	12 000	210 000
管理	4.30	30 000	129 000	80 000	344 000	8 000	34 400
合计			734 400		1 836 200		1 323 400

5. 重新计算出 X、Y、Z 三种产品的单位产品成本资料。如表 10-10 所示。

表 10-10　各产品成本分布　　单位：元

项　目	产品 X	产品 Y	产品 Z
直接材料	500 000	1 800 000	80 000
直接人工	580 000	1 600 000	160 000
装配	282 000	705 000	225 600
材料采购	12 000	48 000	140 000
材料处理	42 000	180 000	378 000
启动准备	200	800	2 000
质量控制	84 200	168 400	168 400
产品包装	10 000	75 000	165 000
工程处理	175 000	315 000	210 000
管理	129 000	344 000	34 400
合计	1 814 400	5 236 200	1 563 400
产量（件）	10 000	20 000	4 000
单位产品成本	181.44	261.81	390.85

(四) 问题的解决

由作业成本计算法得出的成本资料可知，产品X和产品Y在作业成本法下的单位产品成本都远远低于传统成本计算法下的单位产品成本。这为公司目前在Y产品方面遇到的困境提供了很好的解释。不同成本计算方法得出的单位产品成本对比如表10-11所示。

表10-11　不同成本计算方法结果的对比　　单位：元

项　目	产品X		产品Y		产品Z	
	传统成本计算法	作业成本计算法	传统成本计算法	作业成本计算法	传统成本计算法	作业成本计算法
产品成本	207.00	181.44	302.00	261.81	126.00	390.85
目标售价	258.75	226.80	377.50	327.26	157.50	488.56
实际售价		258.75		328.00		250.00

如表10-11所示，根据作业成本法计算的单位产品成本，产品Y的目标售价是327.26元，公司原定的377.50元的目标售价显然是不合理的，公司现有的328元的实际售价与日标售价基本吻合。产品X的实际售价258.75高于重新确定的目标售价226.80元，是一种高盈利的产品。产品Z在传统成本法下的产品成本显然被低估了，公司制定的目标售价过低，导致实际售价250低于作业成本计算得到的产品成本390.85元，如果售价不能提高或产品成本不能降低，公司应考虑放弃生产产品Z。

海通公司的管理人员利用作业成本计算法取得较传统成本计算法更为准确的产品成本信息，对公司的定价策略进行了及时调整，提高了公司的经济效益。

六、作业成本法与传统成本法的比较

作业成本法与传统成本法相比主要有以下特点：

(一) 对产品间接费用的分配更为合理

与传统成本计算方法相比，作业成本法分配基础发生了质变。它不再采用单一的数量作分配基准，而采用多元成本动因作分配基准；集财务变量与非财务变量于一体，且特别强调非财务变量（如调整准备次数、运输距离、质量检验次数等）。因此，作业成本法所提供的成本信息要比传统成本计算法准确得多。

(二)“作业”是作业成本法的基本核算对象

传统成本法主要以产品为成本对象计算成本。而作业成本法以“作业”作为最基本的成本计算对象。其他成本对象的成本计算均通过作业成本进行分配。正是由于作业成本法可以提供各项作业耗费的成本信息，因此能为管理人员展开作业管理并改善作业链成为可能。

（三）作业成本法是更广泛的完全成本法

传统的完全成本将许多成本项目列作期间费用，在发生的当期“一次性扣除”而不加以分配。在作业成本法下，对于营销、产品设计等领域发生的成本，只要这些成本与特定产品相关，则可通过有关作业分配至有关产品（或其他成本对象）。这样所提供的成本信息更有利于企业进行定价等相关决策。

（四）作业成本法视所有成本为变动的

在变动成本法下，有相当一部分成本，因其在一定范围不随产量（或机器小时等其他业务量）的变动而被划分为固定成本。而从作业成本法的观点看，这部分成本虽然不随产量增加而增加，但却会随其他因素的变化而改变。这些因素包括产品批次、生产线的调整、企业生产能力的增减等。作业成本法将所有成本均视为变动的。这有利于企业分析成本产生的动因，进而降低成本。

七、作业成本计算法（ABC）的优缺点

（一）作业成本计算法的优点

1. 有利于提高成本信息质量，特别是在与产量不相关的制造费用较大、企业产品多样化时更为有效。

2. 有利于现代生产系统的作业成本管理，ABC 提供的作业成本信息，便于分析成本升降的原因。

3. 有利于完善责任成本管理，建立一种以作业为基础的责任会计体系。

4. 有利于更准确地理解和确认成本性态，从而改进成本预测和决策。

（二）作业成本计算法的缺点

1. ABC 提供的信息仍以历史成本为基础，并且具有内部导向，所以与未来的战略决策缺乏战略相关性。

2. 完全消除主观分配因素，如计提折旧、无形资产摊销等。

3. 增加了计算程序，加大了工作量，使信息成本提高。

4. 成本动因选择也有一定的难度，甚至可能会出现随意性，特别是对于广告费、外部审计费、商誉摊销等。

第二节　作业成本管理

一、作业成本管理基础

作业成本法开发的最初目的是克服传统成本计算制度对成本的扭曲，但是后来，研究的结果却逐渐超越了解决成本扭曲问题的本意。随着运用作业成本法的企业逐渐增多，管理者发现作业成本法给企业成本管理提供了良好的基础。于是，利用作业成本信息进行预算管理、生产管理和进行顾客盈利性分析等应用纷纷出现。美国管理会计学会调查数据表明，美国企业中实施和采纳作业成本管理的企业在 20 世纪 90 年代初期约为 11%（1991 年），中期上升到 49%（1996 年），目前已超过 70%。这些企业将作业成本管理用于战略决策和作业分析等方面，取得了明显的成效。中国的一些领先制造企业如许继电气集团等也在尝试开展作业成本管理，对于中国企业来讲，在了解和掌握了作业成本管理的知识技能之后，利用其提高管理效率、控制成本、精简作业的未来也会是十分光明的。

作业成本管理（Activity-Based Costing Management，ABCM）是以提高客户价值、增加企业利润为目的，基于作业成本法（ABC）的新型集中化管理方法。它把企业看作为最终满足顾客需要而设计的一个由此及彼、由内到外的作业链，要求通过不断改进和优化企业的作业链来不断改进和优化企业价值链，从而达到降低成本，提高效率，增强企业竞争实力的目的。作业成本管理以作业作为企业管理的起点和核心，比传统的以产品作为企业管理的起点和核心的管理方法，在层次上大大深化了，可将其视为企业管理思想的一个重大的革命性的变革。作业成本管理的关键在于作业分析、成本动因分析和业绩计算。

（一）作业分析

1. 区分增值作业和非增值作业

增值作业是指企业生产经营所必需的，且能为顾客带来价值的作业。例如，采购订单的获取、在产品的加工以及完工产品的包装均属于增值作业。对于增值作业，企业要做的是努力提高其执行效率。非增值作业是指对增加顾客价值没有贡献，或者消除后不会降低产品价值的作业，比如储存、移动、等待及检测等作业。非增值作业是企业作业成本管理的重点。实际上，在一个企业所从事的作业中，非增值作业占有相当大的比重，存在巨大的改进潜力。企业应合理安排作业及作业之间的联系，竭力减少非增值作业的执行。一般来说，一个企业的非增值作业主要有：

① 计划作业。该作业要耗费时间和资源来决定如何生产、生产多少、何时生产。

② 移动作业。该作业要耗费时间和资源将原材料、在产品和产成品从一个部门转

移到下一个部门。

③ 等待作业。原材料或在产品未被下一道工序及时加工而形成等待作业，这一作业也要耗费时间及资源。

④ 检查作业。该作业要耗费时间和资源来确保产品符合标准。

⑤ 储存作业。该作业要消耗时间和资源来保存原材料或产品。

2. 分析重要性作业

企业的作业通常多达几十种，甚至上百种、上千种，对这些作业一一进行分析是不必要的，因为这样做不符合成本—效益原则。根据重要性原则，可只对那些相对于顾客价值和企业价值而言比较重要的作业进行分析。以便改进和控制重要作业，降低其成本。

3. 把企业的作业同其他企业类似的作业进行对比

因为增值的作业并不意味着有效和最佳，通过与其他企业先进水平的作业进行比较，可以判断某项作业或企业整个价值链是否有效，寻求改进的机会。例如，产品设计作业，应是一种增值作业，但是，如果某企业采用能快速提供服务的计算机辅助设计，在采用多品种、少批量生产方式和要求快捷供货的情况下，用计算机辅助设计代替人工设计应是必要的。

4. 分析作业之间的联系

作业成本法下的各种作业相互联系，形成作业链，理想的作业链应该是使作业完成的时间最短和重复的次数最少。由此我们知道，作业管理不仅仅是一项管理工作，更为重要的它还是不断改进企业作业活动的动态过程。

（二）成本动因分析

成本动因即构成成本结构的决定性因素。成本动因通常分为资源动因和作业动因两种。资源动因是资源成本分配到作业中心的标准，其反映作业中心对资源的消耗情况，作业动因是将作业中心的成本分配到最终商品的纽带。成本动因分析的目的，就是通过对各类不增值作业根源的探索，力求摆脱无效或低效的成本动因。

（三）业绩计算

在作业分析和成本动因分析的基础上，建立相应的业绩计算体系，以便对 ABCM 的执行效果进行考核和评价。然后通过这种 ABCM 绩效信息反馈，重新进行下一循环的更高层的作业分析和成本动因分析。

二、作业成本管理方法与应用

管理者在进行了作业成本分析、了解了产品成本之后，就会采取许多可行的策略来增加产品系列的获利能力。管理者利用作业成本信息所采取的行动即为作业成本管理，主要内容包括：产品重新定价、替代产品、重新设计产品、改进生产过程和经营策略、技术投资和产品削减等。

(一) 作业成本管理方法

1. 作业消除

作业消除就是消除不增值的作业，即先确定不增值的作业，进而采取有效措施予以消除。例如将原材料从集中保管的仓库搬运至生产部门，将某部门生产的零部件搬运到下一个生产部门等都是不增值作业。如果条件许可，将材料供应的交货方式改变为直接送达原材料至使用部门，改善工厂布局，缩短运输距离，这些均会削减甚至消除不增值作业。

2. 作业选择

作业选择就是尽可能列举各项可行的作业并从中选择最佳的作业。不同的策略经常产生不同的作业，例如不同的产品销售策略会产生不同的销售作业，而作业引发成本，因此不同的产品销售策略，会引发不同的作业及成本。在其他条件不变的情况下，选择作业成本最低的销售策略，可以降低成本。

3. 作业减低

作业减低就是改善必要作业的效率或者改善在短期内无法消除的不增值的作业，例如减少整理准备次数，就可以改善整理准备作业及其成本。

4. 作业分享

作业分享就是利用规模经济效应提高必要作业的效率，即增加成本动因的数量但不增加作业成本，这样可以减低单位作业成本及分摊于产品的成本。例如，新产品在设计时如果考虑到充分利用现有其他产品使用的零部件，就可以免除新产品零部件的设计作业，从而降低新产品的生产成本。

(二) 作业成本管理的应用

1. 产品定价

对于许多在价格调整方面拥有自主权的公司，当管理者采用传统的标准成本制的价格政策时，由于制造费用的分配是通过直接人工或机器小时来实现的，管理者只能制定出很差的价格政策。例如，高产量的蓝黑笔的价格是在激烈竞争的市场上建立起来的，特殊的产品如紫红色笔，虽然外表和生产过程都类似，但由于其独特的性质，还需为这种产品付出很高的关于产品发展、产品改进、购买、接收、检查、准备以及保持这种特殊颜色所需资源等方面的成本，价格就会稍高于普通的蓝黑笔。在通常情况下，对于一位顾客来说，购笔的这项花费只是他全部花费中很小的一部分（购买特殊颜色的笔用来书写婚礼请柬的钱还不到整个婚礼花费的 0.01%），因此，顾客会愿意为高品质、可靠的产品以及特殊产品的独特性能付出相当的高价。所以，在进行初步的作业成本分析之后，公司往往能将那些特殊的、顾客化的和豪华产品的价格上调 50%甚至更多。相反的，一旦那些低产量的特殊产品的成本被正确的分配了以后，那些高产量普通产品的成本就会下降，成熟产品的成本可能会降低 5%～8%。虽然这样的成本下降看上去是比较小的，但高产量的成熟产品通常在竞争市场上销售要达到 3%～5%的边际增长都是很难的。事实上，如果这些产品没有被分配它根本没有耗用的资源资本，那么它们早就可以取得更高的边际收益了。在这种情况下，公司可能采取积极的价格策略以提高这些获利产品的销售量。

2. 产品替代

与提高低产量、特殊订货产品的价格可达到相同效果的方法是，用现有的低成本的可供选择的产品对其进行替代。在许多情况下，顾客对于需要耗用高成本的产品的一些特色是冷淡的，他们可能希望拥有一支紫红色的笔，但一支已经被大量生产的紫色笔因其价格较低，也许就能代替紫红色的笔而满足顾客的需要。

定价和产品替代是相互补充的行为，代理商可以为顾客提供一种选择，即以高价格获得专门指定性能的产品和以低价格获得一种低成本的替代品并放弃性能上的要求。运用作业成本分析提供的信息，代理商可以同顾客进行一次易于理解的基于事实的讨论，以使顾客了解性能、独特性和价格之间的交替关系。因此，如果顾客不愿意为独特产品付出50%的价格溢价，产品代理商就可以向其显示一种相同功能的现有产品，也可以满足其技术上的要求，而这种产品不需要付出价格溢价。一些公司已经给他们的代理商配备了装有作业成本分析的笔记本电脑，这样代理商就可以同顾客进行关于产品特性同价格之间交替情况的现场讨论。

3. 重新设计产品

一些产品之所以昂贵是由于设计不合理。在没有作业成本引导产品设计的情况下，工程师们往往忽略许多部件及产品多样性和复杂的生产过程的成本。他们为性能而设计产品却不考虑添加独特部件的成本、新买主和复杂生产的需要。通过出色的设计来削减产品成本的最好机会是在产品进行初次设计的时候。作业成本分析将揭示一些设计中存在的非常昂贵的复杂部件以及独特的生产过程，它们很少增加产品的绩效和功能，故可以被消除或修改。产品的重新设计是非常有吸引力的选择。因为它通常不会被顾客发现，如果设计成功了，公司也不必进行重新定价或替代其他产品。

4. 改进生产经营过程

对作业成本法计算的产品水平成本进行仔细分析也会给改进生产过程带来机会。传统的复杂产品成本的计算是通过一个由最终产品所需的全部零部件和配件组成的材料清单来进行的，但还需要作业清单。在作业清单中除了要显示材料、人工和机器小时等单位水平作业成本外，还要揭示生产产品所需的批量水平和产品水平的作业，如订购部件、安排生产、处理顾客订单、机器准备、加工产品清单、设计产品和生产过程等。在前面，我们讨论了如何利用这些信息进行定价和同顾客讨论使用更便宜的替代产品的可能性，而作业清单能提供额外的一系列可以降低产品所需资源成本的行为。例如，公司可以通过订购材料、加工产品、订单、机器准备、处理订单、发运、收款来改进其经营过程。

在公司的生产经营过程被改进以后，完成相同任务所需的资源就会减少。这种效率上的收益将通过较低的作业成本动因比率的形式，在未来的作业成本模型中予以量化，较低的作业成本动因比率又会反过来导致对使用这些作业的产品分配更少的成本，这是因为作业成本分析将显示出在经营作业和过程上的改进是怎样导致了较低的产品成本的。

5. 技术投资

弹性制造系统是为了高效地制造呈弹性变化的多种类产品而组成一个一体化的集合，它由数控机床、自动传送带机器仓库、工业机器人与计算机控制中心等几个硬件设施构成，这些设施对零部件的形状差异、数量变化等具有充分的适应能力。弹性制造系统的构成解决了先进的制造技术是怎样解决大量生产的效率与灵活性之间矛盾的。弹性制造系统和其他信息密集型的制造技术（如计算机辅助设计、计算机辅助工程和计算机辅助软件技术）极大地降低了批量与产品水平作业成本，而同时又保持了高度自动化生产的效率。因此，在这些高级且复杂的信息密集型制造技术上的投资，实际上是出于降低传统的制造技术导致的批量水平作业和产品水平作业成本的愿望。然而这些成本只有在工厂为计算批量水平作业和产品水平作业而采用了作业成本制度时才是可视的。这些大量的、可视的批量水平作业和产品水平作业成本成了计算机综合制造技术的主要缩减任务。

6. 削减产品

上面介绍的方法都是将不获利产品转变为获利产品的方法，如果上述方法不能奏效那么管理者将采取最后的办法：终止不获利产品的生产。实际工作中即使有些产品不能获利，但销售人员也不愿放弃。他们认为，这些产品是对获利产品的补充。从满足顾客需要和销售的角度来讲，企业必须拥有全面的产品系列。在这种情况下，如果不获利产品确定能够增加整体产品的获利性，通过不获利产品和获利产品组合能使企业利润达到最大化，可以继续对不获利产品进行生产和销售；否则，要对之进行停产处理。

三、作业成本管理案例

（一）背景介绍

莫科公司是一个大集团公司的子公司，也是唯一生产某种工程零件的澳大利亚厂商。近年来受到来自海外制造商的冲击，竞争越来越激烈。莫科公司只有 100 多员工，它的会计部门有 6 人，包括一名财务控制员，他的职责是把作业成本法导入企业。

该集团公司内部以前从未使用过作业成本法，它以前采用的是传统成本核算系统，其中制造费用按照人工小时分配。莫科公司是这个集团公司内第一家成功应用作业成本法的企业。莫科公司的客户广泛，产品系列也很多，生产过程既有高度复杂的自动化生产也有部分的手工生产。为了满足客户的特殊需求，订单都非常小，因此市场要求公司具有高度的柔性和快速反应能力。

莫科公司早在五年之前就开始在现代制造技术方面投资，包括自动焊接机器人等，这导致莫科公司产品的成本结构发生了显著的变化。现在的人力资源成本仅仅是以前的人力资源成本的一小部分，但是由新技术带来的成本节约并没有使顾客获利，也没有使企业的产品在市场上获得价格优势，许多客户开始转向从国外供应商进货。尽管公司的边际利润仍在增长，但公司不清楚到底是那一部分导致了边际利润的增长。只是他们很清楚，目前的会计系统因为信息不足，高层无法据此做出诸如价格之类正确的决策。

他们从一个前高层经理那里了解到作业成本法，决定采用作业成本法来解决莫科公司目前面临的问题。并指定财务控制员为在莫科公司导入作业成本法的负责人。接受到这项任务后，财务控制员建立了一个由制造部门的工程师和成本会计师组成的项目小组。工程师和财务控制员都全职参与 ABC 实施工作，成本会计师大约把 2/3 的时间投入到这个项目上。

在之后的三个月时间里，作业成本法项目小组与公司内部其他部门的人员进行了大量的交流。初步为全企业建立了 25 个成本库，并用了大量的时间就成本动因达成一致。确认的成本动因为：(1) 机床调试的频率（这包括编程数控机床)。(2) 制造订单数量（这是很多作业的驱动因素；包括从报价到送货的很多作业)。(3) 采购订单数量；这是采购部门工作量的主要驱动因素。(4) 产品销售的商店数量。(5) 检查的次数：很多地方需要抽样检查。(6) 工作面积分配给过程和设备。(7) 单个服务人员成本。

很多成本动因对于多个成本库是相同的，项目小组在成本分配上没有费多少时间。莫科公司实施作业成本法的软件系统是基于 PC 的，其中包含大量由财务控制员建立的 Excel 表。购买软件只需要 1000 美元，但是需要做很多的基础工作来使软件适合公司的特殊需要，另外收集和输入数据也要花费许多时间。

作业成本法系统最初计划在 40～50 个产品上试运行，这些产品覆盖了公司产品的所有系列。当他们分析了产品的同质性后，将品种数量降低到 25 个。老的成本核算系统仍旧在使用，主要是为了存货估价、差异分析和评估劳动生产率。

作业成本法系统能够计算出真实的成本并用于定价，自动计算出业绩计量和产品的利润率。当前年度的预算也将基于作业成本法提供的信息和建立的作业成本核算模型做出。

（二）管理层对作业成本法系统的期望

在作业成本法刚介绍到莫科公司的时候，总经理对此全力支持并深刻理解作业成本法产生信息的价值。但是，他没有想到建立作业成本法系统需要花费如此多的时间和精力。开始实施才 1 个月，总经理就希望得到作业成本法的结果。但就目前分配给项目组的资源的情况看，这是不可能的；如果要想尽快得到报告结果，还需要增加更多的资源。总经理也面临着尽快向集团管理层展示作业成本法结果的压力，他答应增加资源，但是他最后并没有像计划的那样为实施小组分配更多的资源。

（三）实施中的问题

缺少资源是实施过程中的一个持续的问题。由于缺乏有相关技能和知识的人员，项目实施之初做了大量的培训。这主要是由财务控制员来完成。主要向管理高层及工作人员讲述作业成本法的基本原理以及如何在企业中实施。

对于成本会计的培训在整个项目计划期间以及实施期间持续进行。作为交流和收集数据的一部分，财务控制员不得不与工会人员打交道。他对工会成员进行了大量的访谈以确定他们一天中是如何支配他们的时间的。在很多情况下，工会人员对如何实施作业成本法，尤其是实施后对他们的工作有何影响保持警惕。并间接地对实施作业成本法表示反对。他们认为实施作业成本法对企业的长期的生存发展并无多大价值。

(四) 作业成本法的实施结果

根据财务控制员的报告，莫科公司实施作业成本法带来了多方面的效益，包括：

1. 获得了更准确的成本信息和定价信息，由此改变了公司在市场中的地位。
2. 建立了针对进口的有竞争力的产品基准。
3. 提供的作业成本信息使得管理层把一些内部低效率的制造转向外包。
4. 由于各方面成本信息更准确，公司作出了更好的资本投资决策。
5. 一些消耗成本较高的问题区域被明确，其中包括数控加工段，现在，它的成本已经降下来了。
6. 建立了对改进状况进行评价的业绩评价标准。
7. 建立了详细而精确的年度预算。

尽管实施作业成本法花费了 12 个月时间，但是公司获得的效益明显超过投入。简单地说，作业成本法带来的效益在于管理层可以使用更精确和更具有相关性的信息，作业成本法为管理层的经营决策提供了一个很好的工具。

【案例分析 1】

华润公司共生产 A、B 两种产品，每年能提供总工时 50 000 小时。其中，A 产品耗用 10 000 小时，生产量 5 000 件，B 产品耗用 40 000 小时，生产量 20 000 件。该公司 2007 年制造成本资料见下表：

2007 年制造成本资料

项　　目	A 产品	B 产品
直接材料直接人工（2 小时×5 元/小时）	2 510	1 510
年制造费用	875 000	

A 产品和 B 产品所需要的直接人工工时相等，都是 2 小时，但 A 产品的工艺比较复杂，设计中的机器调整、质量检验多，批量小，订单多。而 B 产品工艺比较简单，批量大。作业成本制造费用详见下表：

作业成本制造费用资料

作　业	作业成本（元）	成本动因数		
		A 耗用	B 耗用	合计
机器调整次数	230 000	3 000	2 000	5 000
质量检验次数	160 000	5 000	3 000	8 000、
生产订单	81 000	200	400	600
直接工时	404 000	10 000	40 000	50 000
合计	875 000			

A 产品的当前市场价格为 120 元，而 B 产品的当前市场价格为 65 元。竞争对手提出的报价是 A 产品为 100 元，B 产品为 60 元。请分析华润公司是否也可以调低至该价格。

【案例分析 2】

蓓蕾儿童背包制造公司近来推出高质量的新型旅行背包。这种背包使用了昂贵的材料，重量较轻，但是生产时间较长。普通学生背包的裁剪和缝纫时间为 30 分钟，而新型旅行背包的裁剪和缝纫时间为 45 分钟。学生及旅行背包每批产量为 1 000 个，每批检查时间需 1 小时。公司采用直接人工小时分配制造费用，产品的盈利性分析如下表所示。

蓓蕾儿童背包制造公司产品的盈利性分析

单位：元

项　目	学生背包	旅行背包
单价	10	30
减：直接材料	2	10
直接人工	2	3
制造费用	3	4.5
毛利	3	12.5
销售、管理费用	0.5	1
利润	2.5	11.5
销售量（个）	90 000	6 000

公司总会计师认为，作业成本计算可以更为精确地计算两种产品的成本，他将制造费用分配到如下表所示的作业成本库中。

蓓蕾儿童背包制造公司作业成本库

作业	作业成本（元）	作业成本动因	学生背包	旅行背包
裁剪和缝纫	19 800	直接人工小时	45 000	4 500
订单	97 500	订单数量（张）	450	200
质量检查	179 700	检查次数	90	6
合　计	297 000	—	—	—

要求：

(1) 两种分配方式并不影响制造费用总额，但影响每种产品分配的数额。请解释为什么总会计师关心这些成本的分配。

(2) 用作业成本法计算每种产品分配的制造费用。

(3) 用作业成本法分析每种产品的盈利性。

复习思考题

1. 作业成本计算法是在什么背景下产生的？
2. 生产经营环境的变化对传统管理会计理论方法产生了哪些影响？
3. 何为作业？作业分为哪几类？各类作业有何特点？
4. 作业的特征有哪些？
5. 何为成本动因？如何分类？
6. 简述作业链与价值链的关系。
7. 简述作业成本法计算的一般程序。
8. 简述作业成本法的优缺点。
9. 什么是作业成本管理？如何进行作业管理？

第11章

战略管理会计

【学习目标】

通过本章的学习，了解战略管理会计的产生和发展，掌握战略管理会计的特点、分析方法和基本内容，通过案例分析掌握战略管理会计的分析应用。

【技能要求】

能将战略管理会计的分析方法运用到企业管理中去。

【引导案例】

诺斯公司采用了哪些战略管理会计的方法?

诺斯公司在镀膜纸板业中是四个主要的竞争企业之一，主要生产A、B两种规格的镀膜纸板。A是销售给300多个普通加工商的一般质量的纸板，诺斯公司占该产品市场份额的40%。B是销售给6个品牌加工商的高质量的纸板，在这一细分市场中由于诺斯公司产品质量不高，其在行业中处于劣势竞争地位，面临是继续生产，还是停产、转产或向下游整合的问题。公司通过纵向价值链分析，B产品只能分享整个价值链利润的2%，但下游品牌加工商可分享整个价值链利润的33%，显然继续维持B产品的生产是不利的，在有利可图情况下单纯停止生产也不可取，因专用固定成本的投入较大也不适合转产，因此公司决定向下游纵向整合，介入可以获得较高利润的下游生产领域，以提高企业的利润水平，改善企业的战略地位。你想知道本例中涉及了哪些战略管理会计的内容和方法吗?

第一节　战略管理会计概述

一、战略与战略管理

“战略”一词原属军事术语，是指重大的、带全局性的长远性谋划。战略具有长期性、全面性和层次性的特点。企业站在战略的高度对企业的现在及未来进行的筹谋、规划及策略的制定就是企业战略管理，其目的在于保持企业的竞争优势，促使企业长期、稳定、健康且不断发展。

二、战略管理会计的概念

历史上，管理会计之所以取代成本会计是因为成本会计的理论对经营决策缺乏相关性，不能满足企业经营管理的需要。近年来，企业生存环境的改变和竞争压力的增强，使战略管理登上历史舞台。

最早将管理会计与战略管理联系起来的是英国学者西蒙斯（Simmonds），1981 年，他将“战略管理会计”定义为：“对企业及其竞争对手的管理会计数据进行搜集和分析，由此来发展和控制企业战略的会计。”之后，威尔逊（Wilson）等人认为战略管理会计是明确强调战略问题及相关重点的一种管理会计方法，它拓展了管理会计范围，通过应用财务信息来发展优秀的战略，以获取持久的竞争优势。无论从着眼点还是从内容来看，战略管理会计都是对传统管理会计的一次开拓性发展。

三、战略管理会计的特点

（一）外向性

战略管理会计跳出了单一企业这一狭小的空间范围，将视角更多地投向了影响企业的外部环境研究。战略管理会计特别强调各类相对指标或比较指标的计算和分析，如相对价格、相对成本、相对现金流量，以及相对市场份额等。在应用其他管理会计方法时，如量本利分析，也应结合竞争对手进行。

（二）长期性

战略管理会计超越了单一会计期间的界限，着重从多期竞争地位的变化中把握企业未来的发展方向。它更注重企业持久竞争优势的取得和保持，甚至不惜牺牲短期利益。因此，作为构成竞争地位主要因素的市场份额就成了研究的重点。

（三）全面性

战略管理会计既重视主要活动，也重视辅助活动；既重视生产制造，也重视其他价值链活动，如人力资源管理、技术管理、后勤服务等活动；同时，它既着眼于现有的活动，即经营范围内的活动，还放眼于各种可能的活动，如扩大经营范围的前景分析等。因此，战略管理会计的视野更加开阔，可以高瞻远瞩地把握各种潜在的机会，回避可能的风险，增加盈利能力和企业的价值。

（四）灵活性

战略管理会计采用了较为灵活的方法体系，不仅要联系竞争对手进行“相对成本动态分析”、“顾客盈利性动态分析”和“产品盈利性动态分析”，而且采取了如产品寿命周期法、经验曲线和价值链等一些新方法进行分析。

第二节　战略管理会计的主要内容和方法

一、战略管理会计的主要内容

（一）战略目标的制定

战略管理会计首先要从企业外部和内部搜集信息，提出各种可行的战略方案，供高层管理者选择，协助其制定战略目标。企业的战略目标可以分公司战略目标、竞争战略目标和职能战略目标三个层次。

（二）战略成本管理

成本管理是传统管理会计和战略管理会计共同关注的焦点，它是一个对投资立项、研究开发与设计、生产与销售进行全方位监控的过程。传统管理会计主要考虑企业内部生产过程中各种耗费的控制，而战略成本管理主要是从战略的角度来研究影响成本的各个环节，从而进一步找出降低成本的途径。有学者认为，战略成本管理分为三个部分，即价值链分析、竞争对手分析和成本动因分析。

（三）经营投资决策

战略管理会计在经营决策方面应克服传统管理会计所存在的短期性和简单化的缺陷，采用长期本量利分析模式。战略管理会计以现实的现金流量为基础，更能反映企业投资的实际业绩，为企业注重持续发展提供有用的信息。

(四) 人力资源管理

人力资源管理包括为提高企业和个人绩效而进行的人事战略规划、日常人事管理以及年度的员工绩效评价。战略管理会计的核心是以人为本，通过一定的方法和技能来激励员工，以获取最大的人力资源价值，并采用一定的方法确认和计量人力资源的价值与成本，进行人力资源投资分析。

(五) 风险管理

一般而言，报酬与风险是共存的，报酬越大，风险也越大。但当风险增加到一定程度，就会威胁到企业的生存。战略管理会计着重研究全局、长远的战略性问题，因此，必须考虑风险因素。通过在经营与投资管理中采用一定的方法，如投资组合、资产重组、并购与联营等，来分散风险。

二、战略管理会计的主要方法

(一) 产品生命周期法

产品生命周期理论认为，任何产品从最初投放市场到最终退出市场都是一个有限的生命过程。这一过程可由几个明显的阶段加以区分，分别为产品投放期、增长期、成熟期和衰退期。随着产品沿生命周期曲线的移动，单位利润也随之变化。

在不同的阶段，企业会面临不同的机会和挑战，因而需采取相应的战略。利用产品生命周期法可以对企业的战略成本管理起指导作用。例如，在投放期和成长期，应以创业为使命，努力提高市场占有率；在成熟期，应以维持为使命，以保持企业现有的市场份额和竞争地位；在衰退期，则应以收获为使命，力争短期利润和现金流入的最大化，甚至牺牲部分市场份额。

(二) 作业成本计算

作业成本计算先按作业对资源的耗费情况将成本分配到作业，再按成本对象所消耗的作业情况将作业分配到成本对象，克服了传统成本计算系统下间接费用责任不清的缺陷，使以前的许多不可控间接费用，在作业成本系统中变成可控的费用。同时，作业成本法大大拓展了成本核算的范围，改进了成本分摊方法，及时提供了相对准确的成本信息，优化了业绩评价标准。

(三) 竞争对手分析

竞争对手分析主要是从市场的角度，通过对竞争对手的分析来考察企业的竞争地位，为企业的战略决策提供信息。竞争对手分析主要涉及以下几个问题：①竞争对手是谁；②竞争对手的目标和所采取的战略措施及其成功的可能性；③竞争对手的竞争优势和劣势；④面临外部企业的挑战，竞争对手是如何反应的。

(四) 预警分析

预警分析是一种事先预测可能影响企业竞争地位和财务状况的潜在因素，提醒管理当局注意的分析方法。它通过对行业特点和竞争状况进行分析，使管理当局在不利情况来临之前就采取防御措施，解决潜在的问题。预警分析可分为外部分析和内部分析。外部分析主要分析企业面临的市场状况、市场占有率；内部分析主要分析劳动生产率、机制运转效率、职员队伍是否稳定等。

(五) 价值链分析

价值链分析是美国学者波特（Portor）首先提出来的，分为横向价值链和纵向价值链两种。

从横向角度，波特将企业行为分成九种相关的活动，包括一般管理、人力资源管理、技术发展、采购、内勤、经营、外勤、营销和服务。价值链上的每项活动都有着自身的经营成本和资产，因此每项活动的成本要受到所分配的资产数量和使用效率的影响，为分别考察每种活动的成本效益状况，应将资产和成本分配到这些活动中去，并确定每项活动的成本动因，将其影响予以数量化，以揭示各种成本动因的相对重要程度。同时，为了衡量企业的成本竞争地位，还应将上述分析运用到竞争对手身上。如果企业价值链上所有活动的累计总成本小于竞争对手的成本时，就具有了成本优势。而这种优势若能得以保持，使得竞争对手无法轻易模仿，才具有战略上的意义。

从纵向角度，是将整个行业的价值活动分解成一系列相关的战略活动。这往往会超越任何一个企业的经营范围。例如，可以将造纸行业分成木材种植、砍伐、纸浆生产、造纸、加工、销售等几个价值活动。通过这一分析，可以使我们深入理解成本性态以及各个阶段产生差异的原因，从而确定企业由目前的位置沿着价值链向前或向后延伸是否有利可图，以提高整体的盈利水平。

应当指出，战略管理会计的方法远不止以上几种，并且始终处于不断的发展完善之中，同时，它也并非完全独立于传统管理会计之外。实际上，许多战略管理会计方法都是传统管理会计方法在战略环境下的延伸，如本量利分析、差异分析等。但其实施结果却可能与传统管理会计大相径庭。

第三节　战略管理会计在实际中的应用

一、价值链分析在实际中的应用

价值链分析是一种战略工具，它是提高企业竞争优势的基本途径。价值链分析不仅与企业所处的产业有关，而且与企业自身的生产经营也密切相连，因此价值链分析包括企业的价值链分析和产业的价值链分析。

（一）企业的价值链分析

企业的价值链分析是指对产品的整个价值链（包括从产品所需材料的供应、设计与生产、直至产品的销售与售后服务）所进行的分析。这种分析将视野扩大到企业与供应商之间以及企业与顾客之间的战略策略定位上。其目的在于改善彼此的作业链，消除不必要的作业而使双方受益，实现双赢。

【例 11-1】产品生产合理配合分析的案例（企业与供应商的关系）

已知：甲企业常年生产，长期以来从诸多供应厂商购入所需的某型号 A 部件，其中，从乙供应商采购的数量最多且相对稳定。甲企业为了保证生产的连续性，日常总要保留一定数量的 A 部件储备库存。

解：分析：甲企业通过开展产品生产合理配合分析，认为这种采购方式不合理，因为 A 部件在采购到厂后，不能马上投入生产线，增加了储备成本，决定改变现状。经过与乙供应商协商后，决定在不改变价格的前提下，采取以下措施：第一，将甲乙双方的供货关系以长期合同的形式确定下来，扩大从乙方的采购量，减少从其他供应商的采购量；第二，改变 A 部件的运输方式。要求乙方在规定的时点按规定数量将所需要的 A 部件适时地直接运达甲企业。

这样既减少了甲企业 A 部件的储存费用，又扩大了乙供应商 A 部件的销售量，实现了甲乙双方的双赢。

【例 11-2】产品生产合理配合分析的案例（企业与顾客的关系）

已知：仍按例 11-1 资料。假定甲企业尚未提出任何协调甲乙双方关系的建议。

解：分析：如果你是乙供应商，为了扩大 A 部件的销售量，提高市场占有率，可以考虑在不改变价格的前提下，主动向甲企业提出以下建议：第一，将甲乙双方的供货关系以长期合同的形式确定下来，扩大乙方向甲方的供应量；第二，改变 A 部件的发货方式。承诺在乙方规定的时点按规定数量将 A 部件适时地直接运达甲企业。

这样不仅可以扩大乙供应商 A 部件的销售量，而且可以使甲企业实现原材料的“零存货”。

（二）产业价值链分析

任何产业都是由许多经营范围各不相同的企业所组成，即使经营范围相同的企业也为数众多，它们之间既存在供产销业务上的联系，同时也存在着相互间的激烈竞争。进行价值链分析，一方面要决定企业处于产业价值链中的哪个环节，即战略定位问题，另一方面也需要对企业本身的作业链进行分析，包括投资收益率、成本动因分析等，以便达到优化企业价值链，进而优化产业价值链的目的。

【例 11-3】已知：整个造纸产业价值链如图 11-1 所示。假设造纸产业存在 A、B、C、D、G、E、F 七个竞争者。要求：对该产业的价值链进行分析。

解：分析：从图 11-1 中可看出，企业 D 是高度专业化的造纸企业，在整个造纸产业链中居于中心地位；企业 C 是中心企业 D 向其上游延伸到包括伐木、纸浆生产而形

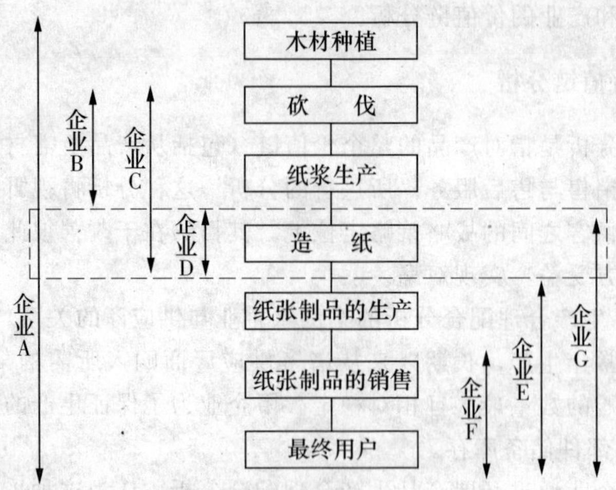

图 11-1　造纸产业价值链示意图

成的上游企业。如果企业C通过价值链分析，发现自身的投入产出效益低，资产报酬率低于企业D。而在造纸环节的资产报酬率并不比企业D低，那就说明问题出在自身的伐木与纸浆生产环节中投入产出效益低，自制纸浆高于外购，为优化价值链，企业C就应当缩短自身的价值链，实行收缩战略，专门从事造纸生产；当然，也可能正好相反，譬如，若企业D在对自身与竞争对手的价值链分析中，发现企业C的资产报酬率高于自己，而企业C造纸环节的资产报酬率并不比自己高，这就说明，企业C伐木与纸浆生产环节的资产报酬率高。这样企业D如有能力自己生产纸浆并使其价格低于外购，那么，企业D即可采取扩张战略将自身的价值链向其上游延伸到伐木、制浆环节。

通过产业价值链的分析不仅可以科学地、经济地定位自身价值链的区间，而且还可以获得有益于竞争的价格信息。譬如，若A、C企业通过价值链分析，充分了解纸浆制造与纸张制造环节中的资产报酬率，这样，当A、C企业向纸张制造企业D、G销售纸浆时，在价格谈判中占据主导地位：使纸浆的售价保证纸浆生产环节的资产报酬率略高于纸张制造环节，从而使A、C企业在竞争中占据优势。

位居中心企业的下游企业G、E、F，因为它们将把整个造纸产业链的最终产品售给最终用户，因此，价值链的分析应以用户为中心，了解不同用户群的个性化需求，按不同需求组织生产；与此同时，还须采取适宜的销售渠道、广告策略，譬如企业G，如果在价值链分析中发现，它在纸张制品销售环节的资产报酬率远远低于竞争对手企业F，它亦可实行收缩战略，将价值链收缩至造纸与纸张制品的生产环节，以优化自身价值链。由此可见，经营范围广、价值链长、大而全的全能型企业，其资产报酬率就不一定比小而专、实行价值链收缩战略的小企业高，关键视其经营管理水平。

二、利用战略管理会计进行零部件自制与外购的决策

战略管理会计是对传统管理会计的修正和发展，他并未改变传统管理会计的职能，只是决策时不能仅局限于传统的决策标准，应站在战略的高度进行，在这种情况下所得

结论，也可能与传统管理会计得出的结论相悖。

【例 11-4】从战略管理会计角度进行的零部件自制与外购的综合决策案例

已知：某计算机信息公司是北卡罗来纳州德海姆地区的一家小型企业。由于公司在服务和可靠性方面有很好的信誉，因此顾客在不断增长。该公司所需零部件的采购成本是 500 美元，其中价值 300 美元的部分也可以自制，自制的单位材料成本是 190 美元，每月的人工和设备成本是 55 000 美元，该公司目前拟进行该部分零部件是自制还是外购的决策。

如果该公司自制零部件，还拟将营销、运送货物和服务外包给德海姆的另一家公司 JBM 公司，这样每月可为该公司节约成本 175 000 美元。外包的合同价是在每月平均销售 600 台计算机的基础上，每台的价格是 130 美元。该公司对此利用价值链、竞争能力等分析进行最终的综合决策。

该公司利用价值链分析确定，产业价值链包括：设计、原材料采购、零部件的形成、计算机装配、销售、最终用户六个环节。除上述资料外，该公司目前的主要作业生产是将从外部电子公司购入的零部件和少量的金属加工件装配成产品，装配的单位成本是 250 美元。依据上述资料，该公司据此编制的产业价值链分析表见表 11-1。

表 11-1 计算机信息公司的价值链分析

方案 / 价值作业		外购零部件（维持目前状况）	自制零部件（同时外包销售、货物运送和服务）
设计		该公司与此价值链无关	该公司与此价值链无关
原材料采购		该公司与此价值链无关	该公司与此价值链无关
零部件	外购的零部件	采购这些零部件的单位成本是 200 美元	采购这些零部件的单位成本是 200 美元
	既可自制又可外购	采购这些零部件的单位成本是 300 美元	该公司的单位生产人工成本为 190 美元，外加每月固定费用 55 000 美元
装配		单位成本为 250 美元	单位成本为 250 美元
销售、货物运送和售后服务		每月成本为 175 000 美元	外包给 JBM 公司，单位成本为 130 美元

要求：分别按传统管理会计和战略管理会计的方法为该企业作出零部件是自制还是外购的决策。

解：分析过程如下：

依据题意，假设该公司的月销售量为 600 台，按照传统管理会计的计算，两方案的相关成本计算如下：

方案一的相关成本＝300×600＋175 000＝355 000（美元）

方案二的相关成本＝（190＋130）×600＋55 000＝247 000（美元）

计算结果表明，该公司应选择方案二，这样该公司每月可节约成本 108 000（＝355 000－247 000）美元。

从战略管理会计的角度看，该公司必须结合公司的竞争战略情况进行综合考虑。

首先，该公司认为销售之所以不断增长的原因是顾客满足于该公司的服务和可靠性，这是该公司的优势，如果将该公司的销售、货物运送和服务外包给其他公司是不明智的，这样做，有可能会降低该公司的市场份额。

其次，如果该公司变外购零部件为自制零部件，这样就会使该公司走向与其他制造商进行低成本竞争的道路，而该公司的规模较小，若与产业价值链该环节中已经存在并富有竞争力的大公司（如 IBM、COMPAQ、DELL）相互竞争，该公司实行低成本竞争成功的可能性不大，因为这不是该公司的优势所在。

因此，从战略管理会计的角度来看，应选择方案一。但该方案的成本较高，应予以高度重视，经过进一步的分析，该公司确定了成本高的相关作业，从而为采取措施降低成本提供了依据。另外通过上述分析，该公司的竞争优势和劣势予以充分揭露，这为公司的战略修订与决策提供了重要的信息。

三、战略管理会计在企业持续经营能力方面的分析应用

企业在竞争中获胜的有效途径之一是做到知己知彼。如果只关注自身的优化，而对市场目前及未来的动态不闻不问，特别是对竞争对手的动态不做任何反应，必将在竞争中失败。这就要求管理会计人员应密切关注市场及竞争对手的变化，不断提供企业内外的经济信息，以便为企业高层领导及时调整竞争战略服务。

【例 11-5】从战略管理会计角度进行的项目投资的综合决策案例

已知：甲公司是一个进行多种经营的企业，拟投资开发一种销路没有问题的 A 产品，投资全部由自有资金解决，行业基准折现率为 20%。相关的固定资产投资为 250 000元，使用寿命期为 10 年，期末无残值，按直线法折旧，不涉及追加流动资金和其他投资。建设期为零年，于 2002 年年初完工投产。预计年生产能力为 40 000 件，新产品的单价为 10 元，单位变动成本为 50 元，固定成本为 100 000 元。

该公司依据上述资料进行的计算如下：

年利润＝（10－5）×4 000－100 000＝100 000（元）

年折旧率＝（250 000－0）÷10＝25 000（元）

各年的净现金流量为：

NCF_0＝－250 000（元）

$NCF_{1\sim10}$＝100 000＋25 000＝125 000（元）

投资利润率＝（100 000÷250 000）×100%＝40%

静态投资回收期＝250 000÷125 000＝2（年）

净现值＝NCF_0＋$NCF_{1\sim10}$×（P/A，20%，10）

＝－250 000＋125 000×4.19247≈274 059

计算结果表明，生产该新产品的获利能力高，因此该公司决定生产该新产品。

要求：对这种分析进行评价。

解：上述分析依据传统的投资评价指标仅局限于投资项目本身进行分析，它没有考虑投资项目未来对其他竞争者所产生的影响，其决策建立在没有其他竞争者介入的前提下，而这种假设是不成立的。因为由于该新产品的盈利能力强，投资利润率高达 40%，而市场又看好，产品销路不成问题，这样其他企业就会设法进入该领域，成为甲公司的

竞争对手，从而降低该公司的未来投资利润率，而这种威胁不能不加以考虑。因此上述分析的不足之处，在于战略估计不足，考虑的问题不够全面，需在原有分析的基础上，站在战略的高度进一步研究该项目对其他竞争者所产生的影响，并进行最终的综合决策。

假设甲公司没有采取任何有利的防御措施，致使新设立的乙公司轻易介入该产品的生产。乙公司于 2003 年年初正式投产，产品的单价为 9 元，单位变动成本为 4.5 元，其他条件与甲公司保持一致。乙公司进行的分析评价如下：

年利润＝（9－4.5）×40 000－100 000＝80 000（元）

年折旧＝（250 000－0）÷10＝25 000（元）

各年的净现金流量为：

NCF_0＝－250 000（元）

$NCF_{1\sim10}$＝80 000＋25 000＝105 000（元）

投资利润率＝（80 000÷250 000）×100％＝32％

静态投资回收期＝250 000÷105 000＝2.38（年）

净现值＝－250 000＋105 000×4.19247≈190 209（元）

由于乙公司的介入，必将对甲公司产生影响。假设 2003 年由于经验效应，甲公司的单位变动成本降至 4 元，而售价下降为 9 元，则甲公司所获利润为：

2003 年的实际利润＝（9－4）×40 000－100 000＝100 000（元）

可见，甲公司由于经验效应，单位变动成本的下降抵消了产品售价下降的不利影响，从而使 2003 年的利润与 2002 年的利润相等。

在这种情况下，甲公司仍没有采取任何有利的防御措施。而乙公司由于刚刚设立，阻止新的竞争对手进入本行业的措施不佳，效果不明显。这样，资金实力雄厚的丙公司看到该产品的盈利能力仍然很强，因此投入比甲公司多一倍的资金用于购建固定资产，年生产能力达 80 000 件。并于 2004 年年初正式投产。由于经济规模的效应，丙公司的成本明显偏低，产品的单位变动成本为 3 元，固定成本为 96 000 元，在这种情况下，丙公司将产品售价定为 6.5 元；则丙公司进行的项目评价如下：

年利润＝（6.5－3）×80 000－96 000＝18 400（元）

年折旧＝（250 000×2－0）÷10＝50 000（元）

各年的净现金流量为：

NCF_0＝－500 000（元）

$NCF_{1\sim10}$＝184 000＋50 000＝234 000（元）

投资利润率＝（184 000÷500 000）×100％＝36.8％

静态投资回收期＝500 000÷234 000＝2.14（年）

净现值＝－250 000＋125 000×4.19247≈481 038（元）

由于丙公司的进入，使产品的售价大幅度下降，这样对原有的甲、乙两公司均产生重大的冲击。甲、乙两公司由于经验效应，其单位变动成本分别下降为：3.5 元、4 元，两公司 2004 年所获利润分别计算如下：

甲公司利润＝（6.5－3.5）×40 000－100 000＝20 000（元）

乙公司利润＝（6.5－4）×40 000－100 000＝0（元）

可见，由于丙公司的冲击，甲公司由原来的高盈利变为微利，而乙公司则由原来的高盈利转为保本。这样，乙公司会被迫停产或被其他公司所兼并；至于甲公司，如果不采取任何有力措施而继续生产，很可能会由于其他新竞争者的进入而变为亏损，在这种情况下，甲公司如果要想在竞争中重新获得竞争地位，应采取的措施是，一方面采用比丙公司更为先进的工艺和技术，更新换代原有产品，另一方面由于市场容量无限制，应兼并乙公司或扩大投资规模，从而形成更新换代产品的经济规模，否则就应停止该产品的生产或转产。

上述甲公司失败的教训给人们的启示如下：

（1）竞争者进入的前提条件。如果某一产品或某一产业的投资利润率很高，则必然会吸引更多的竞争者进入。乙公司、丙公司正是基于此而进入该产业的。

（2）项目评价时，应进行非确定条件下的分析评价。上述实例中的分析评价均为确定条件下的分析评价，而实际上，进行非确定条件下的战略评价更为重要。如果甲公司在充分估计竞争对手可能进人的基础上来预计产品的售价以及成本，可能所得出的评价结论并不会那么乐观。例如将上述实例中前三年的数据作为甲公司项目最初评价的预测值，并在此基础上估算后七年的各年利润，甲公司会发现后几年可能会亏损。

（3）对于新竞争者的进入，企业应采取有效的措施防范。在上述实例中，如果甲公司已估计到可能存在新的竞争者，而市场容量又无限制时，甲公司应继续投资，这样可以形成经济规模，从而扩大市场份额，对新进入者构成一种威胁。另外当新竞争者进入后，甲公司应更新产品，这样可保持其原有的竞争地位，不断吸引潜在的顾客，从而扩大市场份额。一旦市场容量存在限制，在这种情况下，就可以挤垮竞争者。

【案例分析 1】

邯郸钢铁厂在20世纪90年代面临的内外环境都非常严峻：从企业外部看，原材料涨价使企业生产成本上升，国家抽紧银根使企业更新产品和技术面临巨大的资金缺口，国际钢铁生产能力过剩使出口竞争加剧；从企业内部看，各部门、各单位缺乏节能降耗、增收节支的自觉性，随着产销比率的下降和价格的降低，仅有少量产品盈利。

邯钢面对内忧外患，为了摆脱困境，对企业经营进行了系统、全面的分析：

1. 在与其他竞争对手进行比较后，邯钢意识到本企业的产品市场弹性系数小，与其他竞争对手的产品在性能上没有大的差别。作为地方国有企业，国家对其支持力度有限，获得较大投资的可能性小。

2. 邯钢认为，只有知己知彼，才能在竞争中获胜。因此，利用丰富的行业信息资料（诸如上下游企业情报等）改善自身的生产经营，以同行业和企业内部历史最高水平为依据，把从原材料供应商到最终产品消费者的各个环节的成本指标作为整体进行分析、比较，寻找成本降低的环节和降低程度。邯钢在挖潜增效过程中，进行模拟市场核算，以产品市场上能接受的价格为起点，一个工序一个工序地剖析其潜在效益，直到原材料采购，从而使企业成本管理深入到各基本作业层，挖掘各作业层的增值能力，对不必要的和完成质量不佳的作业进行改进或否决。

3. 在成本管理上，重视成本动因的确定，并围绕成本动因进行成本控制，使邯钢的成本管理战略得以成功实施。(1) 在项目投资规模上，围绕节能降耗、降低成本的要求来选项，并根据量力而行和“先进、经济、实用”的原则进行控制，对不能控制进度和投资的项目坚决不上马。(2) 控制整合的范围。对自己能生产的配件坚持不外委原则，并比较其成本高低，择优选择。(3) 在技术选择上，围绕提高产量、质量和优化品种结构，对关键工序、薄弱环节进行技改，走“增效—技改—再增效—再技改”的良性循环发展之路。(4) 落实成本岗位责任制，提高企业的凝聚力。

4. 邯钢选择了模拟市场核算、统分结合的管理模式，引入市场风险，把风险分散到个人。实行成本否决制，完不成成本指标，否决奖金、工资晋升机会和职务升迁等。这样就将国有资产的管理、使用落实到每个人身上，把各级组织或个人进行目标成本的绩效与工资奖励等职工切身利益挂钩，突出实效，落实责任。邯钢建立定期考核制度，实行严格的奖惩办法，做到奖罚分明，进而优化机构设置。

由于邯钢推行了“模拟市场核算，实行成本否决，走集约化经营的道路”的管理机制，使得企业产品成本连年下降，获得并保持了竞争优势，创造了我国冶金行业的一流佳绩。

通过本案例的分析，你认为：

(1) 针对企业的情况，为获得竞争优势，邯钢采用了哪一种优势战略？说明采取这一优势战略的理由。

(2) 进行“推倒围墙，走向市场，成本否决”时邯钢经验说明了哪些企业管理必须解决的重大问题？

(3) 你认为邯钢在上述情况（即20世纪90年代）采取的优势战略在目前情况下是否仍然适用？

【案例分析2】

戴尔公司利用技术和信息将计算机价值链上的供应商、生产商和顾客的流程垂直地联合起来。公司的创立者麦克尔·戴尔认为，这种做法会使戴尔公司获得更高的生产效率和更大的盈利能力。此外，他认为“实质性联合”的公司将会成为信息时代的组织模型。对市场而言，价值链上的所有组织就像是一个整体。

供应商为计算机生产零部件。戴尔公司将供应商的送货与生产的计划协调起来。供应商生产的零部件只有在需要时才直接送到车间，而不是送到仓库，也不需经过卸货、检查、储存、领用等环节。这就需要供应商和购买者的信息和计划能够持续地分享。

索尼公司为戴尔公司的计算机提供显示屏。但是，显示屏在发送时并不送到戴尔公司，而是由空中快递公司或联合包裹运送服务公司（UPS）将它们同需要发送的计算机一起包装，一起发送给顾客。

戴尔公司重视提高产品的价值和减少顾客的成本，例如伊士曼化工公司和波音公司。伊士曼的计算机需要专业化程度很高的软件，如果在收到计算机送货后再安装这种软件，那么每台计算机需要的花费超过200美元。为了减少顾客的成本，戴尔公司在组装计算机时就为每台计算机安装这种专业软件，其安装费用只有15～20美元。

波音公司有 100 000 台戴尔计算机，戴尔公司则有 30 名员工长驻波音公司。麦克尔·戴尔说："我们看起来更像是波音公司的计算机部门。"戴尔公司已经密切地参与到波音公司的计算机需求计划和网络计划之中。

通过本案例的分析，你认为本案例说明了哪些管理思想和管理方法在决策中的应用。

复习思考题

1. 什么是战略管理会计？
2. 战略管理会计的特点是什么？
3. 战略管理会计的基本内容、分析方法有哪些？

附录：基本复利系数表

附表一　一元复利终值系数表

$$F=(1+i)^n=(F/P,\ i,\ n)$$

i，n	1	2	3	4	5	6	7	8	9	10
1%	1.010 00	1.020 10	1.030 30	1.040 60	1.051 01	1.061 52	1.072 14	1.082 86	1.093 69	1.104 62
2%	1.020 00	1.040 40	1.061 21	1.082 43	1.104 84	1.126 16	1.148 69	1.171 66	1.195 09	1.218 99
3%	1.030 00	1.060 90	1.092 73	1.125 51	1.159 27	1.194 05	1.229 87	1.266 77	1.304 77	1.343 92
4%	1.040 00	1.081 60	1.124 86	1.169 86	1.216 65	1.265 32	1.315 93	1.368 57	1.423 31	1.480 24
5%	1.050 00	1.102 50	1.157 63	1.215 51	1.276 28	1.340 10	1.407 10	1.477 46	1.551 33	1.628 89
6%	1.060 00	1.123 60	1.191 02	1.262 48	1.338 23	1.415 82	1.503 63	1.593 85	1.689 48	1.790 85
7%	1.070 00	1.144 90	1.252 04	1.310 80	1.402 55	1.500 73	1.605 78	1.718 19	1.838 46	1.967 15
8%	1.080 00	1.166 40	1.259 71	1.360 49	1.469 33	1.586 87	1.713 82	1.850 93	1.999 00	2.158 92
9%	1.090 00	1.188 10	1.293 07	1.411 58	1.538 62	1.677 10	1.828 04	1.992 56	2.171 89	2.3673 36
10%	1.100 00	1.210 00	1.331 00	1.464 10	1.610 51	1.771 56	1.948 75	2.143 59	2.357 95	2.593 74
12%	1.120 00	1.254 40	1.404 93	1.573 52	1.762 34	1.973 82	2.210 68	2.475 96	2.773 08	3.105 85
14%	1.140 00	1.299 60	1.481 54	1.688 96	1.925 41	2.194 97	2.502 27	2.852 59	3.251 95	3.707 22
16%	1.160 00	1.345 60	1.560 90	1.810 64	2.100 34	2.436 40	2.826 22	3.278 41	3.802 96	4.411 44
18%	1.180 00	1.392 40	1.643 03	1.938 78	2.287 76	2.699 55	3.185 47	3.758 86	4.435 45	5.233 84
20%	1.200 00	1.440 00	1.728 00	2.073 60	2.488 32	2.985 98	3.583 18	4.299 82	5.159 78	6.19174
24%	1.240 00	1.537 60	1.906 62	2.364 21	2.931 63	3.635 22	4.507 67	5.589 51	6.930 99	8.594 43
28%	1.280 00	1.638 40	2.097 15	2.684 35	3.435 97	4.398 05	5.629 50	7.205 76	9.223 37	11.805 9
32%	1.320 00	1.742 40	2.299 97	3.035 96	4.007 46	5.289 85	6.982 61	9.217 04	12.166 5	16.059 8
36%	1.360 00	1.849 60	2.515 46	3.421 02	4.652 59	6.327 52	8.605 43	11.703 4	15.916 6	21.646 6
40%	1.400 00	1.960 00	2.744 00	3.841 60	5.378 24	7.529 54	10.541 4	14.757 9	20.661 0	28.925 5
50%	1.500 00	2.250 00	3.375 00	5.062 50	7.593 75	11.390 6	17.085 9	25.628 9	38.443 4	57.665 0

i，n	11	12	13	14	15	16	17	18	19	20
1%	1.115 67	1.126 83	1.138 09	1.149 47	1.160 97	1.172 58	1.184 30	1.196 15	1.208 11	1.220 19
2%	1.243 37	1.268 24	1.293 61	1.319 48	1.345 87	1.372 79	1.400 24	1.428 25	1.456 81	1.485 95
3%	1.384 23	1.425 76	1.468 53	1.512 59	1.557 97	1.604 71	1.652 85	1.702 43	1.753 51	1.806 11
4%	1.539 45	1.601 03	1.665 07	1.731 68	1.800 94	1.872 98	1.947 90	2.025 82	2.106 85	2.191 12
5%	1.710 34	1.795 86	1.885 65	1.979 93	2.078 93	2.182 87	2.292 02	2.406 62	2.526 95	2.653 30
6%	1.898 30	2.012 20	2.132 93	2.260 90	2.396 56	2.540 35	2.692 77	2.854 34	3.025 60	3.207 14
7%	2.104 85	2.252 19	2.409 85	2.578 53	2.759 03	2.952 16	3.158 82	3.379 93	3.616 53	3.869 68
8%	2.331 64	2.518 17	2.719 62	2.937 19	3.172 17	3.425 94	3.700 02	3.996 02	4.315 70	4.660 96
9%	2.580 43	2.812 66	3.065 80	3.341 73	3.642 48	3.903 1	4.327 63	4.717 12	5.141 66	5.604 41
10%	2.853 12	3.138 43	3.452 27	3.797 50	4.177 25	4.594 97	5.054 47	5.559 92	6.115 91	5.727 50
12%	3.478 55	3.895 98	4.363 49	4.887 11	6.473 57	6.130 39	6.866 04	7.689 97	8.612 76	9.646 29
14%	4.226 23	4.817 90	5.492 41	6.261 35	7.137 94	8.137 25	9.276 46	10.575 2	12.055 7	13.743 5
16%	5.117 26	5.936 03	6.885 79	7.987 52	9.265 52	10.748 0	12.467 7	14.462 5	16.776 5	19.460 8
18%	6.175 93	7.287 59	8.599 36	10.147 2	11.973 7	14.129 0	16.672 2	19.673 3	23.214 4	27.393 0
20%	7.430 08	8.916 10	10.699 3	12.839 2	15.407 0	18.488 4	22.186 1	26.623 3	31.948 0	38.337 6
24%	10.657 1	13.214 8	16.386 3	20.319 1	25.195 6	31.242 6	33.740 8	48.038 6	59.567 9	73.864 1
28%	15.111 6	19.342 8	24 758 8	31.691 3	40.564 8	51.923 0	66.461 4	85.070 6	108.890	139.380
32%	21.198 9	27.982 5	36.937 0	48.756 8	64.359 0	84.953 8	112.139	148.024	195.391	257.916
36%	29.439 3	40.037 5	54.451 0	74.053 4	100.713	136.969	186.278	253.338	344.540	468.574
40%	40.495 7	56.693 9	79.371 5	111.120	155.568	217.795	304.913	426.879	597.630	836.683
50%	86.497 6	129.746	194.620	291.929	437.894	656.841	985.261	1 477.89	2 216.84	3 325.26

附表一　一元复利终值系数表（续表）

$F=(1+i)^n=(F/P, i, n)$

i，n	21	22	23	24	25	26	27	28	29	30
1%	1.232 39	1.244 72	1.257 16	1.269 73	1.282 43	1.295 26	1.308 21	1.321 29	1.334 50	1.347 85
2%	1.515 67	1.545 98	1.576 90	1.608 44	1.640 61	1.673 42	1.706 89	1.741 02	1.775 84	1.811 36
3%	1.860 29	1.916 10	1.973 59	2.032 79	2.093 78	2.156 59	2.221 29	2.287 93	2.356 57	2.427 86
4%	2.278 77	2.369 92	2.464 76	2.563 30	2.665 84	2.772 47	2.883 37	2.998 70	3.118 65	3.243 40
5%	2.785 96	2.925 26	3.071 52	3.225 10	3.386 35	3.555 67	3.733 46	3.920 13	4.116 14	4.321 94
6%	3.399 56	3.603 54	3.819 75	4.048 93	4.291 87	4.549 38	4.822 35	5.111 69	5.418 39	5.743 49
7%	4.140 56	4.430 40	4.740 53	5.072 37	5.427 43	5.807 35	6.213 87	6.648 84	7.114 26	7.612 26
8%	5.033 83	5.436 54	5.871 46	6.341 18	6.848 48	7.396 35	7.988 06	9.627 11	9.317 27	10.062 7
9%	6.108 81	6.658 60	7.257 87	7.911 08	8.623 08	9.399 16	10.245 1	11.167 1	12.172 2	13.267 7
10%	7.402 50	8.140 27	8.954 30	9.849 73	10.834 7	11.918 2	13.110 0	14.421 0	15.863 1	17.449 4
12%	10.803 8	12.100 3	13.552 3	15.178 6	17.000 1	19.040 1	21.324 9	23.883 9	26.749 9	29.959 9
14%	15.667 6	17.861 0	20.361 6	23.212 2	26.461 9	30.166 6	34.389 9	39.204 5	44.693 1	50.950 2
16%	22.574 5	26.186 4	30.376 2	35.236 4	44.874 2	47.414 1	55.000 4	63.800 4	74.008 5	85.849 9
18%	32.323 8	38.142 1	45.007 6	53.109 0	62.668 6	73.949 0	87.259 8	102.967	121.501	143.371
20%	46.005 1	55.206 1	66.247 4	79.496 8	95.396 2	114.475	137.371	164.845	197.814	237.376
24%	91.591 5	113.574	140.831	174.631	216.542	268.512	332.955	412.864	511.952	634.820
28%	178.406	228.360	292.300	374.144	478.905	612.998	784.638	1 004.34	1 285.55	1 645.50
32%	340.449	449.393	593.199	783.023	1 033.59	1 364.34	1 800.93	2 377.22	3 137.94	4 142.07
36%	637.361	866.674	1 178.68	1 603.00	2 180.08	2 964.91	4 032.28	5 483.90	7 458.10	10 143.0
40%	171.36	1 639.90	2 295.86	3 214.20	4 499.88	6 299.83	8 819.76	12 347.7	17 286.7	24 201.4
50%	4 987.89	7 481.83	11 222.7	16 834.1	25 251.2	37 876.8	56 815.1	85 222.7	127 834	191 751

i，n	32	34	36	38	40	44	48	52	56	60
1%	1.374 94	1.402 58	1.430 77	1.459 53	1.488 86	1.549 32	1.612 23	1.677 69	1.745 81	1.816 70
2%	1.884 54	1.960 68	2.039 89	2.122 30	2.208 04	2.390 05	2.587 07	2.800 33	3.031 17	3.281 13
3%	2.575 08	2.731 91	2.898 28	3.074 78	3.262 04	3.671 45	4.132 25	4.650 89	5.234 61	5.891 60
4%	3.508 06	3.794 32	4.103 93	4.438 81	4.801 02	5.616 52	6.570 53	7.686 59	8.992 22	10.519 6
5%	4.764 94	5.253 35	5.791 82	6.385 48	7.039 99	8.557 15	10.401 3	12.642 8	15.367 4	18.679 2
6%	6.453 39	7.251 03	8.147 25	9.154 25	10.285 7	12.985 5	16.393 9	20.696 9	26.129 3	32.987 7
7%	8.715 27	9.978 11	11.423 9	13.079 3	14.974 5	19.628 5	25.728 9	33.725 4	44.207 1	57.946 4
8%	11.737 1	13.690 1	15.968 2	18.625 3	21.724 5	29.556 0	40.210 6	54.706 0	74.427 0	101.257
9%	15.763 3	18.728 4	22.251 2	26.436 7	31.409 4	44.337 0	62.585 2	88.344 2	124.705	176.031
10%	21.113 8	25.547 7	30.912 7	37.404 3	45.259 3	66.264 1	97.017 2	142.043	207.965	304.482
12%	37.581 7	47.142 5	59.135 6	74.179 7	93.051 0	146.418	230.391	362.524	570.439	897.597
14%	66.214 8	86.052 8	111.834	145.340	188.884	319.071	538.807	910.023	1 536.99	2 595.92
16%	115.520	155.443	209.164	281.452	378.721	685.727	1 241.61	2 248.10	4 070.50	7.370 20
18%	199.629	277.964	387.037	538.910	75.378	1 454.82	2 820.57	5 468.45	10 602.1	20 555.1
20%	341.822	492.224	708.802	1 020.67	1 469.77	3 047.72	6 319.75	13 104.6	27 173.8	56 347.5
24%	976.099	1 500.85	2 307.71	3 548.33	5 455.91	12 898.9	30495.9	72 098.7	170 457	402 996
28%	2 695.99	4 417.12	7 237.01	11 857.1	19 426.7	52 148.1	139 984	375 767		
32%	7 217.15	12 575.2	21 911.0	38 177.7	66 520.8	201 954	613 125			
36%	18 760.5	34 699.5	64 180.1	118 708	219 562	751 125				
40%	47 434.8	92 972.2	182 226	357 162	700 038					
50%										

附表二 一元复利现值系数表

$$P=\frac{1}{(1+i)^{n}}=(P/F,\ i,\ n)$$

i，n	1	2	3	4	5	6	7	8	9	10
1%	0.990 10	0.980 30	0.970 59	0.960 98	0.951 47	0.942 05	0.932 72	0.923 48	0.914 34	0.905 29
2%	0.980 39	0.961 17	0.942 32	0.923 85	0.905 73	0.887 97	0.870 56	0.853 49	0.836 76	0.820 35
3%	0.970 87	0.942 60	0.915 14	0.888 49	0.862 61	0.837 48	0.813 09	0.789 41	0.766 42	0.744 09
4%	0.961 54	0.924 56	0.889 00	0.854 80	0.821 93	0.790 31	0.759 92	0.730 69	0.702 59	0.675 56
5%	0.952 38	0.907 03	0.863 84	0.822 70	0.783 53	0.746 22	0.710 68	0.676 84	0.644 61	0.613 91
6%	0.943 40	0.890 00	0.839 62	0.792 09	0.747 26	0.704 96	0.665 06	0.627 41	0.591 90	0.558 39
7%	0.934 58	0.873 44	0.816 30	0.762 90	0.712 99	0.666 34	0.622 75	0.582 01	0.543 93	0.508 35
8%	0.925 93	0.857 34	0.793 83	0.735 03	0.680 58	0.631 10	0.583 49	0.540 27	0.500 25	0.463 19
9%	0.917 43	0.841 68	0.772 18	0.708 43	0.649 93	0.596 27	0.547 03	0.501 87	0.460 43	0.422 41
10%	0.909 09	0.826 45	0.751 31	0.683 01	0.620 92	0.564 47	0.513 16	0.466 51	0.424 10	0.385 54
12%	0.892 86	0.797 19	0.711 78	0.635 52	0.567 43	0.506 63	0.425 35	0.403 38	0.360 61	0.32 97
14%	0.877 19	0.769 47	0.674 97	0.592 08	0.519 37	0.455 59	0.399 24	0.350 56	0.307 51	0.269 74
16%	0.862 07	0.743 16	0.640 66	0.552 29	0.476 11	0.410 44	0.353 83	0.305 03	0.262 95	0.226 68
18%	0.847 46	0.718 18	0.608 63	0.515 79	0.437 11	0.370 43	0.913 93	0.266 04	0.225 46	0.191 06
20%	0.833 33	0.694 44	0.578 70	0.482 25	0.401 88	0.334 90	0.279 08	0.232 57	0.193 81	0.161 51
22%	0.819 67	0.671 86	0.550 71	0.451 40	0.370 00	0.303 28	0.248 59	0.203 76	0.167 02	0.136 90
24%	0.906 45	0.650 36	0.524 49	0.422 97	0.341 11	0.275 09	0.221 84	0.178 91	0.144 28	0.116 35
26%	0.793 65	0.629 88	0.499 91	0.396 75	0.314 88	0.249 91	0.198 34	0.157 41	0.124 93	0.099 15
28%	0.781 25	0.610 35	0.476 84	0.372 53	0.291 04	0.227 37	0.177 64	0.138 78	0.108 42	0.084 70
30%	0.769 23	0.591 72	0.455 17	0.350 13	0.269 33	0.207 18	0.159 37	0.125 90	0.094 30	0.072 54
35%	0.740 74	0.548 07	0.406 44	0.301 07	0.223 01	0.165 20	0.122 37	0.090 64	0.067 14	0.049 74
40%	0.714 29	0.510 20	0.364 43	0.260 31	0.185 93	0.132 81	0.094 86	0.067 76	0.048 40	0.034 57
50%	0.666 67	0.444 44	0.296 30	0.197 53	0.131 69	0.087 79	0.058 53	0.039 02	0.026 01	0.017 34

i，n	11	12	13	14	15	16	17	18	19	20
1%	0.896 32	0.887 45	0.878 66	0.869 96	0.861 35	0.852 82	0.844 38	0.936 02	0.827 74	0.819 54
2%	0.804 26	0.788 49	0.773 03	0.757 88	0.743 01	0.728 45	0.714 46	0.700 16	0.686 43	0.672 97
3%	0.722 42	0.701 38	0.680 95	0.661 12	0.641 86	0.623 17	0.605 02	0.587 39	0.570 29	0.553 68
4%	0.649 58	0.624 60	0.600 57	0.577 48	0.555 26	0.533 91	0.513 37	0.493 63	0.474 64	0.456 39
5%	0.584 68	0.556 84	0.530 32	0.505 07	0.481 02	0.458 11	0.436 30	0.415 52	0.395 73	0.376 89
6%	0.526 79	0.496 97	0.468 84	0.442 30	0.417 27	0.393 65	0.371 36	0.350 34	0.330 51	0.311 80
7%	0.475 09	0.444 01	0.414 96	0.387 82	0.362 45	0.338 73	0.316 57	0.295 86	0.276 51	0.298 42
8%	0.428 88	0.397 11	0.367 70	0.340 46	0.315 24	0.291 89	0.270 27	0.250 25	0.231 71	0.214 55
9%	0.387 53	0.355 53	0.326 18	0.299 25	0.274 54	0.251 87	0.231 07	0.211 99	0.194 49	0.178 43
10%	0.350 49	0.318 63	0.289 66	0.263 33	0.239 39	0.217 63	0.197 84	0.179 86	0.163 51	0.148 64
12%	0.287 48	0.256 68	0.229 17	0.204 62	0.182 70	0.163 12	0.145 64	0.130 04	0.116 11	0.103 67
14%	0.236 62	0.207 56	0.182 02	0.159 71	0.140 10	0.122 89	0.107 80	0.094 56	0.082 95	0.072 76
16%	0.195 42	0.168 46	0.145 23	0.125 20	0.107 93	0.093 04	0.080 21	0.069 14	0.059 61	0.051 39
18%	0.161 92	0.137 22	0.116 29	0.098 55	0.083 52	0.707 78	0.059 98	0.050 83	0.048 03	0.036 51
20%	0.134 59	0.112 16	0.093 46	0.077 89	0.064 91	0.054 09	0.045 07	0.037 56	0.031 30	0.026 08
22%	0.112 21	0.091 98	0.075 39	0.061 80	0.050 65	0.041 52	0.034 03	0.027 89	0.022 86	0.018 74
24%	0.093 83	0.075 67	0.061 03	0.049 21	0.039 69	0.032 01	0.025 81	0.020 82	0.016 79	0.013 54
26%	0.078 69	0.062 45	0.049 57	0.039 34	0.031 22	0.024 78	0.019 67	0.015 61	0.012 39	0.009 83
28%	0.066 17	0.051 70	0.040 39	0.031 55	0.024 65	0.019 26	0.016 05	0.011 75	0.009 18	0.007 17
30%	0.055 80	0.042 92	0.033 02	0.025 40	0.019 54	0.015 03	0.011 56	0.008 89	0.006 84	0.005 26
35%	0.036 84	0.027 29	0.020 21	0.014 97	0.011 09	0.008 22	0.006 09	0.004 51	0.003 34	0.002 47
40%	0.024 69	0.017 64	0.012 60	0.009 00	0.006 43	0.004 59	0.003 28	0.002 34	0.001 67	0.001 20
50%	0.011 56	0.007 71	0.005 14	0.003 43	0.002 28	0.001 52	0.001 01	0.000 68	0.000 45	0.000 30

附表二　一元复利现值系数表（续表）

$$P=\frac{1}{(1+i)^n}=(P/F,\ i,\ n)$$

i，n	21	22	23	24	25	26	27	28	29	30
1%	0.811 43	0.803 40	0.795 44	0.787 57	0.779 77	0.772 05	0.764 40	0.756 84	0.749 34	0.741 92
2%	0.659 78	0.646 84	0.634 16	0.621 72	0.609 53	0.597 58	0.585 86	0.574 37	0.563 111	0.552 55
3%	0.537 55	0.521 89	0.506 69	0.491 93	0.477 61	0.463 69	0.450 19	0.437 08	0.424 35	0.411 99
4%	0.438 38	0.421 96	0.405 73	0.390 02	0.375 12	0.360 69	0.346 82	0.333 48	0.320 65	0.308 32
5%	0.358 94	0.341 85	0.325 57	0.310 07	0.295 30	0.281 24	0.267 85	0.255 09	0.342 95	0.231 38
6%	0.294 16	0.277 51	0.261 80	0.246 98	0.233 00	0.219 81	0.207 37	0.195 63	0.184 56	0.174 11
7%	0.241 51	0.225 71	0.210 95	0.197 15	0.184 25	0.172 20	0.160 93	0.150 40	0.140 56	0.131 37
8%	0.198 66	0.183 94	0.170 32	0.157 70	0.146 02	0.135 20	0.125 19	0.115 91	0.107 33	0.099 38
9%	0.163 70	0.150 18	0.137 78	0.126 40	0.115 97	0.106 39	0.097 61	0.089 55	0.082 15	0.075 37
10%	0.135 13	0.122 85	0.111 68	0.101 53	0.092 30	0.083 91	0.076 28	0.069 34	0.063 04	0.057 31
12%	0.092 56	0.082 64	0.076 79	0.065 88	0.058 82	0.052 52	0.046 89	0.041 87	0.037 38	0.033 38
14%	0.063 83	0.055 99	0.049 11	0.043 08	0.037 79	0.033 15	0.029 08	0.025 51	0.022 37	0.019 63
16%	0.044 30	0.038 19	0.032 92	0.028 38	0.024 47	0.021 09	0.018 18	0.015 67	0.013 51	0.011 65
18%	0.030 94	0.022 62	0.022 22	0.018 83	0.015 96	0.013 52	0.011 46	0.009 71	0.008 23	0.006 97
20%	0.021 74	0.018 11	0.015 09	0.012 58	0.010 48	0.008 74	0.007 28	0.006 07	0.005 06	0.004 21
22%	0.015 36	0.012 59	0.010 32	0.008 46	0.006 93	0.005 68	0.004 66	0.003 82	0.002 13	0.002 57
24%	0.010 92	0.008 80	0.007 10	0.005 73	0.004 62	0.003 72	0.003 00	0.002 42	0.001 95	0.001 58
26%	0.007 80	0.006 19	0.004 91	0.003 90	0.003 10	0.002 46	0.001 95	0.001 55	0.001 23	0.000 97
28%	0.005 61	0.004 38	0.003 42	0.002 67	0.002 09	0.001 63	0.001 27	0.001 00	0.000 50	0.000 38
30%	0.004 05	0.003 11	0.002 39	0.001 84	0.001 42	0.001 09	0.000 84	0.000 65	0.000 17	0.000 12
35%	0.001 83	0.001 36	0.001 01	0.000 74	0.000 55	0.000 41	0.000 30	0.000 22	0.000 17	0.000 12
40%	0.000 85	0.000 61	0.000 44	0.000 31	0.000 22	0.000 16	0.000 11	0.000 08	0.000 06	0.000 04
50%	0.000 20	0.000 13	0.000 09	0.000 06	0.000 04	0.000 03	0.000 02	0.000 01	0.000 01	0.000 01

i，n	32	34	36	38	40	44	48	52	56	60
1%	0.727 30	0.712 97	0.698 92	0.685 15	0.671 65	0.645 45	0.600 26	0.596 06	0.572 80	0.550 45
2%	0.530 63	0.510 03	0.490 22	0.471 19	0.452 89	0.418 40	0.386 54	0.357 10	0.329 91	0.304 78
3%	0.388 34	0.366 04	0.345 03	0.325 23	0.306 56	0.272 37	0.242 00	0.215 01	0.191 04	0.169 73
4%	0.285 06	0.263 55	0.243 67	0.225 29	0.208 29	0.178 05	0.152 19	0.130 10	0.111 21	0.095 06
5%	0.209 87	0.190 35	0.172 66	0.156 61	0.142 05	0.116 86	0.096 14	0.079 10	0.065 07	0.035 54
6%	0.154 96	0.137 91	0.122 74	0.109 24	0.097 22	0.077 01	0.061 00	0.048 32	0.038 27	0.030 31
7%	0.114 74	0.100 22	0.087 54	0.076 46	0.066 78	0.050 95	0.038 87	0.029 65	0.022 62	0.017 26
8%	0.085 20	0.073 05	0.062 62	0.053 69	0.046 03	0.033 83	0.024 87	0.018 28	0.013 44	0.009 88
9%	0.063 44	0.053 39	0.044 94	0.037 83	0.031 84	0.022 55	0.015 98	0.011 32	0.008 02	0.005 68
10%	0.047 36	0.039 14	0.032 35	0.026 73	0.022 09	0.015 09	0.010 31	0.007 04	0.004 81	0.003 28
12%	0.026 61	0.021 21	0.016 91	0.013 48	0.010 75	0.006 83	0.004 34	0.002 76	0.001 75	0.000 11
14%	0.015 10	0.011 62	0.008 94	0.006 88	0.005 29	0.003 13	0.001 86	0.001 10	0.000 65	0.000 39
16%	0.008 66	0.006 43	0.004 78	0.003 55	0.002 64	0.001 46	0.000 81	0.000 44	0.000 25	0.000 14
18%	0.005 01	0.003 60	0.002 58	0.011 86	0.001 33	0.000 69	0.000 35	0.000 18	0.000 09	0.000 05
20%	0.002 93	0.002 03	0.001 41	0.000 98	0.000 68	0.000 33	0.000 16	0H000 08	0.000 04	0.000 02
22%	0.001 72	0.001 16	0.000 78	0.000 52	0.000 35	0.000 16	0.000 07	0.000 03	0.000 01	0.000 01
24%	0.001 02	0.000 67	0.000 43	0.000 28	0.000 18	0.000 18	0.000 03	0.000 01	0.000 01	0.000 00
26%	0.000 61	0.000 39	0.000 24	0.000 15	0.000 10	0.000 14	0.000 02	0.000 01	0.000 00	
28%	0.000 37	0.000 23	0.000 14	0.000 08	0.000 15	0.000 02	0.000 01	0.000 00		
30%	0.000 23	0.000 13	0.000 08	0.000 05	0.000 13	0.000 01	0.000 00			
35%	0.000 07	0.000 04	0.000 02	0.000 01	0.000 01	0.000 00				
40%	0.000 02	0.000 01	0.000 01	0.000 00						
50%	0.000 00									

附表三 一元年金终值系数表

$$F=\frac{(1+i)^n-1}{i}=(F/A,i,n)$$

i，n	1	2	3	4	5	6	7	8	9	10
1%	1.000 00	2.010 00	3.030 10	4.060 40	5.101 01	6.152 02	7.213 54	8.285 67	9.368 53	10.462 2
2%	1.000 00	2.020 00	3.060 40	4.121 61	5.204 04	6.308 12	7.434 28	8.582 97	9.754 63	10.949 7
3%	1.000 00	2.030 00	3.090 90	4.183 63	5.309 14	6.468 41	7.662 46	8.892 34	10.159 1	11.463 9
4%	1.000 00	2.040 00	3.121 60	4.246 46	5.416 32	6.632 98	7.898 29	9.214 23	10.582 8	12.006 1
5%	1.000 00	2.050 00	3.152 50	4.310 12	5.525 63	6.801 91	8.142 01	9.549 11	11.026 6	12.577 9
6%	1.000 00	2.060 00	3.183 60	4.374 62	5.637 09	6.975 32	8.393 84	9.897 47	11.491 3	13.180 8
7%	1.000 00	2.070 00	3.214 90	4.439 94	5.750 74	7.153 29	8.654 02	10.259 8	11.978 0	13.816 4
8%	1.000 00	2.080 00	3.246 40	4.506 11	5.866 60	7.335 93	8.922 80	10.636 6	12.487 6	14.486 6
9%	1.000 00	2.090 00	3.278 10	4.573 13	5.984 71	7.523 33	9.200 43	11.028 5	13.021 0	15.192 9
10%	1.000 00	2.100 00	3.310 00	4.641 00	6.105 10	7.715 61	9.487 17	11.435 9	13.579 5	15.937 4
12%	1.000 00	2.120 00	3.374 40	4.779 39	6.352 85	8.115 19	10.089 0	12.299 7	14.775 7	17.548 7
14%	1.000 00	2.140 00	3.439 60	4.921 14	6.610 10	8.535 52	10.730 5	13.232 8	16.085 3	19.337 3
16%	1.000 00	2.160 00	3.505 60	5.066 50	6.877 14	8.977 48	11.413 9	14.240 1	17.518 5	21.321 5
18%	1.000 00	2.180 00	3.572 40	5.215 43	7.154 21	9.441 97	12.141 5	15.327 0	19.085 9	23.521 3
20%	1.000 00	2.200 00	3.640 00	5.368 00	7.441 60	9.929 92	12.915 9	16.499 1	20.798 9	25.958 7
22%	1.000 00	2.220 00	3.708 40	5.524 25	7.735 98	10.442 3	13.739 6	17.762 3	22.670 0	28.657 4
24%	1.000 00	2.240 00	3.777 60	5.684 22	8.048 44	10.980 1	14.615 3	19.122 9	24.712 5	31 643 4
26%	1.000 00	2.260 00	3.847 60	5 847 98	8.368 45	11.544 2	15.545 8	20.587 6	24.940 4	34.944 9
28%	1.000 00	2.280 00	3.918 40	6.015 55	8.699 91	12.135 9	16.533 9	22.163 4	29.369 2	38.592 6
30%	1.000 00	2.300 00	3.990 00	6.187 00	9.043 10	12.756 0	17.582 8	23.857 7	32.015 0	42.619 5
35%	1.000 00	2.350 00	4.172 50	6.632 88	9.954 38	14.438 4	20.491 9	28.664 0	39.696 4	54.590 2
40%	1.000 00	2.400 00	4.360 00	7.104 00	10.945 6	16.323 8	23.853 4	34.394 7	49.151 6	69.813 7
50%	1.000 00	2.500 00	4.750 00	8.125 00	13.187 5	20.781 3	32.171 9	49.257 8	74.886 7	113.330

i，n	11	12	13	14	15	16	17	18	19	20
1%	11.566 8	12.682 5	13.809 3	14.947 4	16.096 9	57.257 9	18.430 4	19.614 7	20.810 9	22.019 0
2%	12.168 7	13.412 1	14.680 3	15.973 9	17.294 3	18.639 3	20.012 1	21.412 3	22.840 6	24.297 4
3%	12.807 8	14.192 0	15.617 8	17.086 3	18.598 9	20.156 9	21.761 6	23.414 4	25.116 9	26.870 4
4%	13.486 4	15.025 8	16.626 8	18.291 9	20.023 6	21.824 5	23.697 5	25.645 4	27.671 2	29.778 1
5%	14.206 8	15.917 1	17.713 0	19.598 6	21.578 6	23.675 5	35.840 4	28.132 4	30.539 0	33.066 0
6%	14.971 6	16.869 9	18.882 1	21.015 1	23.276 0	25.672 5	28.212 9	30.905 7	33.760 0	36.785 6
7%	15.783 6	17.888 5	20.140 6	22.550 5	25.129 0	27.888 0	30.840 2	33.999 0	37.379 0	40.995 5
8%	16.645 5	18.977 1	21.495 3	24.214 9	27.152 1	30.324 3	33.750 2	37.450 2	41.446 3	45.762 0
9%	17.560 3	20.140 4	22.953 4	26.019 2	29.360 9	33.003 4	36.973 7	41.301 3	46.018 5	51.160 1
10%	18.531 2	21.384 3	24.522 7	27.975 0	31.772 5	35.949 7	40.44 7	45.599 2	51.159 1	57.275 0
12%	20.654 6	24.133 1	28.029 1	32.392 6	37.279 7	42.753 3	48.883 7	55.749 7	63.439 7	72.025 4
14%	23.044 5	27.270 7	32.088 7	37.581 1	43.842 4	50.980 4	59.117 6	68.394 1	78.969 2	91.024 9
16%	25.732 9	30.850 2	36.786 2	43.672 0	51.659 5	60.925 0	71 673 0	84.140 9	98.603 2	115.380
18%	28.755 1	34.931 1	42.218 7	50.818 0	60.695 3	72.939 0	87.068 0	103.740	123.414	146 628
20%	32.150 4	39.580 5	48.496 6	39.195 9	72.035 1	87.442 1	105.931	128.117	154.740	186 688
22%	35.462 0	44.873 7	55.745 9	69.010 0	85.192 2	104.935	129.020	158.405	194.254	237.989
24%	40.237 9	50.895 0	64.109 7	80.496 1	100.815	126.01	157.253	195.994	244.033	303.601
26%	43.030 6	57.738 6	73.750 6	93.925 8	119.347	151.377	191.735	242.585	306.658	387.389
28%	50.398 5	65.510 0	84.852 9	109.612	141.303	181.868	233.791	300.252	385.323	494.213
30%	56.405 3	74.327 0	97.625 0	127.913	167.286	218.472	285.041	371.518	483.973	630.165
35%	74.696 7	101.841	133.485	187.954	254.738	344.497	466.611	630.925	852.748	1 152.21
40%	98.739 1	139.215	195.929	275.300	386.420	541.988	759.784	1 064.70	491.58	2.089.21
50%	170.995	257.453	387.239	581.859	837.788	1 311.86	1 968.52	2.953.78	4 431.68	6 648.51

附表三　一元年金终值系数表（续表）

$$F=\frac{(1+i)^n-1}{i}=(F/A,\ i,\ n)$$

i，n	21	22	23	24	25	26	27	28
1%	23.239 2	24.471 6	25.716 3	26.973 5	28.243 2	29.525 6	30.820 9	32.129 1
2%	25.783 3	27.299 0	28.845 0	30.421 9	32.030 3	33.670 9	35.344 3	37.051 2
3%	28.676 5	30.536 8	32.452 9	34.426 5	36.459 3	38.553 0	40.709 6	42.930 9
4%	31.969 2	34.284 0	36.617 9	39.082 6	41.645 9	44.311 7	47.084 2	49.967 6
5%	35.719 3	38.505 2	41.430 5	44.502 0	47.727 1	51.113 5	54.669 1	58.402 6
6%	39.992 7	43.392 3	46.995 8	50.815 6	54.864 5	56.156 4	63.705 8	68.528 1
7%	44.865 2	49.005 7	53.436 1	58.176 7	63.249 0	68.676 5	74.483 8	80.697 7
8%	50.422 9	55.452 8	60.893 3	66.764 8	73.105 9	79.954 4	87.350 8	95.338 8
9%	56.764 5	62.873 3	69.531 9	76.789 8	84.700 9	93.324 0	102.723	112.968
10%	64.002 5	71.402 7	79.543 0	88.497 3	98.347 1	109.182	121.100	134.210
12%	81.698 7	92.502 6	104.603	118.155	133.334	150.334	169.374	190.699
14%	104.768	120.436	138.297	158.659	181.871	208.333	238.499	272.889
16%	134.841	157.415	183.601	213.978	249.214	290.088	337.502	392.503
18%	174.021	206.345	244.487	289.494	324.603	405.272	479.221	566.481
20%	255.036	271.031	326.237	392.484	471.981	567.377	681.853	819.223
22%	291.347	356.443	435.861	532.750	650.955	795.165	971.102	1 85.74
24%	377.465	469.056	582.630	723.461	898.092	1 114.63	1 383 15	1 716.10
26%	489.001	617.278	778.771	982.251	1 238.64	1 561.68	1 968.72	2 481.59
28%	633.593	811.999	1 040.36	1 332.66	1 706.80	2 185.71	2 798.71	3 583.34
30%	820.215	1 067.28	1 388.46	1 806.00	2 348.80	3 054.44	3 971.78	5 164.31
35%	1 556.48	2 102.25	2 839.04	3 833.71	5 176.50	6 989.28	9 436.53	12 740.3
40%	2 925.89	4 097.24	5 737.14	8 033.00	11 247.2	15 747.1	22 046.9	30 866.7
50%	9 973.77	14 961.7	22 443.5	33 666.2	50 500.3	75 751.5	113 628	170 443

附表四　一元年金现值系数表

$$P=\frac{1}{i}\left[1-\frac{1}{(1+i)^{n}}\right]=(P/A,\ i,\ n)$$

i，n	1	2	3	4	5	6	7	8	9	10
1%	0.990 10	1.970 40	2.940 99	3.901 97	4.853 43	5.795 48	6.728 19	7.651 68	8.566 02	9.471 30
2%	0.980 39	1.941 56	2.883 88	3.807 73	4.713 46	5.601 43	6.471 99	7.325 48	8.162 24	8.982 59
3%	0.970 87	1.931 47	2.828 61	3.717 10	4.579 71	5.417 19	6.230 28	7.019 69	7.786 11	8.530 20
4%	0.961 54	1.886 10	2.775 09	3.629 90	4.451 82	5.242 14	6.002 06	6.732 75	7.435 33	8.110 90
5%	0.952 38	1.859 41	2.723 25	3.545 95	4.329 48	5.075 69	5.786 37	6.463 21	7.107 82	7.721 73
6%	0.943 40	1.833 39	2.673 01	3.465 11	4.212 36	4.917 32	5.582 38	6.209 79	6.801 69	7.360 09
7%	0.934 58	1.808 02	2.324 32	2.387 21	4.100 20	4.766 54	5.389 29	5.971 30	5.515 23	7.023 58
8%	0.925 93	1.783 26	2.577 10	3.312 13	3.992 71	4.622 88	5.206 37	5.746 64	6.246 89	6.710 08
9%	0.917 43	1.759 11	2.531 30	3.239 72	3.889 65	4.485 92	5.032 95	5.534 82	5.995 25	6.417 66
10%	0.909 09	1.735 54	2.486 85	3.169 87	3.790 79	4.355 26	4.868 42	5.334 93	5.759 02	6.144 57
12%	0.892 86	1.690 05	2.401 83	3.037 35	3.604 78	4.111 41	4.563 76	4.967 64	5.328 25	5.650 22
14%	0.877 19	1.646 66	2.321 63	2.913 71	3.433 08	3.888 67	4.288 30	4.638 86	4.946 37	5.216 12
16%	0.862 07	1.605 23	2.245 89	2.798 18	3.174 29	3.684 74	4.038 57	4.343 59	4.606 54	4.833 23
18%	0.847 46	1.565 64	2.174 27	2.690 06	3.127 17	3.497 60	3.811 53	4.077 57	4.303 02	4.494 09
20%	0.833 33	1.527 78	2.016 48	2.588 73	2.990 61	3.325 51	3.604 59	3.837 16	4.030 97	4.192 47
22%	0.819 67	1.491 54	2.042 24	2.493 64	2.863 64	3.166 92	3.415 51	3.619 27	3.786 28	3.923 18
24%	0.806 45	1.456 82	1.981 30	2.404 28	2.745 38	3.020 47	3.242 32	3.421 22	3.565 50	3.681 86
26%	0.793 65	1.423 53	1.923 44	2.320 19	2.635 07	2.884 98	3.083 31	3.240 73	3.365 66	3.464 81
28%	0.781 25	1.391 60	1.868 44	2.240 97	2.532 01	2.759 38	2.937 02	3.075 79	3.184 21	3.268 92
30%	0.769 23	1.360 95	1.816 11	2.166 24	2.435 57	2.642 75	2.802 11	2.924 70	3.019 00	3.091 54
35%	0.740 74	1.289 44	1.695 88	1.996 95	2.219 96	2.385 16	2.507 52	2.598 17	2.665 31	2.715 04
40%	0.714 29	1.224 49	1.588 92	1.849 23	2.035 16	2.167 97	2.262 84	2.330 60	2.379 00	2.413 57
50%	0.666 67	1.111 11	1.407 41	1.604 94	1.736 63	1.824 42	1.882 94	1.921 96	1.947 98	1.965 32

i，n	11	12	13	14	15	16	17	18	19	20
1%	10.367 6	11.255 1	12.133 7	13.003 7	13.865 1	14.717 9	15.562 3	16.398 3	17.226 0	18.045 6
2%	9.786 85	10.575 3	11.348 4	12.106 2	12.849 3	13.577 8	14.291 9	14.992 0	15.678 5	16.351 4
3%	9.252 62	9.954 00	10.635 0	11.296 1	11.937 9	12.561 1	13.166 1	13.753 5	14.323 8	14.877 5
4%	8.760 48	9.385 07	9.985 65	10.563 1	11.118 4	11.652 3	12.165 7	12.659 3	13.133 9	13.590 3
5%	8.306 41	8.863 85	9.393 57	9.898 64	10.379 7	10.837 8	11.274 1	11.689 6	12.085 3	12.462 2
6%	7.886 87	8.383 84	8.852 68	9.294 98	9.712 25	10.105 9	10.477 3	10.827 6	11.158 1	11.469 9
7%	7.498 67	7.942 69	8.357 65	8.745 47	9.107 91	9.446 65	9.763 22	10.059 1	10.335 6	10.594 0
8%	7.138 96	7.536 08	7.903 78	8.244 24	8.559 48	8.851 37	9.121 64	9.373 89	9.603 60	9.818 15
9%	6.805 19	7.160 73	7.486 90	7.786 15	8.060 69	8.312 56	8.543 63	8.755 63	8.950 11	9.128 55
10%	6.495 06	6.813 69	7.103 36	7.366 69	7.606 08	7.823 71	8.021 55	8.201 47	8.364 92	8.513 56
12%	5.397 70	6.194 37	6.423 55	6.628 17	6.810 86	6.973 99	7.119 63	7.249 67	7.365 78	7.469 44
14%	5.452 73	5.660 29	5.842 36	6.002 07	6.142 17	6.265 06	6.372 86	6.467 42	6.550 37	6.630 13
16%	5.028 64	5.197 11	5.332 33	5.467 53	5.575 46	5.668 50	5.748 7	5.817 85	5.877 46	5.928 84
18%	4.656 01	4.793 22	4.909 51	5.008 06	5.091 58	5.162 35	5.222 33	5.273 16	5.316 24	2.352 75
20%	4.327 06	4.439 22	4.532 68	4.610 57	4.675 47	4.729 56	4.774 63	4.812 19	4.843 50	4.869 58
22%	4.035 40	4.127 37	4.202 77	4.264 56	4.315 22	4.356 73	4.390 77	4.418 66	4.441 52	4.460 27
24%	3.775 69	3.851 36	3.912 39	3.961 60	4.001 29	4.033 30	4.059 11	4.079 93	4.096 72	4.110 26
26%	3.543 50	3.605 95	3.655 52	3.694 85	3.726 07	3.750 85	3.770 52	3.786 13	3.798 51	3.808 34
28%	3.335 09	3.386 79	3.427 18	3.458 73	3.483 39	3.502 65	3.517 60	3.529 45	3.538 63	3.545 80
30%	3.147 34	3.190 26	3.223 28	3.248 67	3.268 21	3.283 24	3.294 80	3.303 69	3.310 53	3.315 79
35%	2.751 88	2.779 17	2.799 39	2814 36	2.825 45	2.833 67	2.839 55	2.844 26	2.847 60	2.850 08
40%	2.438 26	2.455 90	2.468 50	2.477 50	2.483 93	2.488 52	2.491 80	2H494 14	2.465 82	2.470 1
50%	1.976 88	1.984 58	1.989 72	1.993 55	1.995 43	1.996 96	1.997 97	1.998 65	1.999 10	1.999 40

附表四　一元年金现值系数表（续表）

$$P=\frac{1}{i}\left[1-\frac{1}{(1+i)^n}\right]=(P/A,\ i,\ n)$$

i，*n*	21	22	23	24	25	26	27	28
1%	18.857 0	19.660 4	20.455 8	21.243 4	22.023 2	22.795 2	23.559 6	24.316 4
2%	17.021 2	17.658 0	18.292 2	18.913 9	19.523 5	20.121 0	20.706 9	21.281 3
3%	15.415 0	15.936 9	16.443 6	16.935 5	17.413 1	17.876 8	18.327 0	18.764 0
4%	14.029 2	14.451 1	14.856 8	15.247 0	15.982 8	15.982 8	16.329 6	16.663 1
5%	12.821 2	13.163 0	13.488 6	13.798 6	14.375 2	14.375 2	14.643 0	14.898 1
6%	11.764 1	12.041 6	12.303 4	12.550 4	12.783 4	13.003 2	13.210 5	13.406 2
7%	10.835 5	11.061 2	11.272 2	11.469 3	11.825 8	11.005 8	11.986 7	12.137 1
8%	10.016 8	10.200 7	10.371 1	10.528 8	10.810 0	10.810 0	10.935 2	11.051 1
9%	9.292 24	9.442 43	9.706 61	9.706 61	9.928 97	9.928 97	10.026 6	10.116 1
10%	8.648 69	8.771 54	8.984 74	8.984 74	9.160 95	9.1609 5	9.237 22	9.306 57
12%	7.562 00	7.644 65	7.718 43	7.784 32	7.843 14	7.895 66	7.942 55	7.998 442
14%	6.686 95	6.742 94	6.835 14	6.835 14	6.872 93	6.906 08	6.935 15	6.960 66
16%	5.973 14	6.011 33	6.072 63	6.072 63	6.097 09	6.118 18	6.136 36	6.152 04
18%	5.383 68	5.409 90	5.450 95	5.450 95	5.466 91	5.480 43	5.491 89	5.501 60
20%	4.891 32	4.909 43	4.937 10	4.937 10	4.947 59	4.956 32	4.963 60	4.969 67
22%	4.475 63	4.488 22	4.498 54	4.507 00	4.513 93	4.519 62	4.524 28	4.528 10
24%	4.121 17	4.129 98	4.137 08	4.142 81	4.147 43	4.151 15	4.154 15	4.156 57
26%	3.816 15	3.822 34	3.825 25	3.831 15	3.834 25	3.836 70	3.838 65	3.840 20
28%	3.551 41	3.555 79	3.559 21	3.561 88	3.563 97	3.565 60	3.566 88	3.567 87
30%	3.319 84	3.322 96	3.352 35	3.327 19	3.328 61	3.329 70	3.330 54	3.331 38
35%	2.851 91	2.853 26	2.854 27	2.855 02	2.855 57	2.855 98	2.856 28	2.856 50
40%	2.497 87	2.498 48	2.498 91	2.499 44	2.499 44	2.499 60	2.499 72	2.499 80
50%	1.999 60	1.999 73	1.999 82	1.999 88	1.999 92	1.999 95	1.999 96	1.999 98

主要参考书目

[1] 黄惠琴，盛江．管理会计．北京：科学出版社，2004

[2] 王福胜．管理会计学．北京：机械工业出版社，2004

[3] 刘继伟，于树彬，甘永生．管理会计．北京：高等教育出版社，2004

[4] 丁豪梁．管理会计．北京：中国财政经济出版社，1999

[5] 李守明．成本与管理会计．武昌：武汉大学出版社，2002

[6] 吴大军，牛彦秀，王满．管理会计．大连：东北财经大学出版社，2004

[7] 郭少东．管理会计．重庆：重庆大学出版社，2004

[8] 李海波，刘学华．管理会计．上海：立信会计出版社，2001

[9] 乔世震，乔阳．漫话管理会计．北京：中国财政经济出版社，2001

[10] 杨修发，朱启明．成本管理会计学．北京：中国经济出版社，1997

[11] 颜敏，管理会计学．北京：首都经济贸易大学出版社，2001

[12] 余绪缨，蔡淑娥．管理会计．北京：中国财政经济出版社，1998

[13] 彭纯宪，陈志群．管理会计．北京：高等教育出版社，2001

[14] 刘建长，周亚力．新编管理会计教程．上海：立信会计出版社，2001

[15] 钱文菁．新编管理会计学．上海：立信会计出版社，2003

[16] 舒作贵．管理会计学．长沙：湖南科学技术出版社，1999

[17] 刘天明．管理会计学．北京：中国物资出版社，2003

[18] 杜学森．管理会计．江苏：东南大学出版社，2004

[19] 骆珣．管理会计．北京：机械工业出版社，2005

[20] 孙振丹，窦乐江．管理会计．北京：中国财政经济出版社，2005